海派之源

人文记忆

Humanistic Memory

徐家汇源景区 编

上海科学技术文献出版社
Shanghai Scientific and Technological Literature Press

图书在版编目（CIP）数据

　　海派之源：人文记忆 / 徐家汇源景区编 . —上海：上海科学技术文献出版社，2022
　　ISBN 978-7-5439-8490-5

　　Ⅰ. ①海… Ⅱ. ①徐… Ⅲ. ①文化史—文献—汇编—上海 Ⅳ. ① K295.1

中国版本图书馆 CIP 数据核字（2021）第 250690 号

选题策划：张　树
责任编辑：王　珺
封面设计：许　菲

海派之源：人文记忆
HAIPAI ZHIYUAN: RENWEN JIYI
徐家汇源景区　编
出版发行：上海科学技术文献出版社
地　　址：上海市长乐路 746 号
邮政编码：200040
经　　销：全国新华书店
印　　刷：商务印书馆上海印刷有限公司
开　　本：720mm×1000mm　1/16
印　　张：24.25
字　　数：364 000
版　　次：2022 年 4 月第 1 版　2022 年 4 月第 1 次印刷
书　　号：ISBN 978-7-5439-8490-5
定　　价：128.00 元
http://www.sstlp.com

《海派之源·人文记忆》

编辑委员会

主　任

张　伟

编　委

刘道恒　秦　燕　朱旌华

编　辑

傅　亮　袁　洁

撰稿人

张晓依　孙　莺　徐锦华　张　伟　赵景国

编　务

张　鹤　杨为慈

中国近代文化的渊源
——《海派之源·人文记忆》序

李天纲

用"海派"来冠称上海文化,是1980年代中期以后开始的。把从上海老市区西南郊的徐家汇开始的文化样式,也定义为"海派",并将"徐家汇——土山湾"这一特殊地块称之为"海派之源",则是2010年上海"世博会"举办以后的事情了。徐家汇因著名明末中西文化交流先驱人物徐光启及其家族开辟的缘故而命名;土山湾则是开埠以后附属于徐家汇耶稣会文教事业的工艺院慈善机构所在地。这两个地名,确实蕴含了上海近代文化很多领域内的人文渊薮。比如亚洲最早的现代天文台,东亚最早的气象预报研究和发布机构徐家汇气象台、中国最早的欧洲艺术传授机构土山湾画馆、中国最早的私立大学震旦学院,以及大陆最早的西式课程学校徐汇公学,此外还有藏书楼、博物馆、印书馆,都是中国近代文化之最。校正一度的意识形态误视和偏见以后,我们现在把"徐家汇——土山湾"称为上海乃至中国近代文化的渊源是恰当的,没有任何问题。

回顾到1980年代以前,文化学术界谈论起"海派",不乏有一些贬义的理解。当上海在清末成为中国的文化都市以后,在很多艺术领域就出现了自己的特征,如绘画有任伯年代表的"海上画派",京剧有潘月樵、周信芳代表的"南派"、"海派";直到1930年代发生的新旧文学争论,把那些从福州路、虹口渊源的旧派文学,如政情谴责、新七侠五义、鸳鸯蝴蝶派小说称为"海派",而把北京、上海新出现的文学社团创作及其主张称之为"京派"、"新派"。这样的"京海之争",学院派的高尚、严谨、训练有素,反衬出"海派"的通俗、随意、哗众取宠。从"文学性"、"艺术性",或者"学术性"的层面上来评论,

"海派"就很不妙了。然而，参与"京海之争"的"京派"文化人，为了自我标榜而想要在整体上把上海文化定义为一个通俗，乃至是恶俗性质的做法，就是一件并不客观，以偏概全，很没有道理的事情。因为，一百几十年来的推动中国社会文化进步的近代科学、教育、文化、艺术、学术等等高大上的文化样式，都是从上海开始的，其中很多就是从徐家汇－土山湾渊源的。

徐家汇地区的文化渊源，有几个关键性的节点年份，值得加以标识。1641年，徐光启入葬法华乡南境，徐家在墓地周围繁衍聚居，至康熙、乾隆年间出现"徐家库（汇）"地名，奠定了江南地区一块著名的天主教社区；1847年，新耶稣会士把会院总部从青浦横塘迁到徐家汇，开始了一块文化热土上的百年建造运动；1851年，徐汇公学开学、徐家汇画馆开馆，标志徐家汇—土山湾地区文化事业的开端；1876年，法国巴黎耶稣会批准在上海开始"江南科学计划"，彻底放弃在北京、南京重建老耶稣会士在明清帝都科学事业的努力，转而在上海通商口岸城市建立民间机构，推动中国的现代化；1898年，徐家汇科学文化事业在"戊戌变法"中得到清廷的认可，一度筹备建立国家级中央"译学馆"，全面承担推动"新学"使命；1903年震旦学院诞生、1905年复旦公学孕育，都是在徐家汇—土山湾地区发生。这两所著名大学，加上同一地区另一所南洋公学（1896年，后为交通大学），使徐家汇地区成为中国近代高等教育的摇篮。从这些关键点来看，徐家汇—土山湾地区确实是中国近代文化的渊源之一，称之为"海派之源"恰如其分，名至实归。

张伟主编的《海派之源·人文记忆》这个书名就表明：徐家汇－土山湾是一块"人文"热土，这里贡献出来的文化样式就是"人文性"的。徐家汇的天文、气象、生物、博物、数学、汉学都是基础性的纯学科研究，他们在工作中与欧洲、美国同类机构合作，他们的工作是国际学术界的一部分，具有第一流的学术水准。土山湾工艺院以艺术创作和制作为主，它既有·精神性的，因为本来就通过天主教艺术连接到信仰层面；同时又是应用型的，如油画、水彩画、雕塑、艺术家具、彩色玻璃、工艺铁器等，既可以用在教堂艺术装饰上，也完全可以在市民的世俗生活中采用。这样的"海派"怎么可能是"恶俗"的？2009年回归上海的那一座"土山湾牌楼"可以作证，工艺院创作的工艺品,代表了江南艺术的精华,参加了旧金山(1915)、芝加哥(1833)和纽约(1939)三届"世博会",在最高层面代表了中华文化。

张伟主编生长在徐家汇地区,年轻时就在上海图书馆徐家汇藏书楼工作,比我更熟悉徐家汇,是上海文化界难得的一位"徐家汇人"。徐家汇藏书楼是新耶稣会士的文化遗产之一,里面保存大量文化信息,中外文的报刊、古籍、图画、照片、档案,文献的数量曾经是上海和全国最重要的收藏。1986年我从复旦大学毕业后到上海社会科学院历史研究所工作,地址在原耶稣会神学院大楼。历史所是漕溪北路40号,藏书楼是80号,在"单位食堂"时期,藏书楼的朋友们在历史所"搭伙";因为这层关系,历史所同人去藏书楼看书,走的也是后门。张伟是结识了几十年的老朋友,这次张伟带领的年轻作者张晓依、孙莺、徐锦华以及赵景国等则是历年来在上海图书馆、徐家汇藏书楼求教于他们的新朋友。他们常年驻守在岗位上,都是徐家汇—土山湾的历史文化遗产的守护人和传递者。

徐家汇—土山湾在上海西南郊存在了一百年,在并不算很长的历史上,积淀了大量的文化遗产。建筑形式的物质遗产,已经慢慢被新的市政建造所覆盖,留在人们记忆中的精神遗产也岌岌可危,与当代生活渐行渐远。精神遗产是一种"道心惟微"的东西,脆弱而不定,很容易丢失在一个漠视文化、轻忽思想和信仰的时代。《海派之源·人文记忆》的编者、作者们把"徐家汇—土山湾"的百年人物、事件和名物,从徐光启、马相伯到马义谷、晁德莅,从《益闻录》到"义勇军进行曲",从徐汇公学到昆仑影业,一一介绍。在这一份文化遗产名录中,有些如徐光启、马相伯已经逐渐为当代文化人所了解,但是还有更多的人、事、物,却还不为学界所熟悉,更不是上海的一般市民所了解的。比如说,我们知道了马相伯、马建忠,但对他们的老师晁德莅却并不了解。晁德莅(Angelo Zottoli, 1826-1902),是一位意大利南方人,他编辑翻译的拉丁文《中国文化教程》(1879—11883),既是一套最早向欧洲全面介绍中国文化的百科全书,又是用欧洲文学传统来诠释中国经典的一次尝试。在徐汇公学学习拉丁文、天主教神学,同时又学习和教授儒家经学的马相伯、马建忠兄弟,正是在帮助老师晁德莅编撰和翻译《中国文化教程》的过程中,深化了他们对中国文化的理解，并写出了像《致知浅说》《马氏文通》这样的传世作品。

记得在2019年的新冠疫情发生之前，徐家汇街道分管领导刘道恒想支持我们进一步发掘本土文化资源，充实"徐家汇源"景区的文化内涵。张伟和我承诺了这个任务，答应要把徐家汇——土山湾的文化遗产做一个条目式的梳理，简明扼要，钩沉考稽地向大家介绍这个"海派之源"。由于教学、研究任务缠身，我就没有参与其中。张伟从上海图书馆退下来以后，摆脱了俗务，有更多的时间从事自己想做的事情，因而效率大增，成果迭出。张伟自己动手，还发动了年轻朋友一起工作，两年之内就编出了《海派之源·人文记忆》。疫情当前，难以成事，因而有人消极，有人无奈。然而，还是有张伟和他的朋友们，不懈努力，利用这一段艰难岁月，写就了这样一部有价值的著作。这部作品了结了我们两个人的共同心愿。为此，我要向张伟和他的朋友们表示敬意，更要表示感谢。

2022年1月7日，于阳光新景寓中

进入历史的普通人物和世俗生活
——《海派之源——人文记忆》序

张 伟

记得三年前,徐家汇方面找我和天纲兄聊天,我们天马行空,逸兴遄飞,聊得很嗨,在谈到出版选题时,彼此都觉得这几年有关徐家汇和土山湾的书虽然出得不少,但在广度和深度方面似乎还有潜力可挖。我们不约而同想到了可以写一本类似"徐汇百人百物"的书,这样范围可以广泛一些,局部也可以深刻一点。我们聊到兴起,甚至聊到了一些细节,以及可以先在某报上开专栏,一篇篇先行发表等等。后来,天纲兄事忙,就由我不自量力,挑起这重担,于去年初开始召集人手,具体实施这个任务。

由于去年新冠疫情肆虐,我和写作组成员不便经常见面,但网络沟通却从未间断过,我们讨论书稿的形式、写作的风格、具体的入选条目、一些数据的准确出处……不知不觉,在一年来时断时续的疫情警报中,我们的这本书终于完成了初稿。今年年初的两个月,我的时间就基本交给了这本书,一边校读书稿,一边为书稿配照。在春节过后的元宵节前夕,此书历经一年,终于正式杀青,可以完整交稿了。关于此书的具体数据,我的统计是:全书近百篇文稿,20余万字,逾300幅紧扣内容的历史照片。我衷心感谢参与书稿撰写的同事和朋友们,在注定难忘的2020庚子年,能克服各种困难,出色完成我们这部书稿的撰写;就我个人而言,这本书也肯定将是我写作生涯中印象深刻且令人难忘的。

上海西南的徐家汇和土山湾地区,堪称中国近代文化的一处重要发源地,它既生产物质,也培养人才,堪称中国近代文明进程中的一根标杆。这已成为学界的共识。但这块发源地是如何开垦的?这根标杆又是怎样竖起来的?如果将此视作一个庞大的工程，那么以往我们着眼较多的是这个工程的组织方，也即那些院长、校长、神父、嬷嬷、主任、教授等等上层人物。这些精英阶层是打基础的，他们决定着事物的走向，自然容易受到大众和媒体的重视；而我们这本"人文记忆"，一个很大的特色，则是将笔墨的重点放在了普通人身上，着力描绘勾勒那些长久不受重视，甚至生平身世都很难考察以致湮没在历史中的世俗小人物，如王安德、范殷儒、徐咏青、邱子昂、徐宝庆、朱志尧、潘氏父子等等。在我们看来，这些平民阶层也是熠熠闪光的，他们都是掌握着绝世本领的不凡人物，他们很难谋划方向，但却往往能决定质量、增加重量；他们都在某一领域作出了出色的甚至杰出的贡献，当年他们的精彩无比，被视作了平淡无奇，百年之后的今天，却成了我们必须重视，值得努力打捞的珍贵历史。如技师邱子昂，是19世纪中后期印刷史上石印时代的标志性人物，近代史上负有盛名的土山湾印书馆、申报馆的点石斋印书局、天津的《大公报》、上海的中国图书有限公司等，都活跃着他的身影，他为这些机构采购调制机器、培训技术人员，仰仗他高超娴熟的技术，那些既先进又笨重的机器才得以运转。就是这样重要的技术人才，关于他的生平事迹，以往我们往往是一问三不知，即使专门研究新闻出版和印刷的专业机构和专业著作，对此也是付之阙如。这既有历史的原因，在很大层面上也是以往对平民阶层的不够重视，这次，我们尽可能作了弥补。

这本书的另一特点，还在于偏向那些具体做事的修士，俗称"办事相公"。他们其实就是教会领域里的平民阶层，由于某种原因，断了晋升之路，但他们信仰虔诚，身怀绝技，一辈子勤勤恳恳，在各自领域里都取得了不菲的成绩，获得了很高的声誉。如土山湾画馆的范廷佐、陆伯都、刘德斋，木工部的马历耀、葛承亮，五金部的笪光华，印书馆的潘国磐，照相部的安敬斋，类思小学和徐汇公学的田中德等等，他们在孤儿院和各学校里承上启下，担任着桥梁的作用，既是那些孤儿和学生的老师，又是他们心目中敬仰的父亲，在孩子们的人生道路上起着人格塑造的典范作用。这是我们不应该忽视的一个特殊群体。

即使是那些学识高超、身居高位、著作等身的神父司铎，我们也将笔墨更多地指向那些忙碌在第一线，专注于具体学术工作的专家学者。如徐家汇观象台的能恩斯、蔡尚质、劳积勋，徐家汇藏书楼的张璜、徐宗泽，徐家汇博物院的韩伯禄，主编《益闻录》的李杕、潘谷声，撰写《中国大地震目录》的黄伯禄，创办土山湾军乐队的叶肇昌，教授油画技艺的马义谷，传授素描速写技法的范世熙，写作《中国民间信仰》并荣获儒莲奖的禄是遒等等，他们有信仰，更有学问，几十年坚韧不拔，专注于学术，为人类作出了很大贡献。在当今，他们也许是更值得我们关注并景仰的群体。但愿我们的努力能得到大家的理解和认可。

为便于阅读，我们参照辞典形式编排此书，并将全书分为人物钩沉、文化活动和胜迹寻踪三大类别，每类以时间前后排序，每篇文稿均附以和文字紧密相关的照片。我们认为，今天的史学与传统史学更有进步，普通人和精英人物一样，都能成为历史叙述的主体；衣食住行、人间地气和政军大事一样，都是史学阐述的内容；图像和文字一样，都是历史呈现的方式和手段。

希望我们的理念和努力能得到广大读者的欢迎，更能经得起学界的检验！

2022年2月22日凌晨于上海花园

目　录

中国近代文化的渊源
　　——《海派之源·人文记忆》序 ………………… 李天纲　001
进入历史的普通人物和世俗生活
　　——《海派之源——人文记忆》序 ……………… 张　伟　005

人 物 钩 沉

徐光启 …………………………………………………………… 003
吴　历 …………………………………………………………… 009
马义谷 …………………………………………………………… 013
范廷佐 …………………………………………………………… 017
晁德蒞 …………………………………………………………… 021
范世熙 …………………………………………………………… 024
黄伯禄 …………………………………………………………… 029
马历耀 …………………………………………………………… 032
费赖之 …………………………………………………………… 035
韩伯禄 …………………………………………………………… 037
陆伯都 …………………………………………………………… 041
马相伯 …………………………………………………………… 044
李　杕 …………………………………………………………… 049
刘德斋 …………………………………………………………… 053

能恩斯	057
夏鸣雷	059
邱子昂	061
蔡尚质	065
葛承亮	068
王安德	072
劳积勋	076
朱志尧	078
安敬斋	083
笪光华	088
潘谷声	092
潘氏父子	096
叶肇昌	101
范殷儒	105
张　璜	110
徐咏青	113
潘国磐	117
徐宗泽	122
陆　洁	125
田中德	128
朱石麟	133
吴性栽	138
费　穆	142
张充仁	146
任宗德	151
聂　耳	155
徐宝庆	159

文化活动

《益闻录》………………………………………… 165
《道原精萃》……………………………………… 167
《圣心报》………………………………………… 170
《汉学丛谈》……………………………………… 172
《古史像解》……………………………………… 175
《新史像解》……………………………………… 179
《江南传教史》…………………………………… 182
《方言西乐问答》………………………………… 186
《中国民间信仰》………………………………… 190
《江南育婴堂记》………………………………… 192
《圣教杂志》……………………………………… 195
《土山湾孤儿院：历史与现状》………………… 198
江南科学计划……………………………………… 202
土山湾与世博会…………………………………… 205
徐家汇天主堂保卫团……………………………… 208
中华圣母像………………………………………… 211
徐利汤南水彩四像………………………………… 214
徐光启逝世三百周年纪念活动…………………… 217
上海黄杨木雕……………………………………… 220
《义勇军进行曲》………………………………… 224

胜迹寻踪

徐光启墓…………………………………………… 231
徐家汇赵巷………………………………………… 235
徐家汇藏书楼……………………………………… 240
徐汇公学…………………………………………… 247

徐家汇的桥	252
土山湾孤儿工艺院	257
土山湾画馆	262
土山湾印书馆	270
土山湾木工间	275
慈云小学	279
徐家汇圣母院女工工场	283
徐家汇观象台	288
五埭头（堂街西）	293
圣衣院	296
土山湾五金间	300
徐家汇博物院	304
南洋公学	309
叙伦堂	313
土山湾军乐队	317
震旦学院	322
启明女校与崇德女校	325
土山湾百塔	330
土山湾牌楼	337
五洲固本肥皂厂	340
百代小楼	344
飞麟影片公司	348
大中华橡胶厂	352
联华影业公司	356
文华影业公司	361
昆仑影业公司	365
善牧院	369

人物钩沉

徐光启

徐光启（1562—1633），字子先，号玄扈，南直隶①松江府上海县（今闵行区）法华汇人。明嘉靖四十一年（1562），徐光启出生于太卿坊（今上海市黄浦区乔家路）。徐氏世籍中州，高祖自苏州至上海，以务农为业。

明万历九年（1581），徐光启应金山卫试中了秀才，娶本县处士吴小溪的女儿为妻。翌年乡试不中，为了维持家计，徐光启"弱冠补诸生高等，食饩学宫，以家贫，故教授里中子弟"。万历十六年（1588），徐光启和同乡董其昌、张鼎、陈继儒一起到太平府（今安徽当涂）应乡试，诸人皆高中，徐光启却落第归乡，以教书为业。五年后，徐光启赴广东韶州任教，结识了耶稣会士郭居静。万历二十五年（1597），徐光启得考官焦竑的赏识而以顺天府解元中举。在只身赴南京拜见恩师焦竑之时，徐光启得以与耶稣会士利玛窦相识。徐光启闻利玛窦言及天地万物之"形必归灰，而灵性永无泯灭"，如醍醐灌顶，低徊久之，视利玛窦为"海内通达博物君子"。

徐光启画像

---

① 明代松江府直接隶属"南都"南京，故称"南直隶"。

万历三十一年（1603），徐光启在南京拜访利玛窦，不遇，得见郭居静、罗如望二位教士，得《实义》《教要》各一卷，徐光启连夜读完，叹曰："道在是，我无间然矣。"遂立志受教，一连几日在教堂里"观敬礼，考道义"，听罗如望讲解十诫义理，而后由罗如望受洗，皈依天主教，教名保禄（Paul）。

第二年，徐光启中进士，被选为翰林院庶吉士。徐光启在翰林馆中甚为留心经世致用之学，学习天文、兵法、农事、屯、盐、水利诸策，旁及工艺、数学等一些可以用世的学问。秋，徐光启与利玛窦谈及格物和几何学，利玛窦提起欧几里得《几何原本》之精妙，亦惋惜此书的翻译极为不易，徐光启慨然谓："吾避难，难自长大；吾迎难，难自消微。"由此，徐光启每日下午至利玛窦住处，请他口传，徐光启笔述，两人合作翻译《几何原本》前六卷，反复斟酌，三易其稿，于次年春刊行。而后又根据利玛窦的口述，翻译了《测量法义》一书。

《几何原本》是徐光启在数学方面的最大贡献，他不仅提出了实用的"度数之学"的思想，同时还撰写了《勾股义》和《测量异同》两书。徐光启是把"几何"一词作为数学专业名词来使用的第一人，他所翻译的《几何原本》，影响了中国原有的数学学习和研究的习惯，改变了中国数学发展的方向。

欧几里得《几合原本》，利玛窦、徐光启译，晚清上海徐家汇耶稣会图书馆钞本

万历三十五年（1607），徐父辞世，徐光启回乡丁忧守制，途经南京，专程去拜见郭居静，诚恳邀请他去上海开教。郭居静应徐光启之请，于第二年抵上海徐光启家，旋即建堂，此为天主教传入上海之始，即万历三十六年（1608）。此后二年中，郭居静付洗天主教徒二百余人。

时任开州知州的杭州人李之藻，于

1610年2月在北京由利玛窦领洗入教,并于1611年请郭居静到杭州开教;李之藻好友杨廷筠亦于是年五月八日由郭居静领洗入教,此三公,即徐光启、李之藻、杨廷筠被称为"中华圣教三柱石"。

在为父守制期间,徐光启整理定稿了《测量法义》,并将《测量法义》与《周髀算经》《九章算术》相互参照,整理编撰了《测量异同》,作《勾股义》一书,探讨商高定理。时徐家有双园在南门外,亦有农庄、别业在法华镇以南的徐家汇,徐光启居于此,于农事尤为用心,进行农作物引种、耕作试验,撰写了《芜菁疏》《代园种竹图说》等农学著作,并于1612年刊行了《农遗杂疏》五卷。

丁忧期满,徐光启回京复职,与传教士合作研究天文仪器,撰写了《简平仪说》《平浑图说》《日晷图说》《夜晷图说》等文,还跟从耶稣会教士熊三拔学习西方水利,根据所学笔记,编成《泰西水法》六卷。

万历四十一年(1613),因与朝中一些大臣意见不合,徐光启告病去职前往天津,在房山、涞水两县开渠种稻,进行各种农业实验,先后撰写了《宜垦令》《农书草稿》《北耕录》等书,为《农政全书》的编写打下了基础。

1616年,时任南京礼部侍郎的沈潅,素厌天主教,欲毁损圣堂,驱逐教士,于是上参远夷疏,谓:"近年以来,突有狡夷自远而至,在京师则有庞迪峨、熊三拔等,在南京则有王丰肃、阳玛诺等……"沈连上三疏,与魏忠贤共谋,终酿成掀天动地之"南京教难",波及全国。时徐光启在北京,就沈之参疏逐条驳辩,写成《辨学章疏》,于1616年上书为天主教辩护,洋洋千言,句句切恳,娓娓动人。"南京教难"得以平息而不致扩大,徐光启功不可没。所写《辨学章疏》后来镌刻成碑,立在上海大南门外圣墓堂内。

天启四年(1624),徐光启擢升为礼部右侍郎兼侍读学士等职,当时朝中宦官魏忠贤专权,次年便遭到权相谗劾去职。徐光启回到上海后,将历年所写的农学著作进行增广、审订、批点、编排,以治国治民的"农政"思想贯穿其中,囊括了中国古代农业生产和生活的各个方面,以《农政全书》名之,于天启七年(1627)完成初稿。此外,徐光启不仅与意大利传教士毕方济合译了西方心理学著作《灵言蠡勺》,还把自己关于军事方面的文章辑录成书,刻印刊

《几何原本》，晚清徐家汇钞本书影

行了《徐氏庖言》。

崇祯元年（1628），徐光启奉召回京，官复原职，翌年擢升礼部左侍郎。彼时明朝所用历法，为大统历和回回历二种，大统历是元朝太史郭守敬等所造的授时历，回回历即西域旧法，二历传用时久，年远渐差，仅日食之期，在数年间屡遭误报。徐光启以西法推算最为精密，礼部奏请开设历局，朝廷同意由徐光启主持开局修历，名"日历局"，设在宣武门内天主堂东面的首善堂院内，由徐光启督修历法，请西洋教士龙华民、熊三拔等来推算，以李之藻、李天经等协助徐光启主持日常事务。

徐光启在天文历法方面的成就，主要集中于《崇祯历书》的编译和为改革历法所写的各种疏奏之中。在历书中，他引进了圆形地球的概念，明晰地介绍了地球经度和纬度的概念，为中国天文界引进了星等的概念，根据第谷星表和中国传统星表，提供了第一个全天性星图，成为清代星表的基础，在计算方法上，徐光启引进了球面和平面三角学的准确公式，并首先作了视差、蒙气差和时差的订正。

崇祯六年（1633），徐光启加太子太保、兼文渊阁大学士，同年11月8日病逝于任上，谥文定。徐光启的儿子徐子骥抚棺南归，暂时将灵柩存于南门外的双园内。崇祯十二年（1639），云间诗人陈子龙等在华亭南园整理徐光启所撰农学书稿，成《农政全书》六十卷，是秋付印。张国维、方岳贡、玉大宪、张溥等先后撰序，陈子龙撰凡例。

1641年，徐氏后人将徐光启灵柩移葬到今徐家汇西北处，徐氏后裔中有一支在此耕种田地，看顾墓地，而后渐成大族。此地因地处法华泾和漕河泾的交汇点上，故而被称为"徐家汇"。

土山湾印书馆印制的徐光启彩色画像

清光绪二十九年癸卯（1903），教民与徐氏子孙集赀重修，于徐光启墓前另置大石十字架一座。座旁志刻立碑缘起，并附有拉丁文碑石。四周围以铁栏杆，所有碑刻文字列后。

石坊正中额曰"文武元勋"，右曰"熙朝元辅"，左曰"王佐儒宗"，正中额下曰"明故光禄大夫，太子太保赠少保加赠太保，礼部尚书兼文渊阁大学士徐文定公墓阙"共三十二字，作十六行，行二字。又坊联，右曰"治历明农百世师经天纬地"，左曰"出将入相一个臣奋武揆文"，其十字碑另附于左。

十字碑分刻六石，每石十二行，行六字，字方三寸余，楷书。

碑文为：

呜呼圣沙勿略之来宾而薨于粤岛也，谁不哭望三洲，昊我独后，讵知大圣祷祈,早格维皇,即于是年嘉靖壬子,利玛窦生,壬戌则文定公生。初访利氏之会友于韶州,继访利氏于白下,考道数年,至癸卯乃始深信不疑而受洗。是无日不推阐所深信之道,口之,手之,公诸遐迩。时虽廷臣水火,魏客煽处,致不能一展其猷,公泊如也。遇中伤教士,则必抗疏以诤之。公孙尔觉刻其疏于上海南门外耶稣会之墓道,公云,臣尝与诸陪臣讲究道理,书多刊刻,则信向之者。臣也又尝与之考求历法,前后疏章,具在御前。则与之言星官者,亦臣也。因与讲究考求,知此诸臣最真最确,所传事天之学,真可以补益王化,左右儒术,救正佛法者也。臣心有一毫未信,又安敢妄加称许,为之游说哉。观此,知公信道之诚,不啻口出,高山在望,尤贵景行。今岁癸卯,距公受洗年三百周,江南教众建十字石于肇嘉浜北原之故阡,取潘国光书旌纳矿之文,演以为颂曰。

经云信德有耳闻,有传有习相须殷。惟明硕辅徐上海,揭信光兮扫群氛。耶稣会士载拜言,公真震旦之朝暾。共竖墓前十字石,石弗烂兮矢弗谖。

光绪二十九年癸卯教众立石
丹徒马良撰文 娄县张秉彝书

1933年11月24日是徐光启逝世三百周年纪念日,当时举行了隆重的纪念活动。蒋介石、林森、孔祥熙、宋子文、吴佩孚、徐世昌、蔡元培、于右任、叶恭绰、张元济、张伯苓、唐文治等政界、学界头面人物60余人寄来题咏,表示敬仰;《申报》《新闻报》《大公报》《东方杂志》《新中华》《科学杂志》等几十家报刊或出专号,或刊论文,以表纪念;黄节、竺可桢、向达、潘光旦、牟润孙、徐景贤等学者撰文从各个方面对徐光启的贡献作了阐述。1949年后,也曾多次举办有关徐光启的国内、国际研讨会,并出版了《徐光启全集》等一大批相关著作。

今徐光启墓位于上海市徐汇区南丹路光启公园内,此处亦设有徐光启纪念馆,以多种实物展现徐光启的一生,以表述后人对其的缅怀。

吴历

吴历（1632—1718），字渔山，号墨井道人，常熟人，为明御史吴讷七世孙。吴历家在常熟城东的文学桥子游巷，相传这里是孔子弟子子游的故居，叫言公井，井水如墨，又称墨井，吴历自号墨井即出于此。

吴历幼年丧父，兄弟三人由寡母抚养，生活不易，然吴母重视教育，兼以吴历天资聪慧，故吴历早年学义理于陈确庵（瑚），学琴于陈珉，学诗于钱牧斋（谦益），学画于王烟谷（时敏），无不精妙，而尤工于画，名重一时。

1662年，吴母辞世。未几，吴历的妻子亦过世。连遭变故，吴历

《圣教杂志》吴历纪念专刊

遂萌生出世之念，于是发下"三绝愿"，即绝色，守鳏志；绝财，甘贫乏；绝意，从长命。从此吴历一心书画，诗酒天下。当时和他过从甚密的有王石谷、默容、许之渐等人。吴历绘画创作的高峰即为此段时期，如其代表作《山中苦雨诗画卷》《兴福庵感旧图卷》作于四十三岁，《湖天春色图轴》作于四十五岁等。吴历以画名世，被誉为"清初六大家"之一。"清初六大家"为清初山水画家王时敏、王鉴、王翚、王原祁、吴历、恽寿平六人的合称，亦称"四王

吴历墓碑

吴悔"。

吴历自幼受洗天主教。据法文《宁波简讯》（Le Petiti Messager de Ningpo）1933年1、2合期19至20页以法文节译罗文藻主教于1688年10月3日（即渔山等晋铎后两个月零两天）上传信部书（原书为西班牙文），云："本年8月1日，托天主恩宠，我能为三位中国耶稣会士祝圣为司铎。……第二人名Simon-Xavier a Cunha，中文名吴历。江苏常熟人。自幼领洗。"罗文藻此言，想必不谬。

常熟之地自崇祯末年始即有天主教士出入，当时瞿太素（明末礼部尚书瞿景淳之子）的儿子瞿式谷请传教士艾儒略赴常熟开教，给数百人施洗。继艾儒略之后，又先后有毕方济、贾宜睦、鲁日满等西方传教士来此，由是常熟成了江南一带有名的教区。而吴历住宅附近即为天主堂，道光《苏州志》卷四九有孔传铎撰《复言子宅记》，谓言子宅在明季曾为天主堂，雍正二年（1724）天主堂被没收，复改为宣氏宅，名井福堂，即吴氏"归全堂"旧址。

康熙十五年（1676）七月，吴历在所画《湖天春色图》题跋："帙函有道先生，侨居隐于娄水，予久怀相访而未遂。于辰春从游远西鲁先生，得登君子之堂。"鲁先生即鲁日满，汉字谦受。康熙十五年为丙辰，故曰辰春。

鲁日满为比利时籍耶稣会教士，主要管理昆山、太仓、常熟和崇明教。1676年，即吴历作此画后不久，鲁日满过世，接替其教职的为比利时籍神父柏应理。吴历跟随柏应理学习天主教理，日久，遂萌生皈依天主教之念。

康熙二十年（1681），吴历年已五十，决意随柏应理神父往罗马修道。然因故未能成行，柏应理只身离去，吴历留在澳门圣保禄学院初修院修道，受洗名西满·沙勿略Simon Xaverius，循当时习俗，取葡氏A Cunha（雅古讷），档案注曰："初学修士，体力健，在会一年。"

1688年8月1日，吴历与万其渊、刘蕴德三人由罗文藻主教祝圣为司铎。晋铎后，吴历在上海、嘉定等处传教逾三十年。当时上海、嘉定的教友有数千之多，司铎却很少，所以教事繁忙。吴历曾写诗："须臾潮乎落照湿，两三舟子沙问立。招我登舟不及停，却恐病转人危急。渡浦渡浦莫迟误，来朝顾病浦西路。"

1718年2月24日，吴历于圣玛利亚瞻礼日卒，终年八十七岁。与吴历交好的艾姓教友出资购买了上海南门外一块土地用于安葬吴历，此后，潘国光等西洋传教士也葬于此，此地后来成为上海最早的天主教公墓。

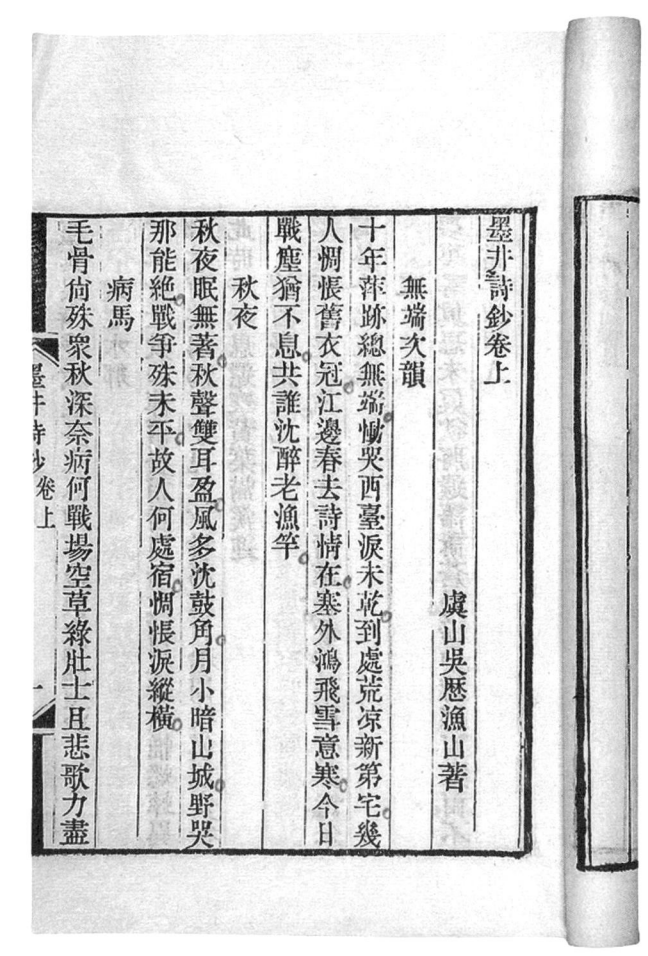

吴历著《墨井诗钞》，清刊本

吴历墓前碑文曰：公讳历，圣名西满。常熟人。康熙二十一年入耶稣会，二十七年登铎德，行教上海。疾卒圣玛第亚瞻礼日，寿八十七。康熙戊戌夏季，同会修士孟由义立碑。

就中国天主教史而言，吴历向来被视为举重若轻之人物。其一，华籍司铎由华籍主教祝圣者，以吴历等三人为发端，三人中又以吴历名最显，寿最高，宣教最久；其二，元明以来能兼擅诗、琴、书、画的华籍教士，惟吴历一人；其三，徐光启、李之藻、杨廷筠三人，被称为"中华圣教三柱石"，而吴历则修道为司铎，相较而言，似乎更进一步。

华籍司铎景仰吴历，每每以"渔"字为号，如李杕之李问渔，张璜之张渔珊，虽出《圣经》故事，犹承吴历之"渔山"余风。李问渔辑《墨井集》有《渔父吟》云："朋侪改业去渔人，闻比渔鱼更苦辛"，即此意也。

为了纪念吴历，1937年第26卷第8期的《圣教杂志》刊行了"吴渔山晋铎纪念专刊"，是年为吴历晋铎二百五十周年，时任主编的徐宗泽特编此专刊，收录李杕、徐景贤及徐宗泽所撰写的文章十数篇，涵盖其一生经历及著述。

马义谷

在土山湾画馆的早期历史上,有一个名字常常被人提起,却又只有寥寥数语。他就是马义谷。与他的兄弟们不同,他在江南教区度过了三十年光阴,细品他的人生,作为一个以传教为事业的神父,油画竟是他最绚丽的绽放。

马义谷原名Nicola MASSA(尼古拉·马萨)。1815年1月,他出生在意大利那不勒斯的一个没落贵族家庭。马氏(MASSA)是19世纪中期天主教江南教区中赫赫有名的家庭:这个家庭育有五子四女,全部入教会修道,其中五个儿子全部进耶稣会并来到江南传教。马义谷是其中的老二,因此也被称为"马二神父"。

马义谷晚年像

马义谷曾和兄弟们一起在那不勒斯耶稣会设立的中学里学习,在这所学校中,受学校气氛和长兄奥古斯帝诺(Augustino MASSA,中文名叫马奥定,后被称为"马大神父")的双重影响,决定修道。1833年,马义谷加入耶稣会,担任辅理修士。和很多辅理修士一样,他必须学会一门技艺,他曾被派到那不勒斯美术学院(Accademia di Belle Arti di Napoli)跟随19世纪初意大利著名的画家朱塞佩·博洛尼斯(Giuseppe BONOLIS)学习人物素描和油画。之后他还学习了简单的医药和外科知识。

结束初学之后,他在会长身边担任财务,但是他觉得无趣。他更喜欢在业余时间发挥他的爱好——绘画的天赋。经常能看到他在纸上勾勒出各种花草和动物的图案，并随心所欲地涂上色彩；他用这些画作为祭台、书架的装饰，还曾在教区的建筑中，业余做过雕塑和装饰的活计。

1846年，在得到耶稣会的批准之后，尼古拉修士启程来华传教，到达中国后，他根据其名字的沪语发音给自己起了个中文名字叫"马义谷"，还根据自己次子的身份，给自己取字仲甫。

由于马义谷曾在那不勒斯管理教堂以及房产等事务，当时的意大利籍罗伯济（Lodovico BESSI）主教让马义谷修士做自己的秘书，直至罗主教离开江南，马义谷和三弟马再新（Renato MASSA）都是罗主教的左膀右臂。马义谷相继负责董家渡和徐家汇教堂和住院督造工作。在建筑徐家汇的住院期间，马义谷担任梅德尔（Mathurin LEMAITRE）神父的助手，他曾以一人之力抵挡了近百名试图阻止工程进行的当地教友势力。也正是这段经历，让马修士为当时法国耶稣会的会士们所激赏。之后，他的三弟马再新神父以"中国教会需要更多的传教人员为之牺牲"为由，为他争取到了破格晋铎的机会。

1849年起，由于中国传教事业的发展，教会对油画和雕塑的需求也越来越大，马义谷曾在那不勒斯美术学院的进修经历，让上面决定将正在徐家汇完成晋铎准备课程的马义谷调任"徐家汇美术学校"担任绘画老师兼教区副管账，并让他和校长范廷佐分工合作：范廷佐专事雕塑，马义谷则负责油画。两人轮流为学徒们教学，可谓相得益彰。其实所谓教学，两位早早入会，并未受过完整专业训练且也不会太多沪语的外国修士，并不懂得太多的

朱塞佩·博洛尼斯油画作品：
费尔南多二世国王像

课程教学要求，他们所作的就是：老师在前面画，学生在后面跟。不得不说，这样日复一日地临摹复杂的圣像，教学效果其实并不理想。但是，两人这样不得已而为之的教学模式却开创了一个新的时代：第一次，有人在中国开始系统教授西式的油画和雕塑，他们的学徒们，包括陆伯都，也因此而成为最早一批接受西式油画和雕塑教育的中国人，他们并将这种教育方式和成果在更多的中国人中开花结果，以致枝繁叶茂。所谓海派文化之源的美术这一方园地，也正源自马义谷和范廷佐两人的手中。

在那两年里，江南地区所有的教堂，包括董家渡、徐家汇老堂在内，所有的油画作品均出自马义谷的手。那段时间也是马义谷最为快乐的时光，即使之后他离开了徐家汇，也依然在各个堂口绘制各种素描和油画用于传教。因此后来对于马义谷的评价中特别提道："一点都不夸张地说，他的画作为中国教会的发展作出了巨大贡献，并推动了许多人为教会献身。"

1860年，马义谷在青浦泰来桥公所落入太平军之手，好不容易逃出回到公所之后，发现堂内自己亲手绘制的耶稣圣心像被划破了，他心如刀绞。晚上，马义谷由一个女教友带着穿过田间，到达邻近的会口，并在那边雇了一顶轿子，连夜将他送到徐家汇，侥幸从太平军手中逃脱。但太平军不久便攻入了徐家汇，他们打开了范廷佐留下的画室和雕塑室，将藏于其中范廷佐留下的绘画和雕塑尽数捣毁，其中也包括马义谷的油画作品。这对于马义谷来说，又是一次致命打击。

虽然接二连三地遭受打击，马义谷依然擦干眼泪，因为他还肩负着教区交给他的新的任务：照顾从各处迁移到上海的那些孤儿，直至战争结束。1863年起，他又担任了传教区内的会计一职，直至1866年。之后又曾短暂在金山和七宝传教。

在传教区西扩之后，马义谷又先后被派往镇江、南京、扬州传教，并继续在传教区的西片区担任会计一职。1875年，他度过了自己的60岁生日——自1840年耶稣会士重回江南起，他是他们当中第一个年过六十的外国传教士。教会内为他隆重庆祝了生日。在当时，马义谷被认为是欧洲人中最适应上海气候的标志人物。

但是好景不长，60岁生日过后不久，当时在扬州的马义谷突发高烧不退，病情发展迅速，人们赶紧把他转移到镇江，之后又于1876年初把他转移到徐家汇，但是病情依然没有好转。1876年6月30日，马义谷离开人世。

马义谷虽然逝去，但是他和范廷佐开创的事业，却以另一种形式留存了下来，不知这个一直喜欢拿着画笔的马二神父在天之灵能否因此而欣慰？

范廷佐

说起油画传入中国,土山湾是一个绕不过去的地名;说起土山湾画馆,范廷佐同样是绕不过去的人物。

范廷佐,原名Juan FERRER(胡安),1817年3月8日出生于今天西班牙首都马德里附近埃斯科里亚尔(El Escoria)的一个加泰罗尼亚人家庭。他的父亲曾在西班牙马德里埃斯科里亚尔(El Escoria)王宫里留下了雕刻作品。

胡安是家中的长子,也倾注了父亲最大的希望:他从小跟着父亲学习雕刻,最擅长的便是木雕。长大后,他决定去罗马继续进行深造,却在罗马受到影响决定修道。在说服家人辗转多地之后,终于在1842年被意大利那不勒斯省的耶稣会初学院接受。在初学院的两年时间里,虽然胡安是一名技艺精湛的雕塑家,但他却主动承担了所有的木匠活。

1846年,马氏五兄弟以及薛孔昭神父先后来华,胡安读到了他们作为优秀校友的宣传事迹,顿时也对那片遥远的东方产生了无限向往,并终于在1847年踏上

范廷佐创作于19世纪50年代的木雕《在天诸圣与殉道者》,由两块完整的桂木拼接而成,现收藏于上海图书馆徐家汇藏书楼

了神秘的中华大地。

来华之后,他给自己起中文名"范廷佐",字尽臣,取辅理修士之意。在他来中国的近十年里,他的工作职责几乎从来没有变过:绘画、雕塑。

他刚到中国不久,罗主教就请他帮忙审阅即将开工的董家渡教堂的设计图样,同时请他帮忙制作教堂内的雕刻和浮雕。范廷佐在董家渡的主祭台上雕刻了一个耶稣入殓像,另外董家渡教堂台阶上的十个烛台也是他的作品。

此外,他还是徐家汇第一座天主教堂——徐家汇老堂(始胎堂)

范廷佐创作于19世纪50年代的泥塑《圣依纳爵善终像》,现收藏于上海图书馆徐家汇藏书楼

的设计者。该堂为希腊式教堂,堂内装饰中国宫灯,一度被认为是上海的一个景观。在徐家汇的老堂中,也有许多他制作的雕塑和浮雕,如副祭台上的耶稣与圣母像。范廷佐还在教堂的每一根柱子上刻上美丽的浮雕:他根据这些圣人所公认的画像把这些人全部雕刻出来,浮雕上每个人物的表情都最能表现他们的事迹。1851年该堂建成后,连当时上海的英美报纸都对这个教堂的艺术性赞叹不已,誉为"江南地区第一座西式教堂建筑"。可惜徐家汇老堂在1994年底主教府改建动工时被彻底拆除。

除了两座教堂之外,徐家汇藏书楼内还有两幅范廷佐的作品:一幅是木雕《在天诸圣与殉道者》,另一幅是石膏泥雕《圣依纳爵善终图》。这两幅作品均作于19世纪50年代,历经一个半世纪,依然栩栩如生。木雕《在天诸圣与殉道者》由两块木板拼成,中间为怀抱圣母的耶稣,围绕着圣母子的是天主教内的部分圣人们,目前已知的有圣方济各·亚西西、依纳爵、长崎廿六位殉道者等。石膏泥雕《圣依纳爵善终图》由石膏浇筑而成,描述了耶稣会创始人依纳爵在临终时遇到圣母子以及拿着天堂钥匙的圣伯多禄。天空中，两个天使一起带来了耶稣会的铭言："AMDG"。（拉丁语：愈显主荣）。即将死亡的依纳爵面色慈祥，随时准备飞往永生。这两尊雕像为迄今发现的范廷佐仅有的存世作品。

1851年，法籍耶稣会士郎怀仁神父担任徐家汇的耶稣会会长，他也十分欣赏范修士的作品。他交给范修士一个任务：在教区里培养一批和他一样的艺术家；之后主教还亲自派了一批学生来跟随范修士学习。在这一批最早的学生中，就包括后来成为土山湾画馆主任的陆伯都。

1852年，范廷佐的艺术工作室在徐家汇正式开张了，范廷佐忙里忙外十分辛苦，在最初的那几年中，就取得了显著的成效，范廷佐的杰作，学生们的学习成绩，吸引

范廷佐雕塑作品《史家若望像》

了大批人士前来参观。很快徐家汇成为在上海的欧洲人最喜爱的远足目的地之一。

范廷佐当时还有一个很出名的编外学生，那就是英国驻沪领事阿礼国，繁忙的领事工作之余，阿礼国先生喜欢跟范廷佐学习雕塑，尤其是1853年3月他的妻子去世之后，他将对亡妻的思念之情寄情于雕塑中，直到1855年4月离开上海去广州任职。

有一天，领事先生在全神贯注地雕塑一尊塑像，范廷佐就站在他后面仔细观察着，然后就用一块黄杨木为领事先生雕刻了一尊半身像。这半身像雕成之后，租界里的人见了无不赞赏称奇。

除了艺术上的成就之外，范廷佐为人非常低调谦逊，当时与范廷佐有往来的人，都称赞他谦逊的德行。1855年，范廷佐终于在自己设计的徐家汇圣

范廷佐对镜自画像

堂里发了大愿,同时他的职位也有了微调:耶稣会长正式承认了他"艺术教师"的地位,对他来说这也是一种褒奖。然而好景不长,范修士本来就患有肺结核,当年年底又得了痢疾,最终于1856年12月31日离开人世。

范廷佐去世后,他留在徐家汇住院内"艺术工作室"中的许多欧洲王室的半身像以及木雕作品后多毁于太平天国战争之中。

1864年,范廷佐的继任者陆伯都将范廷佐的"艺术工作室"中存留的作品和工具搬到土山湾孤儿院,成为土山湾孤儿院图画间(土山湾画馆)的一部分。谦逊的陆伯都将恩师范廷佐称为土山湾画馆的真正创始人,因为范廷佐用他的画笔和刀具开启了画馆的事业。

晁德莅

晁德莅（Angelo Zottoli），字敬庄，意大利萨勒诺人，1826年出生。在那不勒斯的耶稣会公学就读期间，17岁的他"因受到圣伊纳爵精神感召"，加入耶稣会。1848年欧洲革命期间，意大利的耶稣会受到冲击，晁德莅与同会的马理师等人，于1848年9月抵达中国。次年，在上海的耶稣会谋划创设徐汇公学，晁德莅参与其事，并充任教习，1850年开校后，第一批学生中不乏当时耶稣会自水灾中收养的孤贫子弟。

晁德莅

1852年，晁德莅晋铎后，升任徐汇公学校长，同年马相伯、马建忠兄弟入学徐汇公学。日后马相伯回忆说："晁教习很欢喜我，他教我各种自然科学，我非常有兴趣，而我对于数学更特别喜欢。"在晁德莅掌教徐汇公学期间，除马氏兄弟外，李问渔、蒋邑虚（升）等后来建树颇多的华籍耶稣会士也在公学就读。晁德莅在1862年，专门编译了一套欧洲公学使用的自然科学教程，命名为《博物进阶》（Elements Sicentifiques），共分四册，第一册《测量溯委》，第二册《形性举隅》，第三册《天文蠡测》，第四册《地理豹窥》，包含数学、物理学、天文学与地理学等内容。徐汇公学在当时常规的中国传统文化教育之外，西方自然科学的"新学"内容成为一大特色，也开创了上海培养中西文化交流人才的先河。

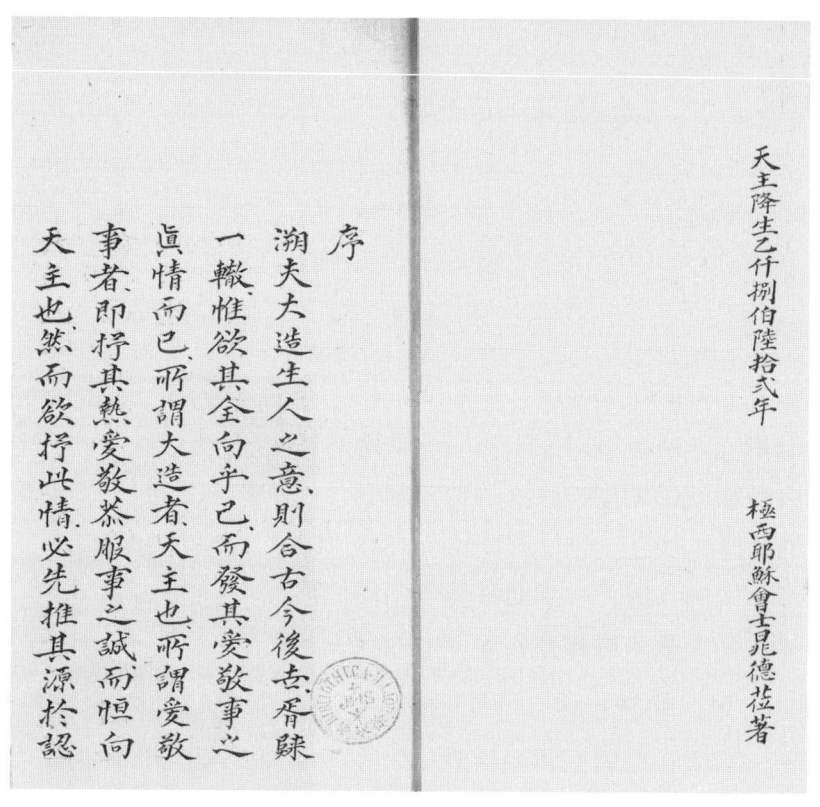

《博物进阶》书影

除了担任公学校长之外,晁德莅在汉学研究上也颇有建树。他在南阁禄、梅德尔等人之后,于1862年出任徐家汇藏书楼主管。在任期间,收集了不少西文汉学著作的同时,自己也积极参与汉学研究,自1879年起,陆续出版了五卷本的拉丁文《中国文化教程》(Cursus Litraturae Sinicae)一书,本旨在供新来西人传教士学习中文之用,但内容上自《三字经》起,逐步深入,经史文章,诗词歌赋乃至八股、尺牍、楹联、小说,均有所涉及;并且在翻译上,既参考了明末清初老耶稣会士的翻译,又有创新,确如其名,不仅仅是一部语言教程,更是一部中国文化教程。出版之后颇受好评,晁德莅亦因此书,于1884年获得法兰西学院汉学研究方面的著名奖项"儒莲奖",成为新耶稣会士获得该荣誉的第一人,可谓是延续了耶稣会在中西文化交流方面的传承。此后来华的新耶稣会士取用中文名字,多参考此书。

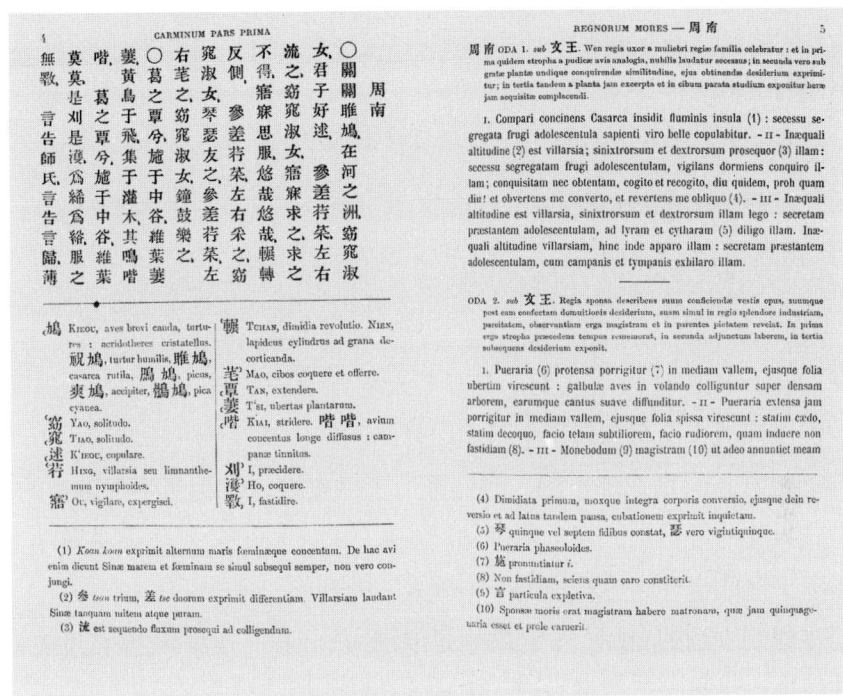

《中国文化教程》书影

之后,晁德莅还出任过徐家汇初学院院长、神学院神师等职,在徐家汇地区工作、生活,直至1902年逝世。其人生的三分之二以上时间,是在上海徐家汇度过的,他对于中国文化的热爱与熟悉,对于中西文化交流,无论是自西向东还是自东向西都作出了诸多贡献。

范世熙

1872年，在加拿大魁北克，有五个大约五六岁左右的加拿大小孩聚在一起，他们也许从来没有去过那个万里之外的国度，或许他们一辈子也不可能到那么远的地方。但是在那一刻，他们戴上了瓜皮帽，穿起了中国蒙童的马褂，站在中式大花的地毯上，还学着中国同龄人的动作，有的手上还拿着中文的标语，留下了他们也许终生难忘的"中国人"的瞬间。

而在他们中间的老师——当然也是欧洲人长相——也同样戴着瓜皮帽，穿着中式马褂，马褂下还故意露出了中式的布鞋，扮演成中国私塾里的先生。六个人完全按照中国的礼仪和座位顺序坐着，若不是他们西方人的长相，还真以为是中国清末私塾的合影呢。

这位老师的中文名字叫范世熙，字俊卿，生于1828年，西文名Adolphe Vasseur，法籍耶稣会士，曾在意大利学习过版画，1865年从威尼斯调来中国，

19世纪70年代初土山湾孤儿工作情景，范世熙作

1866年开始在江苏各地传教（先后负责崇明、海门和苏州、昆山），1870年开始成为土山湾孤儿院图画部的美术老师兼孤儿院的神师，1871年返回欧洲短暂休整，之后于次年调往加拿大魁北克地区传教。

在当时文盲率很高的中国，绘画依然是天主教传教士们传教的主要工具。在当时土山湾同时拥有绘画和印刷两个部门的背景下，版画已经以其成本低、印量大、画面规整、图文并茂等优势成了传教图的主力画种；而铅笔素描也以其独特的立

19世纪70年代初土山湾孤儿院图书馆一景，范世熙作

体感成了雕塑的好帮手。至于铅笔画，因其简单快速，写实感强，在当时照相技术尚不发达的时代，一定程度上充当了新闻图片的角色。

土山湾画馆当时的主任为学油画和水彩出身的中国修士陆伯都（实际负责的是陆的学生刘必振）。因此在当时院长石可贞授意下，曾有在意大利学习过版画和素描经历，而当时处于"闲散"状态的范世熙，很自然地被一纸调令借调到了土山湾孤儿院，教授版画和素描。

范世熙非常热爱自己在土山湾画馆当绘画老师的工作，也很适应那里的教学生活，他所绘的版画一直都是土山湾画馆沿用的教材。他曾经以土山湾孩子们的学习生活为蓝本创作过一套铅笔画组图。组图一共有八幅画组成，创作年代应该是1870—1871年他在土山湾孤儿院教学期间，组图反映的都是当时土山湾孤儿们的普通生活场景，有中文和法语的说明：分别是洗头（"孥头"）、剃脑后（"修后头"）、做鞋子、梳头、打辫子、印书碾墨、漆匠、发行书（"撞好书"）等等。这些写实场景，今天已经成为我们了解那个年代的土山湾孩子们日常生活最生动直观的图解。这套铅笔素描组图曾经被转载在《天主教传教周刊》（les missions catholiques）1873年4月11日上，还刊登在他自己1872年

出版的演讲集《愈显主荣》（原标题即为中文）上——他在加拿大上儿童教理班期间，用的就一直是这本中文名字的教材。

范世熙对于土山湾的孤儿们最大的功绩之一，是创作了一本《版画集》。这本书原名为《中国杂录第一卷：展示的信件》（Mélanges sur la Chine），出版于1884年。

这本版画集收录土山湾画馆作品和范世熙为土山湾画馆创作的临摹版画作品一共232幅，其中作为书目附录的《范世熙绘传教图作品》105幅，都是传教题材的版画作品。

该版画集的出版是为了宣传土山湾（书中作"圣路加华人学校"）的事业。该书一共分为三个部分，主要内容是第一和第二部分。第一部分为书信体，题目为《致江南代牧区主教倪怀纶的信笺》，信笺的内容是关于在中国建立的基督教艺术事业的情况，共分成六个系列，其中第四和第五个系列是宣传土山湾画馆的情况及用途，收录了土山湾孤儿院图画间孤儿作品共17幅，包括素描作品14幅与版画2幅，并在最后附有中法对照的土山湾图画馆的作品目录；还把土山湾孤儿们绘制的版画作品，与在北京的遣使会士的作品作对比，以证明当时土山湾孤儿的版画和素描画已经达到一个相当高的水平。同时他还列出了中国传统的版画插图，以证明土山湾画馆的版画与传统的中国版画有很大区别，是西式风格的版画作品。

该书的第二部分为《范世熙绘传教图作品》。这部分内

范世熙1872年与加拿大儿童合影

容均为范世熙个人的传教作品,这些样图创作于范世熙在土山湾担任美术教师的时代,用于土山湾的美术教学。样图一共包括五个系列,均为版画,画下也有中文标题,以便土山湾画馆中师徒的传习制教学,孤儿们临摹之后,供江南代牧区各地传教士分发传教海报,以及小型教堂张贴用。很多样图分中外两种语言,也包括一些西方人用的传教图,以适应当时上海不同信众群体的需要。

虽然范世熙在土山湾画馆的教师生涯只有短短两年,但他始终没有忘记这段和中国小朋友们在一起的日子。不论他后来被派到美洲还是回到欧洲,他都始终不忘为土山湾画馆作宣传:一方面他努力为土山湾画馆的作品打开销路,从而为土山湾孤儿院在欧洲争取善款(为此他曾积极参加与中国官员陈季同关于传教士在中国的慈善事业进行的报纸辩论);另一方面,范世熙经常对欧美的孩子们回忆自己在中国的生活,还号召孩子们踊跃来中国帮助耶稣会士们进行孤儿院的事业。他曾经向孩子们这样评价土山湾的事业:"这个就是我们要作伟大事业。"史式徽在其《土山湾孤儿院:历史与现状》一书中这样评价范世熙:"在美洲和法国,他为其作品赢得了宝贵的赞誉,而他寄来的费用也使图画间迅速发展。"

土山湾版画集《中国杂录第一卷:展示的信件》插图3,作品中东西文化融合的痕迹十分明显

这本版画集在法国曾经作为向中国土山湾孤儿院捐款100法郎以上者的答谢礼物。按计划，范世熙还打算在1885年9月出版第二本版画集《孔子与福音》（Confucius et l'Evangile），但我们目前并未找到该书的出版记录。

　　除了这本版画集外，范世熙还曾出版过多部画集，如《耶稣会的圣人像》（Les Saints de la Comapgnie de Jésus）、《圣依纳爵生平画集》（La vie illustrée de Saint Ignace）、《美术教育教材：天堂之路20大图》（Petit manuel illustre du chemin du ciel en 20 grands tableaux, pour l'enseignement de la religion）等。还有一本英语著作《教区传教图》（The mission's catechism in pictures）。

　　1899年3月22日，范世熙带着对中国生活的无限眷恋在巴黎去世，在去世之前的几个月，范世熙还向中国寄出了他一生最后的一笔善款。

黄伯禄

1915年10月，年轻的胡适在美国哥伦比亚大学发现一本作者名为"天主教司铎黄伯禄斐默氏"的《集说诠真》（上海慈母堂藏版），于是在日记中记道："此书盖为辟多神迷信之俗而作。蒋序曰：'黄君搜集群书，细加抉择，编年释地，将数百年流俗之讹，不经之说，分条摭引，抒己见以申辩之。'是也。所引书籍至二百余种之多，亦不可多得之作。今年余在哥伦比亚大学藏书楼见之。其说处处为耶教说法，其偏执处有可笑者。然搜讨甚勤，又以其出于外人之手也，故记以褒之。"然而，胡适先生口中的"外人""黄伯禄斐默"恰恰是一个地道的中国人，他就是中国籍耶稣会士黄伯禄神父。为此，30年代时著名天主教学者方豪曾去信更正，胡适本人也曾有纠正。但不知为何，在2006年新版《胡适留学日记》中，仍然既无任何更改，也无任何注释。此外，在中国科学院地震研究所编写的《中国地震目录（第一集）》及上海社会科学院出版社出版的《上海法租界史》等书中，在提及这位黄伯禄神父时，也都有错讹之处。

黄司铎斐默，字志山，号裳，在其宗谱中又号成亿，洗名伯禄。1830年生于江苏海门（据高继宗考证，为大安镇，今属于南通市通州区），1843年入张朴桥修院，1860年晋铎。1875年后曾出任徐汇公学和

1905年的黄伯禄

震旦大学的校长,1909年卒于上海徐家汇。黄伯禄学识丰富,一生曾用中文、英语、法语和拉丁语发表著作约35种,涉及领域不仅有作为神父本职的宗教哲学,更多的是涉及中国经济和自然科学、法律制度等非宗教的内容。方豪在《中国天主教史人物传·黄伯禄》传文末赞道:"清末,江南教区,耶稣会与非耶稣会中、西司铎,人才辈出,黄氏为其中之佼佼者。"其中,《中国大地震目录》是其最重要的作品之一。

《中国大地震目录》,法语名为Catalogue des tremblements de terre signales en Chine,1909年由上海土山湾印书馆出版,是著名丛书《汉学杂编》的第28本。这本书记载了从公元前1767

黄伯禄编《中西历日合璧》,徐汇书坊1904年出版

年至公元1895年间中国发生的3 322次大小地震,是中国历史上第一本独立的地震专著。中国地学泰斗翁文灏(1889—1971)在20世纪20年代研究甘肃地震问题、编辑《甘肃地震表》时,曾将其作为主要的参考资料,并将其简称为中国地震"法文表"。

在《中国大地震目录》的作者自序中,黄伯禄写道:"在这部作品中,我记录下了所有我能够找到的公元前1767年到公元1895年的中国历史和年鉴中提到的地震记录。"在书中,几乎每一页都有一幅地震图,描述的是当页所述破坏性最强的地震。所有的震级,是根据古籍中描写的地震破坏程度等情况以及后来的震级表严格推算的。在书的最后部分,还附加有《汉书》等古籍中对地震的描述原文以及法语翻译。如果说这本书中前期的地震都是根据古籍推算的话,那么后期的地震则是实际测得的结果。当时,徐家汇天文台不仅承担着每天上海及周边地区的测算预报工作,同时也进行着各种天文地质等自然科学的研究工作，并每月由土山湾印书馆出版《徐家汇气象学磁学月报》，其中包括观测地震的记录。这个记录要早于中国官方的地震记录。

由于《中国大地震目录》完全是由黄伯禄以一己之力奋力完成，因此难免有所遗漏，但是作为中国历史上第一本地震专著的作者，黄伯禄对于中国地震学的贡献是显而易见的；作为一名天主教神职人员，他利用业余时间对自然科学进行钻研的精神也是难能可贵的。

除《中国大地震目录》作为《汉学丛书》第28号出版之外，《汉学丛书》中第11号、14号、15号、21号著作也为黄伯禄所作，其所著为汉学西传贡献颇多，法国知识界尊称黄神父为杰出的"汉学家"，并分别于1899年和1914年（黄去世五年后）两次为他颁发儒莲汉学奖。

黄伯禄为教区神父，并未入耶稣会（也有一说临终前加入耶稣会），但其与耶稣会中外司铎多有交往。例如黄伯禄还曾参与法籍耶稣会士夏鸣雷主导的西安府大秦景教流行中国碑上的中文部分辨识工作。该碑为唐代所刻，其中的中文部分多有异体变化。黄伯禄将碑文中文部分全部辨出，并用当时的写法写在拓片下。除中国的黄伯禄和法籍夏鸣雷之外，黎巴嫩贝鲁特圣若瑟大学东方学院院长、阿拉伯世界著名的东方学家、伊拉克籍耶稣会士类思·谢胡（Louis CHEIKHO）也参与了该碑古叙利亚语部分的辨识工作，三人合作的成果至今都为学界引用，堪称19世纪末20世纪初东西方文化交流史的一段佳话。

马历耀

马历耀

1905年夏秋之际，江南传教区遭遇了台风侵袭。在地球的另一端，耶稣会士们在巴黎为中国的灾情展开募捐，收到的捐款中，有一笔非常特别：有一位叫Veuve Chauvet的法国贵妇，当日单笔捐款最高，她的要求只有一个——纪念她三年前在中国去世的哥哥：马历耀修士。

从今天的角度看，马历耀是一个宏观的建筑设计师，同样也是一个微观部件的建筑师，同时还是一个雕刻家。他的作品中既有中国传统的木建筑，也有西方传统的石建筑，这也因此奠定了土山湾木工间"粗木+细木+雕刻间"的格局。

马历耀，西文名Leo Mariot，字慈良，法籍耶稣会修士，1830年出生于法国西部港口波尔尼克（Pornic）。他原想晋铎，但由于家道中落，只能改做相公，1863年来华，在直隶东南传教区。

根据《江南育婴堂记》记载：以"精晓营造学"著名的马历耀于1865年由直隶调来江南，原因是当时的土山湾育婴堂初建，马历耀的任务便是"经管'木、漆、雕花等作场'，并负责营造土山湾圣堂"。直到1894年，马历耀都是土山湾营造部门的主要负责人。

其实从今天看来，马历耀设计的建筑是标准的实用主义风格，并不十分华丽，但却是真正的坚固耐用。

耶稣圣心堂位于公共租界的虹口南浔路。1874年该堂建造的时候，耶稣会当局选择了土山湾的营造部门主任马历耀来负责。该堂建成之后，门口还有一块石碑记述了开堂时的情况，这块石碑也同样出自马相公之手。

该堂后来被占用，该堂的工厂拆除改建成厂房，1980年易地另建。

今天位于松江城区的邱家湾天主堂也是由马相公设计。

这座教堂可以用"命运多舛"来形容。它的历史最早可以追溯到徐光启的孙女许甘地大。但直到两个多世纪之后的1871年，教会才终于收回了这座教堂，并再次交给马历耀设计。

1874年9月新教堂落成，为哥特式十字形。但好景不长，1886年松江府童子试期间，考生们来教堂参观，与教堂工作人员引发矛盾，之后考生们蜂拥而入，不仅敲坏了教堂里的物品，而且还纵火焚烧整个教堂。尽管教堂工作人员努力扑救，教堂已经被烧去了一半，这就是历史上著名的"火烧邱家湾"事件。但幸运的是，教堂的整体构建并没有被破坏。这也是我们今天仍然可以看到的马历耀修士的作品——虽然仅仅是部分。

今天的邱家湾天主堂是1887年重修的产物。也许从其中仅有的那一半的建筑中，我们还能体会到马历耀这硕果仅存的心血吧？

在山顶上造教堂从来就不是一件容易的事情，所以一直到1874年，佘山山顶才有教堂。而该教堂也是出自马历耀的手笔。

该教堂由土山湾孤儿院的营造部负责建造，马历耀充分利用了中西建筑的特点：从上海县城进口上好的木材，从福建买来最好的石料。在当时机械能力低下的情况下，这些笨重的木材和石料全部由土山湾孤儿院的工人们抬上山顶，邻近地区的教友也自发前来义务劳动。

在佘山天主堂建造的时候，地方上对教堂有很多谣言，但是这一切都没有动摇马历耀和土山湾营造部门工人的信心，历时两年建设，1873年，佘山圣母堂终于竣工。该教堂是一座典型的中西合璧建筑，教堂为黑色的瓦片，门前的中式游廊，以及门口廊外空地上还有八个中国传统的石狮与十根西式的罗马柱结合在一起，而教堂内部则更像西式风格的小教堂。

这座教堂建成之后的第二年，当时教宗庇护九世便颁布了"凡五月上佘山朝圣可得全大赦"的敕令。从此之后，佘山便成了全国各地教友们朝拜的圣地。

1925年，由于已不能满足络绎不绝的教友们需要，马历耀建造的佘山山顶小堂拆除另改建新堂。

马历耀参与建造的其他建筑有：

（1）土山湾慈母堂

土山湾慈母堂是土山湾孤儿院的内部小教堂，而人们更加熟悉的，便是土山湾印书馆早期的很多著作都以"慈母堂"命名。这也说明这座小堂对于整个土山湾孤儿工艺院的重要性。

建造土山湾慈母堂正是1865年将马历耀调来的原因。虽然在规模和地位上与徐家汇的教堂不能相提并论，但是土山湾慈母堂更作为一种精神象征。

土山湾的慈母堂位于土山湾孤儿院的正中位置，为哥特式建筑。1919年冬天毁于大火。后来曾仿造重建，但不论从哪方面来说，都不如马相公的版本。

（2）圣母院老堂

1867年由马历耀设计并由土山湾孤儿院营造部门建造，1929年造新圣母院大楼的时候拆除。另有原女育婴堂一座，也是马历耀设计，土山湾孤儿院营造部门建造，20世纪90年代建造美罗城之前拆除。

（3）圣衣院

1873年12月，圣衣院奠基，其位置在土山湾孤儿院对面，马历耀再次带领孤儿工程队负责建造了这座会院，仅一年时间便宣告完工。此外，马历耀结合会规和上海气候的实际情况，别出心裁地为修院建筑添加了一排转经筒和一排木格子。

这幢楼是一座假四层的砖木结构建筑，正门朝南，楼内过道贯通东西，过道两边是两个相对开门的房间。整个楼没有任何花饰。2009年因建造上影广场拆除。

1902年马历耀去世。马历耀的时代，实际上也是土山湾木工间垄断江南传教区各大教堂建造的时代。他去世后，木工间的主业不再是承接教堂的建造，转而承接社会上的家具制造。

费赖之

费赖之（Louis Pfister），字福民，法国吕内维尔（Lunéville）人，1833年出生，1852年加入耶稣会，早年在法国各地的耶稣会公学内任职，期间展现出博闻强识、热爱著述的特点，曾绘制过"耶稣会相关历史地图"，记载有历史上新老耶稣会各教省的边界、各会院的所在地等信息。1867年，原本想前往日本的他，在同会的劝说下，跟随郎怀仁主教前来中国，12月抵达上海。此后至1891年去世前，他在中国生活了二十三年，其中除去两年学习中文，两年在海门传教活动外，主要在徐家汇会院从事图书整理、写作以及教区的教务统计、报告编写等工作。他的代表作是收录了481人生平传记的《明清间在华耶稣会士列传》一书。

费赖之

在整理、撰写这些老耶稣会士生平传记的过程中，费赖之也梳理了他们的著作，特别是汉学方面的著作，同时他也曾两度出任徐家汇藏书楼的主管，在此期间，他与著名汉学家考狄结识，并成为好友。考狄在他的汉学名著《西人论中国书目》的序言中感言，此书能够完成离不开费赖之与徐家汇藏书楼的帮助，费赖之对考狄感兴趣的问题详细解答，并提供多种珍贵书籍供其参考。通过费赖之等人，新耶稣会的汉学研究与当时主流汉学研究逐渐建立联系，开展对话。

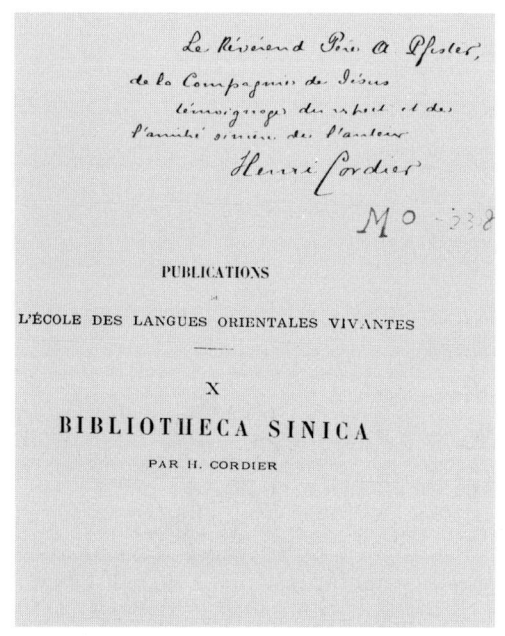

考狄签赠给费赖之的《西人论中国书目》

此外，费赖之抵达中国后，还开展了一项重要的工作，即编纂每年的江南教区的年度报告，将当年江南教区中发生的重要事项整理编订，这些材料成为今天研究江南地区天主教史的重要文献资料。同时，他还开创了定期出版《史报》（Nouvelles de la Mission）的工作，摘录国外的重要新闻，以及江南地区的重大事件，这项工作一直延续到1938年，这份刊物也成为今天我们了解当时耶稣会士们眼中的江南地区情况的重要文献。费赖之还绘制、石印了三十多幅地图，原拟描绘晚清江苏省内各府、县的教堂位置，以及各堂区的划分等信息，但最终没有完成。

另外更重要的是，费赖之在管理徐家汇藏书楼期间，完成了一套当时藏书楼一万多册藏书的目录卡片，并据此编写了图书总目，将徐家汇藏书楼的图书管理工作逐渐系统化。

在中国工作的二十多年里，他积累了数册日记。1891年，他病重时，原拟将这些日记留作将来编撰历史的参考。但就在他去世前不久，这批日记在芜湖教案的动乱中被焚毁。

韩伯禄

1872年8月，在徐家汇召开了一次重要会议。会议决定在江南教区进行科学与文化研究的方案（即"江南科学计划"），其中之一便是"在韩伯禄神父领导下研究自然科学工作，在徐家汇珍藏并展览他陆续收集的材料，逐步形成一个博物院；将其主要记录、论文编辑成册，在上海出版，并寄往欧洲"。

这个会议对后世造成了较大影响，今天的上海气象台、上海天文台、上海自然博物馆、昆虫博物馆，以及复旦大学等都直接或间接与这次会议相关。当然生物学方面的成果除了今天的自然博物馆和昆虫博物馆之外，韩伯禄神父主持的宏伟巨著《中华帝国自然史》也是其中之一。

韩伯禄

在上海徐家汇的这些中外神父中，韩伯禄无疑是一个神奇的人物。因为某种程度上他算不上一个称职的神父：他的传教工作作得并不好，甚至至今在很多关于安庆教案的史料中，提起"韩石贞"，都是负面角色。但是在生物学领域，却没有人能否认他的建树，除了这本《中华帝国自然史》之外，他还曾出版过多部生物学著作，如《南京省和华中地区江河贝类动物》《鳖类研究报告》等，还曾于1877年获得法国教育大臣授予的银质奖章。

韩伯禄，字石贞，原名Pierre Marie Heude，1836年出生于法国西部布列塔尼省的富杰堡（Fougeres）。20岁那年，他叩响了耶稣会的门，然后按部就班地读书，直到1867年9月5日，由于当时他在阿尔萨斯、普伊、布列塔尼等地居住期间作的一些植物学研究以及图集，他被告知要准备去中国，同时赋予了他新的任务：自然科学研究。

两个月之后，韩伯禄踏上了开往这片古老土地的商船，在他的心中，更吸引他的，恰是中国的动植物。当时的法国对于中国的动植物了解并不多，他希望自己能够补上这一块内容。韩伯禄可以说每时每刻都放不下那些动植物，即使在途中路过新加坡时，他还去当地的丛林作了一次远足，甚至在丛林中狼狈地逃离过老虎和蛇的袭击，但是他却乐滋滋地把收集来的标本放在广口瓶里。

1868年1月到达徐家汇之后，他经常会爬到阁楼上，查看每一个空间，并记录下他所看到的每一个新的生物；他还去上海县城的鱼市场，查看、购买他没有见过的鱼类做标本。1869年2月他被派去镇江传教。即便在传教过程，韩伯禄同时也在进行在中国大地上对动植物的考察工作，从上海到江南、苏北、安徽……江南代牧区的几乎每个地方都留下了他的足迹。

1869年9月，安庆教案爆发，法国天主教的住院成为牺牲品。当时韩伯禄恰因病去上海，在逃难的路上，韩伯禄只带走了几年来在安徽地区收集的动植物标本。这些韩伯禄冒着生命危险带出来的动植物标本，后来成了徐家汇博物馆最早的藏品。

徐家汇博物院

徐家汇博物院动物部图书库

安庆教案对于韩伯禄来说是心中难以忘却的阴影,在相当长的一段时间内,他奔赴陕西、湖南、江西、福建等地,似乎故意绕过安徽,直到八年之后的1876年底,韩伯禄因为感觉还缺少较多的安徽动植物标本,才终于克服心中阴影,再次回到安徽。这以后直至1880年,他每年都会花4～6个月时间在安徽的安庆、宁国、水东、池州等地考察当地的动植物。

经过多年的考察,韩伯禄搜集了无数鱼类、龟类和甲壳类标本,此外还有许多哺乳类、鸟类、蛇类的标本以及关于植物及地址的标本。1883年,徐家汇博物馆建成开放。对于这个博物馆,韩伯禄的心中始终有一个梦想,就是将徐家汇博物馆建成远东级的博物馆,也就是说"从马六甲到远东,从新几内亚到贝加尔湖"地区最大的博物馆。

除创办博物馆之外,早在1874年,韩伯禄就在法国出版了《南京省和华中地区江河贝类动物》,展示了长江流域的贝类生物。之后,韩伯禄决定用所收集来的标本编成一部《中华帝国自然史》,全面展示以往不为人知的中国动植物。

在照相技术并不发达的时代,为让观众对这些生物有直观的感受,韩伯禄邀请耶稣会内的医生庄其仪来绘制生物插图。1888年《中华帝国自然史》第一册"昆虫、龟类"出版之后,书中出自庄其仪之手栩栩如生的动物骨骼、牙齿的素描引起了巨大轰动。

庄其仪与宋德林共同手绘插图

1890年庄其仪去世后，韩伯禄选择了庄其仪的学生，土山湾画馆中的水彩画老师宋德林与温桂生担当起了绘制第三册的重任，与前两卷相比，第三册开始有了动物内容的彩色水彩画。

截至1901年，这本《中华帝国自然史》共出版五册，每一册都是韩伯禄考察的成果，凝聚了他全部的心血。

为此，之后他相继去了菲律宾、印尼（当时名为爪哇）、越南、日本等国考察，深入当地丛林，收集当地标本做研究，同时参观当地博物馆。1900年7月8日他在老挝考察时病倒，后被紧急送往河内的医院。虽然之后被侥幸救回并回到徐家汇，但是身体大不如前，于1902年1月去世。

韩伯禄去世之后，徐家汇博物院先后由柏永年、松梁才等耶稣会士接管，并将他的《中华帝国自然史》继续出版至1920年，之后，徐家汇博物院迁至震旦改名震旦博物院。直至1953年人民政府接管，之后其藏品分别归属于上海自然博物馆和昆虫博物馆。

韩伯禄和他创建的徐家汇博物院以及主持编撰的《中华帝国自然史》，将作为上海博物史上的一部分，被这个城市永远铭记。

陆伯都

我们回溯历史，如果说范廷佐筚路蓝缕，一手开创了徐家汇美术学校的基业，那么，作为范廷佐学生的陆伯都则忠实地继承了老师的未竟遗志，并使之发扬光大，不但在范廷佐病逝以后承担了学校的管理工作，而且在十余年以后，将这个美术学校从徐家汇迁往土山湾，创办了日后闻名中外、被徐悲鸿誉为"中国西洋画摇篮"的土山湾画馆。

陆伯都（1836—1880），浦东川沙人。因得到郎怀仁神父的提携，他于1851年底来到徐家汇，开始向范廷佐学习西洋画，成为范廷佐的徒弟。1852年，在郎怀仁的支持下，范廷佐的"徐家汇美术学校"正式开张，刚满18岁的陆伯都成了学校的第一批学生。从此，西洋画就成了他生命的全部价值。

陆伯都

在"徐家汇美术学校"中，陆伯都学习刻苦，技艺大有长进。范廷佐教他绘画与雕塑，而当时也在徐家汇的马义谷神父则教他油画。两位老师都对这个中国学生十分用心。这所美术学校的教课方式十分简单：就是老师示范作画，学生仔细观察，然后照样学画，主要的方式就是模仿。在此期间，陆伯都塑了一个常人大小的基督半身像，因其非常传神，曾长期存留在土山湾画馆中作为样板，对于一个完全没有接触过西洋画的年轻人来说，能在短时间内有此成绩，说明陆伯都显然具有美术的天分。

1856年，范廷佐去世，接替他职务的是艾而梅神父。艾而梅曾在意大利和法国学过油画和雕塑，而且还曾在著名的巴黎高等美术学院进修过宗教美术。他特别强调基础课程的学习，坚信练好扎实的基本功才是绘画、雕塑等各类西方艺术的关键，如果这样坚持做，美术学校的学生，一定会成为中国最好的艺术家。但是艾而梅的做法没有得到急于求成的学生们的支持，他的美好设想在现实面前碰了壁。这场发生在"徐家汇美术学校"内部的风波最终以艾而梅被调离原职告终。当时，陆伯都只是默默地跟着艾而梅学习绘画，重复着那些在其他人看来低级枯燥的学习。在艾而梅所倡导的欧洲专业美术课程的教导下，他的羽翼逐渐丰满，基础逐渐扎实。

在这场风波中，陆伯都可以说是最大的受益者之一：艾而梅调离之后，徐家汇的美术学校没有了负责人；而恰在此时，由于没有参与之前画馆的师生矛盾冲突，陆伯都谦逊、低调的性格受到了教会长上的注意；就在这时，通过两年的初学卒业后，陆伯都正式成为辅理修士，人称陆修士，同时，他被教会任命为"徐家汇美术学校"的负责人。

陆伯都上任之后，他并没有因为之前的学校师生冲突，就把艾而梅的做法全盘否定，而只是对艾而梅设计的课程框架进行了小幅调整：他继承了艾而梅大部分的课程框架，仅去掉了一些过于深奥难懂的理论课程；并根据当时中国学生的特点，将画馆的学习由浅入深分成几个阶段：素描—水彩—油画。每个阶段期末都有一次考试，根据考试的成绩进行双向选择，如没有兴趣或没有天赋者，毋须进入下一阶段也可结业离校，如此同样也可以谋到一份收入尚可的职业。

陆伯都明智而柔性的安排获得了多方面的好评，这样，既夯实了学生的绘画基础，又节约经费，缩短时间，为不同的学生谋取各自的利益。在陆修士的领导下，美术学校在徐家汇逐渐成长起来，取得了良好的发展。

1868年，当时任土山湾孤儿院院长的石可贞神父向耶稣会长上提出：让陆伯都修士每天抽一、二点钟时间到土山湾，在孤儿院中挑选几个有天赋的孩子，给他们上美术课程。1870年，由于陆伯都被长上派往洋泾浜管理新设置的印刷工场，陆伯都便让他刚结束初学的高足刘必振修士代替自己每天来土山湾给孤儿们上初级的绘画课程，比较高级的水彩以及油画课程则依然由他在徐家汇的美术学校施教。两年之后的1872年，教会方面决定，让陆伯都和他的学生刘必振一起，把原来的徐家汇美术学校全部搬到土山湾来。从此，徐家汇美术学校正式成为土山湾孤儿院的一部分，即后来出名的土山湾画馆。画馆并入土山湾之后，成为专门的画科，在场地上有了显著扩大，在生源上有了一定保证，可以说有了长足进步。这也是陆伯都画作的高峰期：他相继创作了徐家汇老堂内的油画作品"依纳爵像"、董家渡天主堂内的油画作品"弥额尔像""类思像""达尼老像"；此外，他和土山湾"生徒"们绘制了几千幅圣像传于中国各地，几百幅油画装饰着当时江南代牧区的许多教堂。当然，他最有名的作品是根据欧洲《巴黎胜利之后圣母像》而改绘的《佘山圣母像》，这幅圣母像后来成为天主教内佘山朝圣母习俗的重要部分，一直延续至今。

根据陆伯都定下的规定，土山湾画馆依然采用小学—素描—水彩—油画这样的课程框架，安然有序地发展。但是好景不长，陆伯都很早就患有肺病，一生都忍受病痛的折磨。1879年底的寒冬更使他的身体雪上加霜，以致终于一病不起。他的学生刘必振和众人将他送往徐家汇耶稣会住院。1880年1月4日，就在他当年学画的地方，陆伯都安然逝世，年仅44岁。

纵观陆伯都的一生，他低调、谦逊的性格与他精湛的绘画技艺，稳妥务实的领导能力齐名，不仅成就了他自己，也成就了土山湾的事业。

马相伯

马相伯

马相伯（1840—1939），原名志德，字斯臧。又名钦善，亦名建常，改名良，字相伯，亦作湘伯、芗伯，别署求在我者，晚号华封老人。清道光二十年三月初六日生，江苏丹阳人，寄籍丹徒，为宋元时期著名历史学家马端临第二十世孙。马端临即为《文献通考》《大学集注》《多识录》的著者。

马氏家族世奉天主教，马相伯亦受洗，取圣名若瑟，故亦号若石。马相伯的父亲马松岩，精于医术，以济贫行善为乡人所称颂。马相伯长姊马建淑嫁与董家渡沙船首户朱朴斋；二哥马建勋（字少良）以御太平军有功，任湘军粮台；弟马建忠（字眉叔）以文名世，协助李鸿章理新政，平定朝鲜政变，总理招商局，著《马氏文通》及《适可斋记言记行》等。

马相伯少年即有大志，曾直指太阳说道："太阳，太阳，我知尔为太阳，太阳能识我为谁乎？我能而尔弗能，不若我矣！"马相伯十二岁考入上海徐汇公学，校长为意大利籍耶稣会神父晁德莅，对马相伯甚为器重，悉心教导，马相伯十五岁即能诵拉丁语及法语。十八岁时，法国领事欲聘其为秘书，马相伯婉言谢绝，说："我学习法文，是为了祖国用的。"

二十岁时，马相伯入修道院，学习希腊文，攻读哲学、神学、教史、教律、圣经诸学，二十三岁入耶稣会初学院，三十岁获神学博士学位，经教会授

20世纪20年代后期马相伯和来访友人合影

职为神甫，成为耶稣会教士。三十一岁晋司铎，旋任徐汇公学校长。马相伯对于学生的教育，并不拘泥于天主教的教义教理，还辅以孔孟之道，为教会所忌惮，于是指定他专门研究天文和数学，1876年又调他到南京任编撰，翻译数理方面的自然科学著作。马氏勤于学，善于思，译成《度数大全》一百二十余卷，交与教会付梓，然终未能刊行。

1876年，三十六岁的马相伯离开耶稣会，入山东藩司余紫垣幕，任职沵口机器局，并调查矿务。五年后，任驻日使馆参赞，改任神户领事。光绪九年（1883）入李鸿章幕，赴朝鲜襄助改革政事。

1887年，马相伯呈文，就发行纸币、投资开矿、修造铁路、研制军械等事项，逐一提出自己的见解，李鸿章听其建议，遂派周馥、盛宣怀、马建忠、马相伯等赴美国筹措款项。马相伯在美国游说各大银行家，商洽借款，其构设的外资办理机器厂及开矿实业之蓝图，兼以马氏之雄辩口才，说服了二十四家银行经理出借五万万元，利钱三厘。马相伯再三拍电报和李鸿章商量，最后商定借用三万万五千万，拿三万万元作为存款。清廷得知马相伯筹得借款五万万美金，朝议大哗，八十一个御史纷纷上奏弹劾李鸿章"丧心病狂，简直是要卖

1933年，马相伯以长城战役为题材所绘画扇，香港许礼平收藏

国"，马相伯只得绕道欧洲回国。日后言及，深以为憾，曾为马相伯写传的张若谷亦喟叹，"这是马相伯老生平引为最遗憾的事"。

1892年，马相伯任长崎领事，旋改使馆参赞。1896年与弟眉叔一同寓居上海。时任上海《时务报》主笔的梁启超，与马氏兄弟过从甚密，梁还跟马相伯学习拉丁文，并得以与当时洋务派诸公相识。

1898年，五十九的马相伯退隐青浦佘山。这一年的冬天，马氏兄弟积二十年而成的《马氏文通》前六卷刊行，马相伯爱惜其弟的才华，此书独署马建忠一人之名。翌年冬，后四卷亦付梓。

光绪二十六年（1900），北平英敛之在天津筹设《大公报》，马相伯鼎力相助，《大公报》于1902年刊行于世。1903年，南洋公学的学生因"墨水瓶事件"而罢课闹学潮，因当局处事不公，学生们愤而离校，时任南洋公学经济特科班总教习的蔡元培来找马相伯商议，可否为二十四名有志于学习拉丁文的学生授课，马相伯欣然应允，并决心创建一所中国的新式大学，为国育才。马相伯捐出家产，在徐家汇天文台内创办了震旦学院。

1905年，震旦外籍教士议改校政，引发学生集体退学风潮，马相伯为保学生，被迫将震旦校产捐付耶稣会。在与严复、张謇、袁希涛等人商议之后，马相伯向社会各界募集资金,创立了复旦公学。时任两江总督的周馥调拨吴淞营地作为校址,并以一万银元作为开办学校的经费。马相伯任复旦公学的校长,并担任教职,教授法文。

"复旦"之名,出自《尚书》中"日月光华,旦复旦兮"的诗句,既具有自强不息之意,又隐含恢复震旦之情。复旦公学成立之后,马相伯即发表声明,宣布与法国天主教会窃取的震旦公学无关。

辛亥革命期间,江浙联军总司令部设于镇江,下设八部,马相伯任外交部部长。江苏都督府成立后,马相伯又任外务司长。这时都督程德全病重,军中事务由庄蕴宽代理,庄蕴宽分身乏术,请马相伯代理江宁诸事,彼时江宁人咸称其为"马都督"。翌年八月,马相伯北上,任总统府高等顾问。十月,马相伯代理北京大学校长,至十二月,马氏请辞校长职。

马相伯在京八年,不仅主政宪法起草委员会,又鉴于国民未能了解宪法

20世纪30年代土山湾航拍照,画面中部最左侧为土山湾孤儿院,马相伯当年就住在孤儿院楼上,在孤儿院中部能够看到蔡元培、于右任等一批老学生为马相伯集资造的土电梯

真谛，特译艾士萌《宪法大全》一部，撰《民国民照心镜》三篇，洋洋洒洒计六万言，陈言民国与国民之权利义务，言之弥详。

1920年冬，马相伯南归，居于徐家汇土山湾孤儿院内三层小楼中，时年已八十一岁。虽然高龄，但是仍然手不停披，笔不辍书，言斥军阀，主张实行联邦制，尤其热心教育，对北平的培根小学、上海的启明小学，都欣然倾囊相助。

1935年，是马相伯九五岁的寿诞，黄炎培亲书送呈一幅祝寿颂词，中有句云："巍巍相老人，今之徐文定，学邮欧亚通，道钥天人应。政海偶回翔，圣功必以正。皎如日，明如月，如风风人雨雨人。登楼神采长辉发，译完基督遗经千八百年前，先生大年八十又二八。"寥寥数十语，写尽了马相伯的生平略历。

1936年冬，马相伯寓居成都，翌年任国民政府委员，"七七事变"后，马相伯西迁桂林，寓风洞山，即明末教会先贤瞿忠宣公殉难处。至1938年的冬天，门生于右任邀马相伯移居昆明，途中因病困居于越南谅山。1939年4月5日，政府颁令褒嘉马相伯：

国民政府委员马良，学贯中西，名德夙著；中年以后，慨捐巨款，倡学海滨，乐育英才，赞襄匡复，为功尤巨。近自御侮军兴，入佐中枢，秉老当益壮之精神，参抗战救国之大计，忠忱硕望，字内同钦。兹已寿登百龄，襟情豪迈，无减当年，非唯民族之英，抑亦国家之瑞，载颁明令，特予褒嘉，以旌勋贤，而资矜式。

张充仁塑《马相伯九七造像》（石膏）

1939年11月4日，马相伯因年老体衰，于谅山溘然长逝，终年九十九岁。举国哀悼。政府再颁令褒扬，并给治丧费，生平事迹付国史馆立传。

李杕

李杕（1840—1911），原名浩然，字问舆，后改为问渔，教名老楞佐，别署大木斋主，上海人。1840年8月12日出生于浦东唐墓桥西约二里的西李家。李杕幼时跟从川沙的庄松楼先生明经学举业，庄先生原世奉圣教，对于经学的研究颇深，对李杕寄予厚望。年岁稍长，李杕到徐汇公学读书。彼时徐汇公学虽初创，然学子皆佼佼杰出之辈，如马相伯、沈则恭、沈则宽、沈则信等。

李杕于1862年5月29日进耶稣会初学，初学修士神师为晁德莅神父，极为器重李杕，德行学养诸方面皆悉心栽培，为李杕日后潜心研究打下了基础。二年初学毕业，是年秋，李杕至上海董家渡大修院攻读哲学和神学，于1869年6月29日被授予司铎。翌年获得神哲学博士之衔，旋即出外传教，至松江，至南汇，至安徽颍州等处。当时安徽开教伊始，风气闭塞，地方人士一闻天主教教士深入内地，大兴风波，李杕审度时势，知难而退，使得反教风潮不致扩大。1878年，李杕被调任至董家渡小修院教授拉丁文，是年7月31日，李杕在日记中发显愿：Scribe et ora，拉丁文意即"写书，祈祷"。自此以后，李杕便常居徐家汇，不再出外

李杕（问渔）

传教，而是以文字为传教之方法。

此时的徐家汇已成为耶稣会的文化中心，大小修院、徐汇公学、天文台、博物院、藏书楼、圣母院、圣衣院、土山湾孤儿院之画馆、印书馆等皆建立完备，且日渐凸显重要。此时教会需要创办一个中文刊物以宣扬天主教文化，李杕承乏其职，创办了《益闻录》[①]，于1878年12月16日刊行，起初每月出版二次，共六大张，自十一号起，改为每月出版四次。当时中国除《申报》外，没有其他的报章杂志，作为天主教在上海最早的中文刊物，李杕所创办的这份《益闻录》，不但有功于教会，而且还有助于启发民智。

自《益闻录》刊行，每一期皆

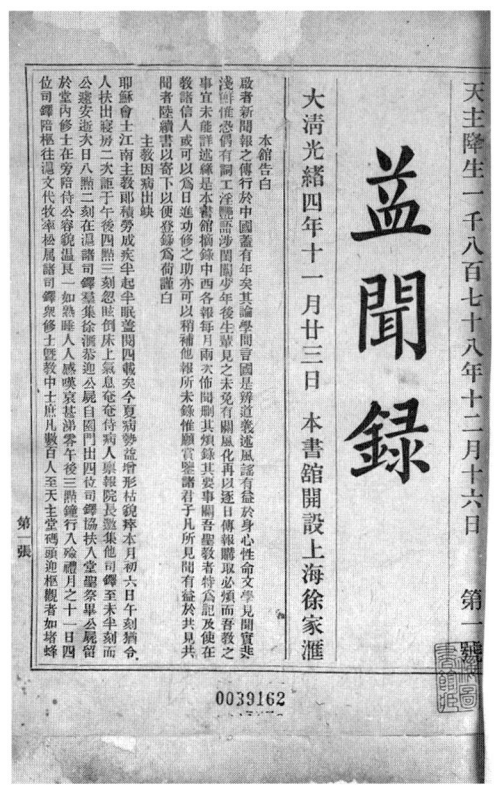

《益闻录》创刊号书影

刊载李杕所撰之文，其文一贯始终，始自论人之灵魂，天主之实有，辩斥异教之错误，而进论道教、佛教、儒教等，其每篇排列之论文题目，皆前后有联络，自成系统。李杕在《益闻录》上所发表的论文，于1886年汇集刊印成《理窟》九卷，李杕在自序中写道："乙卯春（一八七九年），上游设益闻馆，命予掌馆政，遂将教中要旨，作为论说，按期分类，登列报章，迄今阅八，稽计三百余篇，就简删繁，仅存百首，分九卷，一主宰论，二耶稣传，三天主教论，四儒教论，五道教论，六佛教论，七异端辨，八敦俗说，九魂鬼论，书成颜之曰理窟。……"

---

① 1898年8月与《格致新闻》合并，改为《格致益闻汇报》，仍为周二刊，内容为时事与科学对半。1899年8月后简称《汇报》，并分别出版《时事汇录》和《科学杂志》，一年后《科学杂志》停办。1912年改名《圣教杂志》。

其后二十多年，李杕在《益闻录》及《汇报》上发表了许多论文，在他故世后，《圣心报》于1915年编印《续理窟》两册，这是李杕在世时手定之本，全书一共一百〇九篇，十万余言，都是说理之作，皆贯穿科学，有益人心世道。

1880年，李杕兼职管理大修院，在圣母院女学兼授课，听神工，身兼多职。李杕管理徐家汇大修院十多年，严于律己，宽以待人，但凡教士中有过失者，从不当众责斥，而是召至自己房中，低声细语："我听人说，你曾做过某事，但我未曾亲眼看见，如确实做过，后当慎之。"

为了宣扬耶稣圣心，李杕于1887年创办了《圣心报》，是年6月1日刊行，每月出一本，每本共十二张，这是中国最早的白话文报纸。自此，李杕开始专管《圣心报》，龚古愚司铎接管《益闻录》及大修院，但李杕亦兼管，时时过问。1898年，由朱开甲主笔的《格致新闻》报附刊于《益闻录》，名为《格致益闻汇报》，李杕总任其务，直至1904年，由潘秋麓司铎接替李杕总编《格致益闻汇报》，李杕把主要精力放在了《圣心报》上。

李杕编辑《圣心报》，常跪而写作，据和李杕同编辑《圣心报》的徐允希司铎回忆，每次去敲李杕房间的门，李杕总是回答"稍候片刻"，因李杕不想让人看见他跪着写作之举动。翻译《新经译义》时期，李杕也是这么跪地而译成的，以此可见李杕敬爱天主之热忱。

马相伯于1903年创办了震旦大学，以徐汇老天文台为校舍，延请耶稣会中博学多才之教士教授西学。1905年，马相伯微疾养疴，震旦的西方教士趁机改革校政，另立教规，违背了创办震旦时的初衷。为避免师生冲突，马相伯率震旦师生另外创办了复旦公学。震旦学院由李杕任校长，兼哲学教授和《圣心报》《格致益闻汇报》的主编。

李杕不仅是神父，亦为文学家，李杕曾对人说："我现在所以能主笔政，做写作者，因我在皖省传教时，精究古书而得也。"李杕所译的哲学提纲，明白通晓，精微玄妙之义理亦能用浅显文字表达，即未学习过哲学之人，亦能读懂，究其原因，为李杕精于中国文学，匠心悉手，融中西文字和思想于一炉。

1911年6月8日，李杕因感冒寒疾，年老体衰，午后四下三刻安逝于徐汇

耶稣会院,计在世七十二年,在耶稣会中五十年。《圣心报》第二十五年第七期刊有记述李杕临终情状:

> 公有遗嘱数语,自称感谢天主,赐其死在耶稣会中,已得升天凭证云。又谓三十余年,常居徐汇修院中,免去外边犯罪危险,皆天主特恩所赐也。诸位请代为我谢主,可也。

8月12日,《汇报》停刊。时间就此停顿,以纪念李杕的离去。

刘德斋

如果说土山湾画馆是土山湾孤儿院各工场中最为人熟知的部门,那么刘德斋修士就是将画馆推到顶峰的"助推剂"。我们目前所知的土山湾画馆出的名人,几乎都有在刘德斋担任主任期间在画馆学习的经历,或是跟随刘德斋学生学习的经历。

刘德斋,名必振,字德斋,号竹梧书屋伺者,以字行。1843年3月31日出生于常熟罟里村。家族长期信仰天主教。1860年,因太平天国战争,刘德斋被迫逃离家乡来到上海徐家汇。

刘德斋

刘德斋的老师,一般认为是陆伯都,但是就他来到徐家汇的1860年这一时间点来看,正是范廷佐去世之后,当时由艾而梅主持徐家汇的艺术学校。艾而梅作为巴黎高等美术学院的专业画家,根据上级对他的"培养中国学生"的要求,曾对范廷佐留下的艺术学校课程进行过一次大刀阔斧的改革。这次改革的主要内容便是全盘照搬西方,用来自巴黎高等美术学院的课程标准来培养中国的学生,构建了从素描到版画,再从水彩画到油画的西式美术学习的课程框架。这次改革最终因没有考虑到当时中国社会与教会的实际情况,而引发学生与教会的一致不满,最终以失败告终。但是从另一个角度,这些学生也在全新的西式美术教育体制下,打下了坚实的绘画基础。因此,虽然最后艾而梅的名字被隐匿于土山湾画馆的历史之中,但其引进的西式美术课程在进行调整之后一直贯穿着土山湾画馆始末,而刘德斋也明显是这些课程的受益者,这也为他后来进入上海的绘画圈,与专业的画家对话奠定了基础。

当然,陆伯都对他的培养同样功不可没,在陆伯都的教导下,他学习了陆伯都既在艺术上精益求精,又在为人上谦逊和蔼的性格。也正是这样的性格,让他获得了教会内外的一致赞许。

1867年,刘德斋加入耶稣会。1870年,由于陆伯都肺病发作,刘德斋作为陆伯都"最好的学生"开始代理陆伯都作为徐家汇艺术学校校长的工作。

陆伯都在洋泾浜天主堂养病期间,与土山湾印书馆主任翁寿祺(Casimir Hersant)达成共识,在经过上级的批准之后,将美术学校迁到土山湾,成为孤儿院各工场的一部分。陆伯都继续担任土山湾孤儿院画馆的主任,而刘德斋则作为副主任,分管比较吃重的水彩画。

1880年陆伯都去世之后,刘德斋升任土山湾画馆主任。事实证明,刘德斋不仅是一个好的管理者,而且是一个好老师,他亲手培养了王安德、范殷

1903年,土山湾画馆主任刘德斋和他的画馆学生

1912年4月，刘德斋七十寿辰，赐绘图学生及老学生同往百步桥设宴纪念

儒、徐咏清、安敬斋（张充仁的老师）、田中德等多个画馆出身的名人。他的学生不仅始终感恩刘德斋在艺术上的教导，而且始终牢记刘德斋的教诲，虚心平易。安敬斋的"敬斋"二字便隐藏着自己对老师的崇敬之情。在对张充仁的教导中，安敬斋也经常提及刘德斋对自己的谆谆教诲，并以同样的精神去教导自己的学生张充仁；而刘德斋的"大弟子"范殷儒，在画馆面临困境时坚持不为外界高薪引诱所动，始终留在土山湾画馆辅助老师，安抚众人，帮助画馆渡过难关。

除了在土山湾画馆教学之外，刘德斋还长期代课徐汇中学，在徐汇中学开设美术课程，将艺术课程融入普通教育，刘德斋功不可没。在徐汇中学纪念册中，因此也有着刘德斋的名字和照片。

教学工作之余，作为土山湾孤儿院的"老人"，刘德斋晚年还为土山湾撰写历史，今天台湾利玛窦图书馆所藏原徐家汇藏书楼的《江南育婴堂记》中多个章节均为刘德斋所做。土山湾印书馆1911年出版的德育小说《烛仇记》，近年也被学者考证确认是刘德斋的晚年作品。

刘德斋著《烛仇记》，土山湾印书馆宣统三年春出版，封面即刘绘《垂训家庭》之变体

刘德斋在担任土山湾画馆主任期间，恰逢海上画派活跃之时，画馆因此和海上画坛多有来往，互相补益。海上画派代表人物任伯年即为刘德斋的好友，任伯年经常向他讨教西洋素描，他用来学习西方素描与速写的"3B"铅笔即为刘德斋所赠。

1912年4月，刘德斋与画馆学生聚集在龙华百步桥畔，共庆自己的七十大寿。他的新老学生们济济一堂，共贺恩师的寿诞。这也是对刘德斋一生从事艺术教育的最大褒奖。

1912年7月30日晚上，刘德斋在洋泾浜的医务室去世，享年70岁（虚岁）。

刘德斋一生桃李满天下，他的作品有董家渡教堂中的守护天神画像，圣依纳爵、圣亚纳、圣德肋撒画像等均为刘德斋所绘，可惜以上作品都已经被毁坏。还有一幅佘山《进教之佑圣母像》，有人说是为刘德斋所做，但也有人传是其老师陆伯都所作。教会中著名的《中华圣母像》目前已证实为其学生范殷儒所作，刘德斋作为老师可能也参与过该画作的创作过程。另一幅著名作品《比利时利奥波德二世国王像》则出自其学生孟杏棠之手。至于其学生徐咏青，则更是被称为"中国水彩第一人"。

能恩斯

能恩斯（Marc Dechevrens），瑞士谢讷堡（Chêne-Bourg）人，1845年出生，1862年进入弗里堡神学院（Seminary of Fribourg）学习，1864年加入耶稣会，之后曾在英国兰开夏郡（Lancashire）的斯通赫斯特学院（Stonyhurst College），以及斯通赫斯特天文台里学习气象等相关专业。

1873年，能恩斯被委派到江南传教区，主要就是考虑筹建中的徐家汇观象台，需要有专业背景的人士参与；观象台创设者高龙鞶神父指派能恩斯负责地磁方面的工作，刘德耀负责气象方面的工作。1877年，能恩斯被正式任命为徐家汇观象台的第一任台长，同年1877年，法国凡尔赛出版社出版了他在徐家汇观象台进行的气象和地球动力学研究成果。

能恩斯

能恩斯担任台长后，主要工作重心放在气象学方面，特别是台风的研究，他通过地面观测所得数据，手绘而成的台风地图，基本准确地描述了台风的形态：螺旋结构，气流由外向内，中心有台风眼，与后来通过卫星观测所见几无二致，令人称奇。1879年上海遭强台风袭击，能恩斯通过分析沿海各灯塔站及周边各站的气象数据，撰写了论文《1879年7月31日的台风》，分析并预报了这次台风。这是首次较为准确的台风预报，拉开了中国天气预报的序幕。1879年至1885年期间，他发布了62次台风的报告。同时，他对《徐家

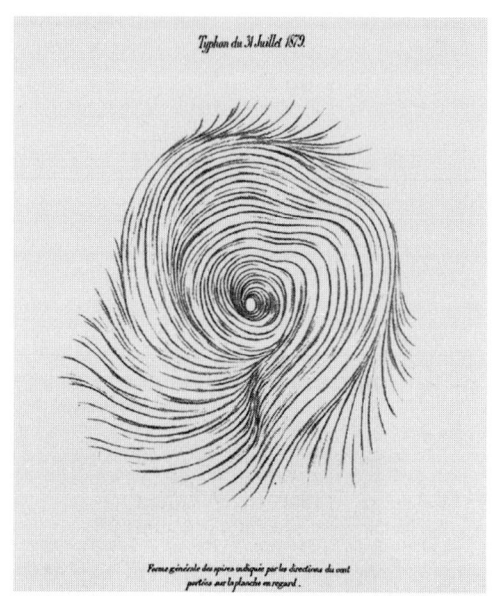

能恩斯手绘的1879年7月31日的台风

汇天文台观测公报》(Bulletins des Observations de Zi-Ka-Wei)的出版工作发挥了重要的奠基作用。这是上海乃至全中国当时出版时间最长,也最为系统和权威的气象记录文献,自1873年至1935年,未有间断,其中不同年份侧重面有所差异。土山湾印书馆先后出版了他关于地磁、江南梅雨、黄道光、台风对温度的影响、日食对磁针的影响等主题的研究专著与观测资料。

由于能恩斯在台风观测与预报方面的卓越才能,法租界公董局与外商对于徐家汇观象台的气象服务十分信赖。1880年,徐家汇观象台在扩建的同时,增设了航海服务部。1882年1月1日起,正式向社会发送中国沿海气象预报。1883年,为了更好地做出气象预报工作,能恩斯写信给公董局,要求增设信号台。1884年9月,位于今延安东路口的外滩信号台投入使用,每天定时悬挂报时和气象信号,为黄浦江上和进出上海港的舰船服务,徐家汇观象台的气象业务日益成长。

1887年,能恩斯因健康原因返回欧洲,作为徐家汇观象台的首任台长,他建立并完善了徐家汇观象台的气象预报系统,使上海拥有了现代的气象预报服务,他个人对台风的研究则"首次给了观象台以科学声望",他给徐家汇观象台的事业,树立了一个良好的开端。他返回欧洲后,长期受病痛困扰,无法再次返回工作岗位,1923年在泽西岛圣赫利尔去世。

夏鸣雷

夏鸣雷（Henri Havret），字殷其，法国瓦西（Wassy）人，1848年出生，1872年加入耶稣会，1872年12月来华，在徐家汇神学院完成哲学与神学训练，晋铎后，在徐家汇负责教授哲学与神学。1883年起，在松江、海门附近传教，后赴安徽，担任安徽的耶稣会会长，1891年，恰逢芜湖教案，变乱中，他与费赖之关于耶稣会在江南活动历史的手稿均告遗失。1894年起，他出任徐家汇耶稣会会院的院长，并曾兼管徐家汇藏书楼，到1898年，因病重，返法医治，未见大效。他立志坚持返回中国，1900年11月重返上海，次年病逝于徐家汇。

夏鸣雷

在担任徐家汇耶稣会会院院长期间，他按照之前"江南科学计划"中开展中国历史地理和国情方面的系统研究的方向，组织人手编纂、出版了"汉学论丛"，该论丛到1930年代，共出版了六十余种图书，堪称来华新耶稣会汉学研究的典范。他本人完成了《崇明志》《安徽志》《"天主"考》《西安景教碑考》四种六册的汉学著作。其中的《西安景教碑考》是他的代表作。全书共三册，包括照相制版的碑文拓片，景教碑发现经过，各类相关中文史料的集萃，相关书目等内容。凡作者所见，涉及景教碑有关之人名、地名，都详为考证，从《唐会要》《唐书》《古文渊鉴正集》《长安志》《两京新记》《西溪丛语》《贞元新定释教目录》《册府元龟》《至顺镇江志》《辟邪纪实》《来斋金石刻考略》

《关中金石记》《潜研堂金石文跋尾》《钱氏景教考》《道古堂文集》《癸巳类稿》《瀛寰志略》《唐景教碑颂正诠》等书中发掘相关史料,并附天启五年(1625)金尼阁所作景教碑拉丁译文、崇祯元年(1628)巴黎刊行法文译本、崇祯二年(1628)邓玉函以法文所译碑上叙利亚文、崇祯四年(1631)所作意大利译文以及何大化所作拉丁译文,是关于"西安景教碑"研究的重要著作,到今天依旧具有相当的参考价值。在第一册的导言中,夏鸣雷提出,"虽困难不止一端,当以爱好之心经营之,以百折不挠之心继续之"。实际上第三册的出版,也是在夏过世之后方告完成。

《崇明志》《安徽志》两书,则是结合他本人在海门、安徽等地工作的实际考察与文献收集,完成的天主教史与区域研究著作,在前言中他特意提及,对中国的研究不能停留在干巴巴的抽象想象之中,需要有实地的经验与具体的描写。他在手稿丢失的情况下,在四年的时间里完成了4种汉学著作的著述,组织了16种汉学著作的编纂、出版,为"汉学论丛"奠定了坚实的基础,是新耶稣会汉学研究工作重要的推手。

邱子昂

邱子昂，名元昌，字子昂，以字行。上海青浦人。生卒年无确切记载。邱子昂的一生，与土山湾印书馆有极深渊源，其学艺、交游、举事，皆与土山湾印书馆及石板印刷术有关，欲述其人，须先述与其相关的土山湾印书馆之始末。

1870年前后，时任上海洋泾浜若瑟堂院长的苏念证神父（1824—1886）在拍卖行中拍下一批铅铸中国字，为预备江南省传教之用，置于洋泾浜大堂东之洋楼内。随后苏神父安排两个学徒陈克昌和钱裴理去上海虹口望益纸馆印书房学习排铅字，以备日后教会能自己开印。1873年夏秋间，这批铅铸字搬迁至土山湾。1874年，晋铎不久的严思愠神父（1839—1903）担任土山湾孤儿院的管账，兼管铅板印书事务。

1874年，法籍修士翁寿祺（1830—1895）由徐汇堂调至土山湾，助严思愠神父管理印书馆。严神父专管排字印书，翁修士则自学排字兼管石印。土山湾的石印架子与石头，由比利时籍修士娄良才置办，原本放在徐家汇。娄良才过世后，这些石印设备无人使用，遂搬至土山湾印书馆。1876年秋，翁寿祺接手管理土山湾印书馆。据《江南育婴堂记》所载："邱子昂先生，颇有才能，十余年间，助翁相公管理印书房，相帮不少。"

所谓石印术，是指在石板上印刷的技术，由德籍捷克人阿洛伊斯·塞纳菲尔德于1796年发明。这项技术根据石材吸墨及油水不相溶的原理创制，在特殊石版上直接书写图文，再通过化学腐蚀制版，印刷成文。经过改进后的石印技术能任意将图文放大缩小，解决了不规则图形和特殊符号的印刷难题，操作简便，省时省钱，大大解放了生产力，受到了市场的欢迎。石印在19世纪初

清末时期，土山湾印书馆的石印技术在业界居领先地位，图为工人们正在用石印车印刷书籍

即开始流行于欧洲，成为贯穿整个19世纪的主流印刷方法之一。

至迟于1830年代，石印技术就开始影响中国。上海开埠后，石印技术传入申城，最早试用于麦都斯的墨海书馆，但只是作为辅助手段，应用并不广。1876年，土山湾印书馆开始大规模使用石版印刷技术，设立了石印部，专门印刷天主教宣教读本，当时极具影响力的创办于1879年3月16日的《益闻录》，即由土山湾印书馆石印出版。可以说，此后三十年在上海所形成的石印出版的高峰期，即由土山湾印书馆始，就这一点而言，翁寿祺和邱子昂堪称石印技术的先行者。

《江南育婴堂记》中还有关于邱子昂离开土山湾后的记载："1899年，至大德油厂，助朱子尧经理全厂事务，颇著成效，后助子尧等开创图书公司，于上海小南门外教场地。"

邱子昂与点石斋印书局亦有渊源，可以说，点石斋印书局初创即大获成功，与邱子昂不无关系。点石斋印书局的创始人美查也是《申报》的创始人，据王云五《万有文库》第一集之《一千种近代印刷术》中所述，"美查历年经营颇有所得，于是先后添设副业，点石斋石印书局即其一也。开办之初，即聘土山湾印刷所之邱子昂为石印技师，最初印刷《圣谕详解》一书、姚公鹤《上海闲话》。闻点石斋石印第一获利之书为《康熙字典》，第一批印四万部，不数月而售罄；第二批印六万部，适某科举子北上会试，道出沪上，率购五六部，以作自用及赠友之需，故又不数月即罄。"

而据美查在1878年12月30日的《申报》上所刊载的广告："本馆近从外洋购取照印字书新式机器一付于点石斋中，延请名师监印，凡字之波折，画之皴染，皆与原本不爽毫厘。兹先取古今名家法书楹联用电气照于石上，然后以墨水印入各笺，视之与需毫染翰者无二计。……"

再与1879年6月22日《申报》第1版的广告相较，"本斋于去年在泰西购得新式石印机器一付，照印各种书画皆能与元本不爽锱铢……"可知1878年点石斋印书馆购买了石印机器，亦在这一年，美查延请邱子昂为点石斋印书局的石印技师，充任技术指导与监印。

邱子昂在点石斋印书馆的充任石印技师想必是兼职，此时他的主要工作是在土山湾印书馆协助翁寿祺，直至1899年去大德油厂协助朱志尧主理全厂事务。朱志尧为马相伯外甥，毕业于徐汇公学，熟稔土山湾之草木人事，想必与邱子昂向来交好，深知其才能，甚为器重，重金聘请，由是邱子昂离开了徐家汇土山湾印书馆，赴杨树浦大德油厂就职。

《大公报》的创始人英敛之（1866—1926）素与马相伯相识，其办报之初，得到马相伯不少指点与帮助，其采购印刷机器、纸张、墨等，亦通过朱志尧的介绍得到邱子昂的指点。据英敛之日记所载，1901年，他为开办《大公报》专程赴沪采购印刷机件。在1901年8月12的日记中写道："同邱子昂同乘车至铁马路永安里吴云记印书局，看铸字、浇板诸事……同朱（志尧）及邱赴张园西汪卿穰处，伊现病，让内坐，谈及沈北山鹏实有心疾，不可相邀，乃荐蒋公为主事。……同邱再至吴记，始唔吴姓者，细询机架各事，复详览一遍，邀吴同出，至美华书馆，细阅铸板、铸字各事……"短短一段文字，所及皆为当时报界的风云人物，从中可窥见诸多细节，单就邱子昂而言，可见其在沪上的交游,亦非仅仅只是一个石印技师那么简单。

英敛之8月14日的日记所记:"午饭后至银行,致尧(即朱志尧)代誊邱子昂所开机器、铅字、纸、墨细单。"此银行乃是朱志尧任买办的法商东方汇理银行,开办《大公报》所需的一应设备原料,英敛之均按照邱子昂所开细单去采买,此细节亦见出邱子昂之主事能力,以及深得朱志尧之信赖,故1902年,徐家汇土山湾重修慈云桥,朱志尧全权委托邱子昂采买建桥所需铁料。

1906年,中国图书有限公司成立,朱志尧任董事,据1906年8月18日《申报》所刊登的《中国图书有限公司广告》可知,公司分编辑所、印刷所、发行所和收支所四个部门,其中印刷所主任正是邱子昂。

邱子昂的能力不仅限于印刷业,除大德油厂外,邱子昂亦在面粉业有所作为。上海新民图书馆1912年12月刊行的《商业实用全书》,为周剑云主编,郑鹓鶵校订,第一卷内容包括钱业、金业、漆业、面业、纺织业五方面,分别由谷剑尘、谷颂仙、田诚忠、吴鸿钧、郑鹓鶵、邱子昂、姚民哀、梁溪、晨农等人执笔。其《面业》一章,作者署名为"青浦邱子昂述,南沙姚民哀著"。由此可见,邱子昂为青浦人,朱志尧亦祖籍青浦,从中亦可推知两人交情之由。

蔡尚质

蔡尚质（Stanislas Chevalier），字思达，法国人，1852年出生，1871年加入耶稣会，1883年10月来华，他到上海的使命是筹建徐家汇观象台的授时部门。1887年，观象台原来的台长能恩斯，因为身体原因返回欧洲，蔡尚质因此接任了徐家汇观象台台长一职。

在观象台工作期间，蔡尚质积极推进各项工作，他用两年时间测定长江沿岸50个城市的经纬度，并编制出版《扬子江上游地图集》，为往来的轮船服务。在1892年，他组织建立了上海最早的气象学会。

蔡尚质

由于授时业务和天文有着密切关联，考虑到当时徐家汇观象台的"天文"业务实际上并没有真正开展，蔡尚质积极倡导组建新的天文部门，他向公共租界和法租界当局各募得1万法郎，又向英法轮船公司募得1万法郎，教会再增助7万法郎，于是用近10万法郎向巴黎专业厂商高梯尔定制一座赤道式装置的望远镜。这套配备有口径为40厘米、焦距长7米的消色差透镜有两具，一供目视，一供照相之用，整套设备到1898年方运送至上海。

但是这套全重3吨多的仪器，由于徐家汇的土质松软，无法在徐家汇观象台安装，于是蔡尚质又积极推动在佘山顶上修建天文台的计划。最终在1901

年，佘山天文台宣告竣工。一心投入徐家汇观相台天文部门建设工作的蔡尚质，在1896年将徐家汇观象台台长的职务转交给劳积勋神父，自己全身心投入天文台的筹建中。因此在佘山天文台正式竣工后，他理所当然地成为佘山天文台的第一任台长。

在1901至1925年，蔡尚质主持佘山天文台工作二十余年，他主持安装了当时亚洲最大的望远镜，还开展对太阳黑子、日珥、光斑等课题的观测和照片拍摄，并取得一系列成果，包括1910年哈雷彗星回归时，拍下彗核爆发的珍贵照片。他参与了1904年《皇朝直省地舆全图》的出版工作。1913年，他出版《太阳黑子的摄影研究》（Etude Photographique des Taches Solaires）一书，次年该著作为他赢得了法国科学院所颁奖项。他所著的《赤道带照相星表》，曾获法国科学院奖金。他与别人合作完成中西星名对照星表，是第一部用现代形式写出的中国星表。

1907年，他创办《佘山天文年刊》（Annales de l'Observatoire Astronomique de Zo-Se），该刊物延续出版到1942年。在佘山工作期间，他开展的大量天文观测，尤其是恒星、太阳黑子照相观测，其观测结果主要发表于此刊物。

1926年，考虑到他的身体状况，他从佘山回到徐家汇，再次担任徐家汇

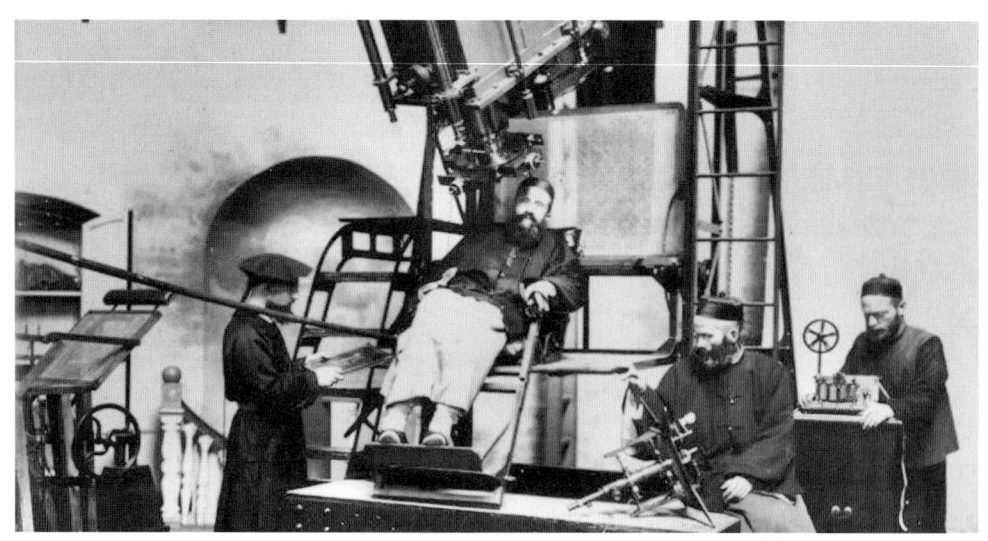

佘山天文台工作中的蔡尚质

观象台的台长，同年，他主持了徐家汇观象台第一次国际精度联测的工作，徐家汇被选为全世界三个测量基本点之一。

1930年10月27日，蔡尚质在中国刚满第47个年头，他病逝在上海徐家汇。原来法租界内有一条马路以他的名字命名：Route Stanislas Chevalier（薛华立路，今建国中路）。

葛承亮

一百多年前,曾有一组木雕中国宝塔,寄托着一个德国修士的梦想,从一个叫上海徐家汇孤儿院的地方启航,驶向遥远的旧金山。这些年来有不少学者对于这些宝塔进行研究,但由于种种原因,笼罩在宝塔上的依然是重重迷雾。要揭开宝塔上的迷雾,必须先了解这个叫葛承亮的德国修士。

葛承亮原名路德维希·贝克(Ludwig Beck),但是在他生命的大多数时间里,他的名字都被写成了法语版的路易(Louis),他在耶稣会士名录上的名字则按规定写成了拉丁语版的Aloysius。葛承亮是其中文名字,他并为自己取字

葛承亮带领土山湾孤儿制作的中国宝塔的一部分

葛承亮与他的土山湾孤儿们

卧冈,由此也可见他对中国三国时期的英雄诸葛亮发自内心的崇拜。葛承亮于1854年出生于德国巴伐利亚州(今拜恩州)的特弗利芬(Triftlfing)小村——这个小村至今只有两条马路,是典型的德国南部村庄。与我们传统概念中高大的德国人不同,他并不高,且有点胖,是标准的南德人长相。与当时徐家汇的许多神父、修士相比,他显然有点与众不同:1. 不是法国人。2. 是农民出身。这两点定下了他后来一生的基调。

由于家境贫寒,他很早便外出打工,在加入耶稣会之前,葛承亮曾在著名的巴黎歌剧院担任置景工,负责舞台布景道具的制作,他的木工和微缩景观基础就是在此时奠定。

1877年葛承亮在法国昂热(Angers)加入耶稣会,成为一名办事相公。两年初学后进入当时隶属于耶稣会巴黎省管辖的英国坎特伯雷圣玛丽学院(St. Mary's College)担任管家职务,因此他能说一口流利的英语。1891年,圣玛丽学院因财政原因倒闭,原址改建神学院,葛承亮不再有资格管理那些品级比自己高的读书修士们,耶稣会方面决定把他改派到中国来。

为了拥有一技之长,葛承亮曾在位于巴黎色佛尔街(Rue de Sèvres)的耶稣会训练院（Domus Exercitiorum）进修机械制图，为来华打下基础。在这个曾为无数办事相公提供特长集训的地方，葛承亮进一步加强了建筑建模的理论基础。

1894年，葛承亮在学习了一年中文和上海话后来到土山湾孤儿院，担任当时的木工间主任马历耀（Leo Mariot）的助手，在土山湾建筑与木工间任副主任，马历耀去世之后成为土山湾木工间的负责人直至去世。

在土山湾孤儿的回忆中，一方面他是一个和蔼可亲的老人：口袋里永远装着糖果，对于这些中国的孩子们总是无比喜欢。另一方面他也有着德国人特有的执拗，甚至曾因法德矛盾与法国同事当场翻过脸。

然而与当时很多传教士对于中国文化居高临下的态度不同，葛承亮内心对中国文化却是真的痴迷。自来华起，除了看各种民间古籍之外，他就把不高的修士津贴用于收集各类古玩，并在孤儿院内部组建了一个小型博物馆——这个博物馆曾经吸引了很多来土山湾参观的外国游客的目光。可惜，这些古玩绝大多数毁于1919年的孤儿院大火，侥幸抢救出来的古玩则在葛承亮去世后并入了震旦博物馆。

在土山湾的岁月里，他最大的功绩就是根据当时江南传教区的经济情况发展了土山湾的雕花间，将土山湾的木工部成功完成转型，从以建造大型建筑为主转型到雕刻圣像、宗教用品、西式家具等为主。土山湾的雕花间因此而成为土山湾孤儿院的著名品牌之一。

在1915年的美国旧金山巴拿马世博会上，葛承亮带领土山湾孤儿们制作的一座中式风格的牌楼大放异彩，他将中国古代的传说融入了这座牌楼的每个部分，高大威武的牌楼显得美轮美奂，因此在巴拿马世博会上博得了很多人的赞赏。对于那些宝塔他更是上心，除了翻阅各类历史书籍之外，葛承亮为了不失真，甚至求助在外地的兄弟修会让他们发来当地宝塔的照片；尤其难能可贵的是，对于一些年久失修的宝塔，他也原汁原味地复制其破损情况，以保持其原始面貌。葛承亮带领土山湾孤儿们雕刻的近百座栩栩如生的宝塔和中式牌楼不仅参与1915年的巴拿马世博会获得大奖，而且还参加了以后好几届世博会。这些宝塔及牌楼也是研究中国古代建筑的宝贵资料，其精心的态度和精

土山湾孤儿工艺院木工部内景

湛的工艺至今被传为佳话。那座中式牌楼在海外漂泊了90余年后终于在2010年上海世博会前夕回归故里,如今屹立在土山湾博物馆,成为该馆的镇馆之宝。

作为一个文化程度不高且没有相关文化背景的外国人,葛承亮能够认真执着,动用各地关系收集中国的宝塔资料,投入自己当时所有的技术与精力制作这些宝塔,没有相当大的意志力,以及发自内心对中国文化的喜爱,是很难办到的。他为自己取的名和字,正显示了他对中国传统文化的虔诚和热爱。

1931年,葛承亮与世长辞,正如他生前所说:"我主做木匠30年,和其他人的区别是我和我的中国孩子们在一起。"

王安德

刘德斋在《教皇大庆倪主教贡献略记》手稿中明确写道王安德代表土山湾画馆绘制《圣母圣心》巨幅油画像之事

1991年，张弘星在《中国最早的西洋美术摇篮——上海土山湾孤儿工艺院的艺术事业》一文中指出："除了刘德斋，王安德也是一位出类拔萃的画家。我们对此人所知甚微，甚至不知道他的俗名。不过从他的教名来看他肯定是一中国籍画家，他的字叫静斋……从审美角度来看，此人的画作在艺术性上要高于刘必振。"如今三十年过去了，我们应该对王安德这样一位在西画创作和教育上作出贡献的中国早期画家有更全面的认识。

王安德（1855？—1902），松江娄塘人，字太度，一作泰度，号静斋。王安德的生年今天已难查考，从他活动的轨迹来推测，他应该比刘德斋小十余岁，出生年份大约在1855年左右，故在画馆老师中，他的资格仅次于刘德斋。王安德也是画馆出身，我们从19世纪80年代他即已担任画馆的"首席画师"这一资历来看，他很可能是画馆1872年迁入土山湾后的首批学生之一，而且，他的成绩应该也是遥遥领先于他人的。这有事实可证明：首先，他能学习油画，这说明他的学习成绩在同学中是最好的，画馆中有资格获批学习油画的学生极少，可用"凤毛麟角"来形容；其次，在19世纪八九十年代土山湾出版的一些重要书籍如《道原精粹》《新史像解》等中，他都是主力画家，且书中最重要的图像，如教皇肖像等，上层也指定由他来绘制；再者，画馆中凡是出现有培养前途、可以学习油画的尖子学生，画馆主任刘德斋也一定委派由他来担任老师，一对一单独授课。另还有一事可坐实王安德"首席画师"之位，19世纪90年代，王安德等一批画馆第二、第三代学生都已出道成为教画老师，他们为画馆绘画、培养学生，画馆则以平均日工资作为计酬方式，服务若干年之后，会酌情加薪。1897年，刘德斋请示当家神父沈则宽后，决定给最得力的几位教画老师加薪，姚子珊、范殷儒等都是每日加薪十文钱，而王安德则独享每日加薪二十文的待遇，对此众人都并无异议，且视为当然。由此亦可见王安德当时在画馆中一人之下，众人之上的崇高地位。

发行于1887年的《道原精粹》是土山湾出版的分量最重的一部图像文献书，由当时的江南教区主教倪怀伦（Valentinus Garnier）主编。该书共附图300幅，由刘德斋率领画馆学生绘制插图。这300幅画中，其中110幅完全仿绘于法国人的铜板原画，其他则"博采名家，描写成幅"，也即具有一定的创造性。这300幅画大都不署名，但也有例外，如第三册中《救世真主》一幅，右下侧以篆体清晰地写着："王安德画"四字；同册中另一幅《教皇良第十三》，右下侧也同样以篆体标明"静斋恭画"。王安德当时大概三十

王安德绘《匝加利亚在堂焚香》，
刊1894年《新史像集》

王安德绘《匝加利亚在堂焚香》彩色图

岁左右,正是精力旺盛的年龄,虽然尚未到艺术精熟之际,但他能脱颖而出,承担最重要的绘画任务,而且能够成为书中唯一正式署名的画家,其在画馆中第一高手的地位一目了然。《道原精粹》是为当时的罗马教皇良第十三圣铎品后五十年大庆而作为中国江南教区的礼物进献的,一起进献的还有其他礼物,其中有一幅高六尺七寸半,宽三尺九寸的圣母圣心巨幅油画,倪怀伦主教和画馆主任刘德斋指定油画水平最高的王安德执笔,历时数月才完工。如今,王安德绘制的这幅油画应该还收藏在梵蒂冈。

当时类似《道原精萃》这样的书,还有1892年出版的《古史像解》及1894年出版的《新史像解》等著作,均为用图像讲解《圣经》的问答体书籍,通俗易懂,形象易解。《古史像解》收图107幅,均无画者署名,而《新史像解》的103幅图,不少图像上有了绘者的署名,如在第一幅图"匝加利亚在堂焚香"的左下侧,有"王安德谨绘,A. Wang"的署名,其他图也约有一半或有"A. Wang"的署名,或有"A. W."的署名,显然都出自画馆第一高手王安德之笔。

19世纪末的土山湾画馆,有七大高手之说,即王安德、范应儒、陆锦章、李德和、徐咏青、潘逢时和夏升堂,当时有资格承接对外油画订单也即这七人,而王安德显然是其中当之无愧的第一高手,凡有对外重要的绘图任务,他都是无可置疑的首席画家。除上述为梵蒂冈绘制大幅圣母圣心油画挂屏外,其他如为圣衣院绘制《圣若瑟像》《耶稣像》《圣母领报像》,为浦东杨家堂画《圣安德肋像》,为丹阳教会画《圣母始胎像》《天主圣三像》等,也都由王安德主笔或修改定稿。他还为教会绘制过一些重要的作品，1899年，姚会长下令要画馆画一幅大型油画《西默盎》，此人是耶路撒冷圣殿中为耶稣祝福之人，地位重要，这个任务自然又落在了王安德身上，他花了整整35天才完成此画的绘制，得到了会长和刘德斋的赞赏。此外，1907年，王安德还应教会梁神父之请，绘制了利玛窦、徐光启、汤若望、南怀仁四像。能获得这种经典人物的绘制任务，本身就是实力的体现。总之，王安德画馆第一高手这种权威地位的形成，绝非仅凭资格一项就可以定论，而是靠过硬的绘画水平来支撑的。

因为王安德高超的绘画技能，特别是在油画方面的一骑绝尘，画馆主任刘德斋格外器重他，凡有重大绘画任务，第一选择一定会首先想到他。除此以外，画馆的学生中一旦出现有特别出色的苗子，刘德斋也会特地嘱托王安德出山，一对一亲自施教，以尽可能为画馆培养优秀的人才。现在我们知道，徐咏青、陆庆荣等都是王安德学生。

土山湾画馆是近代中国最著名的西画传授之所，传承有序，人才辈出。范廷佐、马义谷是开创之师，陆伯都、刘德斋、范世熙是承前启后的第一代传人，第二代画师有安敬斋、姚子珊、王思福、宋德林、李德和等多位，而王安德则是其中最杰出的一位。他不但绘画水平高超，在19世纪末代表了画馆的最高水准，而且善于教书度人，一手培养了数位高徒，延续了土山湾画馆在西画方面的优势地位。如果假以时日，增其年寿，他的才华必将得到更大的发挥，他的成就与地位也有可能获得更为客观和公允的评价。

劳积勋

劳积勋

劳积勋（Louis Froc），字亦棣，法国布雷斯特人，1859年出生于一个从事远洋贸易的船东家庭。由于不愿意继承父业，他于1875年加入耶稣会，但考虑到他的家庭背景，他还是被分配为船员服务，因此他申请了调职。

1883年，他被调到上海。来到徐家汇后，他对观象台的业务非常感兴趣，逐渐成为当时观象台的台长能恩斯的助手。1887年，他返回法国，在法国昂热天主教大学、巴黎大学等处学习物理、天文等专业，并最终获得科学硕士学位，还获选成为梵蒂冈科学院院士。

经过系统专业气象学训练的劳积勋返回上海后，接任蔡尚质的徐家汇观象台台长职务，他开始在气象观测、预报方面大展身手。特别是他开创的可视气象信号系统，用各种旗帜、标志物组合在港口信号塔、灯塔处来报告天气情况，从而为船只提供天气变化。尤其是恶劣风暴警报，1898年被中国海关采用，并推广到中国各地的港口，加上他在台风预报方面的才干与业绩，他在远东的水手中广为人知，被誉为"台风神父"。

1914年到1918年期间，劳积勋因体力衰弱回法国休养，1919年，已经60多岁的他又返回中国，继续担任徐家汇观象台台长的职务。

劳积勋总共绘制了620个台风路径，而且比之前能恩斯绘制的台风路径更加准确。他还与国际气象台建立了无线电通讯，建立覆盖广泛的天气观测与预报网络。他的一系列工作使航海业获益匪浅，因此他获得了中华民国、日本、法国、英国等多国的表彰。他还多次代表徐家汇观象台，出席国际气象会议，在国际上树立了徐家汇观象台的科学地位。当时蔡尚质、劳积勋、马德赉三位神父负责天文、气象、地磁三个部门，将徐家汇观象台推上了建立以来最辉煌的时期。

劳积勋还与中国作家、翻译家杨绛有着一段真诚的交往经历。杨绛在她的《走到人生边上》一书中这样写道："我小时候，除了亲人，最喜欢的是劳神父。什么缘故，我自己也不知道。也许因为每次大姐姐带了我和三姐姐去看他，我从不空手回来。我的洋玩意儿都是他给的……他和我第一次见面时，对我说：他和大姐姐说法语，和三姐姐说英语，和我说中国话。他的上海话带点洋腔，和我讲的话最多，都很有趣，他就成了我很喜欢的朋友。"

法租界内的 Rue du Père Froc（劳神父路，现今合肥路），在1919年修筑之初，曾命名为 Rue de l'Observatoire（天文台路），1926年，法租界公董局会议决定，为表彰劳积勋在台风预报方面的功绩，而更名为"劳神父路"。

1926年，身体健康变差的劳积勋返回欧洲，3年之后，他又一次以70岁的高龄返回上海，继续在徐家汇天文台工作。1931年10月，他的健康已经不允许他继续自己喜爱的气象事业了，他回到了法国，1932年，在巴黎病逝。

朱志尧

朱志尧

朱志尧（1863—1955），字宠德，号开甲。青浦人。生于上海董家渡一个富商家庭，其母为马相伯之姊马建淑，其父朱朴斋以经营沙船为业。朱家世代奉教，朱志尧亦从小领洗，教名"尼各老"。朱志尧儿时曾从二舅父马相伯就读于徐汇公学，后又在松江苦读经学，学习八股，先后应试八次，均未中。直至1893年，参加第九次应试，才中青浦县（现为青浦区）附生，1899年捐银为贡生。

1887年，25岁的朱志尧到三舅父马眉叔主持的招商局工作，成为往来上海、宁波间的江天轮的买办，几年后，调任江裕轮买办。1896年前后，盛宣怀因办理织布局而积压了大量的棉籽，无以为用。朱志尧参考国外资料，设计了轧棉籽油的机器样式，建议盛宣怀办棉籽油厂。盛听从建议，于1897年开设了大德油厂，朱志尧出任总办，他根据自己的图纸研制出新式的国产棉籽榨油机。

朱志尧因舅父马相伯之故，与徐家汇土山湾渊源颇深，其事业开展，亦得到土山湾诸英才相助，如土山湾印书馆的技师邱子昂，就印刷技术而言，是当时唯一有石印经验的中国技师。朱志饶主理大德油厂，就请邱子昂来主事，亦如《江南育婴堂记》所载：

邱子昂颇有才能，十余年间，助翁相公管理印书房相帮不少。于1899年至大德油厂，助朱子尧经理全厂事务，颇著成效。复助子尧等开创图书公司于

1920年11月15日，徐汇公学70周年，前排左9为朱志尧

上海小南门外教场地。

　　文中所提及的图书公司，为清光绪末年，朱志尧与曾少卿、张謇、李平书等人联合创办的中国图书公司，其目的在于"巩护我国教育权，印刷书籍，以兴实业"。当时邱子昂亦来图书公司协助朱志尧，主理印刷技术。

　　土山湾孤儿院一侧的慈云桥亦和朱志尧有关。慈云桥是架设在肇嘉浜上的一座小桥。桥北是土山湾孤儿院，桥南为土山湾居民的生活区，由马历耀修士于1872年时修建，原桥墩为木质，年久失修，岌岌可危。经各方商议，1902年，决定重建慈云桥，桥埭改石制，桥身改铁制，铁料全部由朱志尧委托邱子昂购买。

　　1904年，朱志尧创设机器制造厂，定名"求新"，有工作母机二十台，聘请外商船厂技术人员指导生产。因1904年大德油厂获利41 000两，使得朱志尧决意再投资创设同昌油厂，厂里1 800套轧棉籽油机设备，均由"求新"机器厂制造。据统计，1905年至1911年的七年中，求新机器厂设计制造了上百种产品，如轮船、蒸汽引擎、榨油机床，甚至包括大小桥梁以及自重六十六吨半的自来水厂抽水机等。其中很多产品都属中国首创。

　　朱志尧的社会地位日益提高，眼界亦日益开阔，1906年，他集银十万两，

青浦朱家是沪上著名的慈善世家，图为早年朱志尧的母亲马建淑手持丈夫朱朴斋的遗像，与四个儿子合影，左一朱季琳，左二朱志尧，左四朱西满，左五朱云佐

将上海南市电灯厂改为商办，定名为内地电灯公司；1907年，他在北京创办溥利呢革厂，资本六十万元；1908年，他集资六十万元，创办同昌纱厂。据统计，从1897年到1910年，朱志尧在各业投资额达到三百六十五万元，占当时买办出身的民族工业投资十分之一的份额。至1913年，朱志尧还投资了新诚米厂、汇西布厂、尼各老砖厂，以及担任华商电气公司、内地自来水厂、申大面粉厂、中国图书公司、苏路公司等企业董事，并被同业推举为上海机器公会名誉会长。

  1911年武昌起义爆发，朱志尧支持陈其美为首的革命党人在上海起义，沪军都督府成立后，陈其美任都督，朱志尧被任命为上海江南船坞经理。

  朱志尧在各领域的投资，大都是以房地产及企业股份向法商东方汇理银行及教会抵押借贷而来，每年所负担的利息甚重。而后因一战爆发，朱志尧所接定造三千吨级美坚号、美利号货船的订单，因战乱而钢铁涨价，致使朱志尧虽按时交货却亏损了五十万两白银，经营受到重创。遭此打击，朱志尧决定自行解决生铁原料，遂聘请了两位外国工程师在求新机器厂建造炼铁炉，购买了宝兴公司铁砂一千吨，自炼生铁。但因技术不过关，炼铁炉连连爆裂，损银一万多两。

  1917年，东方汇理银行到期逼债，北洋政府财政部拒绝再次担保，并于

1918年1月向朱志尧发出"立限催偿所有房产担保品"的信函，要他按照商业规则将所抵押的房产过入东方汇理银行名下。朱志尧告贷无门，被迫于1918年将求新机器厂售与法国油船公司及歇乃达钢厂，沪上商界哗然。后几经交涉，北洋政府于1919年接管求新厂，核定资本为一百二十万两，中法各半。在中国资本中，保留朱志尧股份十万两及董事职位。同时，将同昌油厂抵押给钱庄，借款三十一万两，结清了东方汇理银行的债务。

1927年2月，朱志尧担任东方汇理银行买办的合同到期，退出该行。此外，朱志尧在中法求新厂保留的十万两股份的股金，是向东方汇理银行抵借的，故于1930年11月将股份作价了结。至此，做了三十年买办的朱志尧，从法国资本中完全退了出来。

1937年，抗日战争爆发，在淞沪会战中，南市区首当其冲，朱志尧不得不避难法租界。他在经营"求新"失败以后创立的三个航业仓库公司，都遭到严重损失。他所拥有的八艘航轮，除一艘驶往重庆外，其余全部被国民政府征

土山湾慈云桥

用，沉没于马当要塞及连云港。他拥有的宝兴铁矿随后亦被日寇占领。朱志尧一筹莫展，无以为计，以卖产度日。

满目荒凉谁可语？西风吹老丹枫树。朱志尧将活动转向天主教会方面，经常到监狱、看守所及难民所讲经布道。1941年，他出售了地产二百多亩，拿出十七万元捐献给各地天主教会，兴办慈善事业，并被推举为上海公教进行会副会长。

抗战胜利后，朱志尧向国民政府交涉收回大通、合众等公司产业，要求赔偿战时损失，未果，反而大通公司仅存的隆大轮被国民党军队征用，沉没在上海江海关码头，至此，朱志尧的事业，全然覆没。

上海解放后，1952年1月15日人民政府华东工业部接管了中法求新制造机器轮船厂，并改名为华东工业部求新机器厂，同年9月23日又改名为第一机械部船舶工业管理局求新造船厂，并先后将义兴盛铁工厂、泰昌机器厂、久记木行、申大面粉厂等划入了求新厂。1954年9月29日上海市人民政府正式接管求新厂，改名为求新造船厂。

1955年3月17日，朱志尧在上海病逝，终年93岁。

安敬斋

安敬斋其人，即使在土山湾的历史上，也一直是一个若隐若现的神秘人物，他的形象，大概直到近年才刚刚从历史的尘埃中重新浮现出来，逐渐清晰。作为沪上西画、摄影、印刷界前辈的他，究竟有何扑朔迷离的故事？他对土山湾的历史，对上海乃至中国的出版史究竟有何贡献？值得我们探讨。

安敬斋名守约，字敬斋，以字行。1865年7月21日生于上海县城，一生都没有离开过这座城市。父亲是英籍的爱尔兰人，在上海江海关税局工作。母亲是中国人。安守约从小随父亲接受了天主教的信仰，并有一个圣名叫

1937年5月初，病逝前两周的安敬斋，郎静山摄

恩利格（Henricus，即亨利 Henry）。3岁时，他的母亲去世。当时他患病导致腿有残疾，其父就把他送到土山湾孤儿院寄养。在孤儿院里，当时的石可贞（Emile CHEVREUIL）院长格外宠爱他，称他为"病孩中的天使"。虽然当时他还没有到读书的年龄，但是他平时也和孤儿院内其他哥哥们一起接受传统中式的教育。闲暇时候，法籍的石院长也教他法语，因此他很小就会中、法两种语言。徐家汇的耶稣会住院里当时有一个图画工作室（即后来的土山湾画馆），他总喜欢去工作室里看学生和老师们绘画和雕塑。因此他后来一直说自己"从小即喜爱美术"。

1872年，他父亲调任日本税关，本想把他一起带走，但是此时刚在孤儿

20世纪初的土山湾一带风光,安敬斋摄

院上学不久的安敬斋无论如何都不肯随父亲去日本,最后其父只能将其留在了孤儿院里,从此父子天各一方,终生再未相见。在现存所有公开的档案文件中,他的国籍一栏均填"中国",而姓氏则是按照当时中国教徒外文名字的写法——圣名(拉丁语)+中文姓氏的沪语译音,即为"Henricus EU"。

安敬斋小学毕业之后,根据他安静乖巧的性格,被分配到了需要耐心和静心的图画间,有画馆主任刘德斋修士亲自教授他油画、水彩画等各种绘画技艺。

1880年,尚未满师的安敬斋向上级提出:要求进入耶稣会担任辅理修士,把终身献给教会。当时考虑到他尚年幼而且没有满师,在八年之后才得以如愿。

1890年初学完成后,由于绘制《中华帝国自然史》第一册插图的庄其仪(Charles RATHOUIS)神父去世,修院派他去徐家汇博物院担任技师,专门绘制第二册中的插图。除此之外,当时上海徐家汇耶稣会住院餐厅内所悬挂的那幅《最后的晚餐》(教会名内名为《坚定圣体图》)也为安敬斋所绘。

1899年,耶稣会上级突然将他叫去告诉他,其在英国素未谋面的姑母去世了,根据规定他可以分得遗产四千英镑,问他是否因此愿意还俗?安敬斋断

土山湾圣母会创立50周年纪念照,头排左一为安敬斋,
1916年6月18日摄于土山湾圣堂散心场

然拒绝,他表示自己早在将近二十年前就已经确定了侍奉天主的志向,于是他做主把这四千英镑分成四份,分别给他从小到大生活和工作过的徐家汇教堂、修院、徐汇公学和土山湾孤儿院。

在正式成为安修士之后,他被派去佘山天文台绘制各种天文现象的图册。之后,由于教会内照相的负责人出现空白,安敬斋被派往徐家汇专门研究照相技术,但教会方面并没有安排专门的老师来教授他,安敬斋必须自己去摸索出一套适合自己的摄影方法。他凭着自己对钟表等精密机械的熟悉和认真细致的性格,大部分的时间总是把自己关在暗房里,进行一次又一次的试验。最后他终于熟练地掌握了摄影这门技术。

1904年,土山湾孤儿院照相制版部(又名照相间)正式成立,安敬斋被任命为第一任主任。土山湾孤儿院照相间隶属于印书馆管理,主要任务就是负责为徐家汇、土山湾的各类出版物和新闻报道拍摄、印制照片。安敬斋对这项工作极其热爱,也非常尽职。晚清民国上海的所有社区中,徐家汇和土山湾地区留存的各类照片非常丰富,堪称一座宝库,其中1895年前所摄照片,多出

人物钩沉 | 085

自翁寿祺之手,这之后的照片,则以安敬斋所摄为多。他为保存和复原徐家汇与土山湾的历史作出了巨大功绩。

安敬斋一生中拥有几个发明,首先是被誉为"中国珂罗版第一人",根据当年张乐古和郎静山对他的采访:"他是第一个试验成功,远在日本发明玻璃版印刷术以前。在远东可以算是最早应用玻璃版于印刷术的发明人。"除此之外,他还与夏维爱一起参与照相铜锌板的发明,安敬斋还曾经研究过根据平面照片做成立体雕塑。

除了技术上突出之外,安敬斋也是一个好老师,在他一生中,曾培养了无数学生,其中最著名的当属张充仁。安敬斋全心全意教导培养张充仁,在他需要帮助的时候屡次伸出援手,还一直鼓励他出国留学。他告诉张充仁:"你有天才,有抱负,又勤奋,肯动脑筋,你应该继续努力,争取自己更好的前途!只要你以后若有什么不懂,还可照样来问我。"在张充仁的心目中,安敬斋是

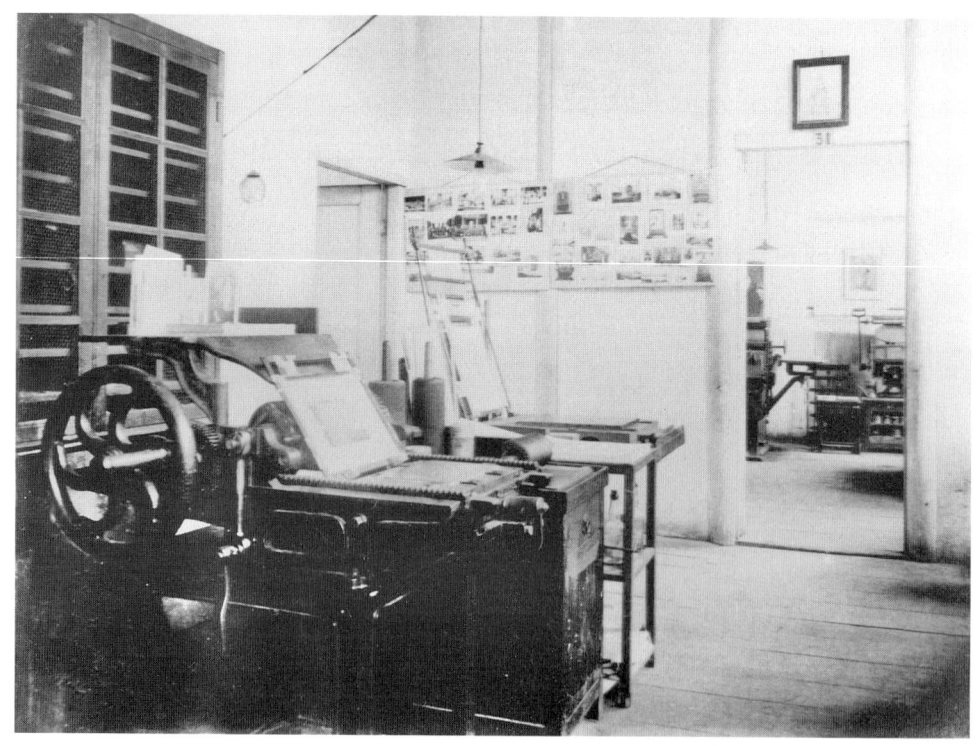

土山湾印书馆的珂罗版印刷机

自己成长道路上最重要的人之一，不论他后来去欧洲还是在中国，以及他成为名画家之后，张充仁一直将安敬斋视作为他的启蒙老师。

张充仁走后，安敬斋依然平静地继续着他的生活，拍着照片，继续他一向低调的人生，人们因其学识广博而尊称其为"神师相公"。中国第一位摄影记者郎静山曾经采访过安敬斋，他也十分平静地接受采访。没想到两周后，安敬斋因心脏衰竭于1937年5月24日去世，一生留下成千上万张照片底片、铜锌珂罗版、照相相片等。虽然，安敬斋摄制的几万张照片大部分都已不知下落，但其存世的照片也还不少，如果用心收集，仍能编撰一部"土山湾摄影集"，足以让研究者打开新的视野。

在安敬斋的通功单上，这样评论他："公气度安详。慈善温蔼。孜孜以引掖后进为务。"更让我们感到惊讶的是，安敬斋一生拍了如此多的照片，仅有的两张单人照却是去世前两周由郎静山采访时提出拍摄的，其他所有能够找到安敬斋的照片均为集体照。于此，也可见安敬斋一生为人之低调，可谓把所有精力都献给了徐家汇和土山湾。

笪光华

他，是土山湾五金间的主任，他，是孤儿院军乐队的指挥，同时，他还是徐家汇流氓们害怕的对象，但是他却有一个看起来十分温和的外表。一些淘气的孩子们称他为"大肚皮"。他说好几次有人威胁要杀了他，但是他并不害怕。无论是指挥军乐队，还是指挥五金间的孩子们，在这些团队中他始终是孩子们的领头人。他的中文名字，叫笪光华。

1865年，笪光华生于香港的一个来自澳门的土生葡人家庭，葡文名字叫

1903年，木工间副主任笪光华（左一）和木工间学徒

民国初年土山湾五金工场一景,右侧一为笪光华主任

José-Maria DAMAZIO。笪光华从小在香港长大,身体里多少流淌着中国人的血液,所以不论从面相还是身材都有点像中国人。他来上海不过是因为澳门当时耶稣会的圣保禄学院(今大三巴牌坊)在1835年被大火烧毁,加入耶稣会后升学无门。1888年发愿做修士后,他就一直留在上海,后来同在土山湾工作的安敬斋是他的同学。初学期两年完毕后,由于会说葡文和英语,他先是被分到上海公共租界内葡萄牙人集中的虹口堂,之后又正逢上海教会急需机械方面的人才,他就这样阴差阳错地留在上海,又回修院继续他半工半读的生活,负责修院中的机械设备,离开修院之后,他又被分到天文台负责安装天文仪器。

1901年,土山湾冶炼工场正式成立,土山湾急需一位在机械金工方面技能出众的修士。这时,教会方面把笪光华从佘山调来土山湾,隶属葛承亮担任主任的建筑部门管理。两人很快成了好朋友,他俩的合作直到1931年葛承亮去世,整整三十年。

从职位上来说，笪光华名义上是葛承亮的下属，但在实际的工作中两人只是分工不同；从神职上说，两人都是耶稣会修士，在教会内地位都不高；从性格上来说，技能高超、脾气火爆的葛承亮和处事圆滑、擅于交际的笪光华也恰好互补；从国籍上来说，在土山湾的历史上，一直是法国传教士占大多数，他俩一个德籍，一个葡籍，因此而显得特别另类。但两人的目标却非常一致：就是致力于把土山湾的事业扩大为广大普通百姓所用，而不是仅仅限于宗教或教会的方面。也许就是因为以上原因，才使他俩成为工作上的密切搭档，生活中的好伙伴。1903年至今屹立于比利时布鲁塞尔的中国宫，1915年在旧金山巴拿马世博会上获奖的百塔，至今藏于土山湾博物馆的那口土山湾生产的钟……笪相公用他掌握的金工技术，带领五金间的孩子们，与木工间一起，为土山湾的作品辛勤劳作，锦上添花。

除了五金间之外，笪光华最为人称道的便是将音乐带入土山湾。每当土山湾乐队出来表演的时候，人们总能在队伍的最前列看到一个矮胖的修士在指挥一群中国儿童，土山湾的乐队也因为笪光华的活动获得了不少美誉。

土山湾五金工场出品的烛台灯架

1901年，土山湾最早的乐队"老师"，便是他的好友——时驻上海的法国军队号手卡尔雷夫（Carrereff）和自己做鼓手的同事沙特尔（Sautel）。这军鼓和军号正是这些中国的孩子们第一次接触到的"西方音乐"。1903年，同为土生葡人的叶肇昌正式创建土山湾的乐队，而笪光华则一直作为助手在叶肇昌不在的时候，负责指挥以及乐队的平时训练。

1911年，由于叶肇昌按照耶稣会规定出国学习，笪光华全面负责乐队。笪光华管理乐队期间，彻底改变了之前土山湾管弦乐队满足于"闭门造车",只有在贵客来访土山湾时偶尔表演的政策,笪光华带领下的土山湾军乐队经常外出演出:震旦大学举办慈善义演,佘山圣母朝圣,刚恒毅主教来访,1911年法国飞行家环龙在上海举行飞行表演,广慈医院(今瑞金医院)春节期间的演出,徐汇中学的各类迎来送往,甚至大户教友家庭的堂会,都会出现笪光华和土山湾军乐队的身影。笪光华在任期间,土山湾乐队的名声益发显扬,成了当时徐家汇地区乃至江南代牧区内的"第一品牌"。

笪光华也清楚这些孩子最终都会成为一名普通的工人,不可能依靠音乐来谋生,但是他希望能够用艺术来弥补这些孩子们童年心灵的创伤,同时陶冶他们的情操,让这些孩子在艺术的阳光下变得乐观开朗起来。

笪光华还承担了土山湾孤儿院对外安全的工作,他如同父亲一般赋予孩子们安全感,这些孩子也将他视若父亲,即使毕业之后,也依然愿意跟随他继续留在五金间。由于其熟练掌握上海话、广东话、英语、葡语、法语……他曾多次作为土山湾孤儿院的代表出面与公共租界当局的英国人交涉,包括曾用作五金间原料的弹片,也是由笪光华廉价购来。至今上海档案馆所藏来自土山湾孤儿院的英语信件中,不少都有笪相公的签名。

1936年秋天,笪光华被诊断患有胃癌,在当时这是不治之症,只能放弃治疗。1937年,笪光华在吐了几天黑水后去世。在他生命的最后一刻,他所喜爱的土山湾孤儿院乐队的孩子们在广慈医院唱歌为他送行。笪光华去世之后,乐队交给法国修士潘国磬兼任,但是土山湾孤儿院乐队风光不再,连教会方面也承认:"无人能接替他的职位!"

潘谷声

潘谷声

潘谷声（1867—1921），字秋麓，教名若翰保弟斯大，江苏青浦县（现为上海青浦区）人。1867年9月25日出生于董家渡。其原籍为青浦诸巷，1860年因避太平天国之乱而迁居上海。潘父为海船经商之人，潘谷声有一兄五姊，四个姊姊幼年即逝，所剩一姊在董家渡管理本堂神父小学校。

潘家为教友，"家中每闻三钟经声，必诵三钟经，饭前后亦必诵经"。据潘谷声忆及，幼时母病，前往董家渡堂中去请神父为母终传，其所叩的房门，即为李问渔神父居室，李公欣然同其前去家中，一路问其所读之书，答以已知背诵四书，李公闻之，勉励其用心读书。

1879年，十二岁的潘谷声到徐汇公学读书，彼时其名为潘声山，在公学就读期间，品学兼优，校长蒋邑虚司铎称其为神童。1884年，潘谷声进修院攻读拉丁文和哲学，1888年7月7日进耶稣会，与张杰夫、朱季球、俞惟几、乔瀛生（日本人，进日本东京上智大学教授）同为修读士，初学神师为晁德莅神父。1890年研究文学一年，1891年在徐汇公学当教员职兼监学，1893年读第三年哲学，1894年教授中文、拉丁文，1898年晋升铎品，待四年神学读完后，于1899年传教于江苏之宿迁。1901年回徐家汇卒试，翌年任徐汇公学校长，兼《益闻录》副主任事务。1908年任震旦大学副校长，兼教授哲学。三

《益闻录》书影

年后,即1911年,回徐汇管理《圣心报》,兼为献堂会修女神师。这一年,李问渔故世,《汇报》停刊。潘谷声惋惜历史长久之《汇报》的停办,于是征请上峰,创办了《圣教杂志》,于1912年1月出版第一期,潘谷声为社长,张渔珊为副社长,《圣心报》仍由潘谷声与张渔珊主持,直至1921年潘谷声逝世。

《圣教杂志》的前身为《汇报》,自1911年李杕故世,《汇报》就此停刊,至1912年由张璜接手,改名为《圣教杂志》。若溯源,《圣教杂志》实为《益闻录》之续。1879年,《益闻录》创刊,1898年与《格致新闻》合并,改名为《益闻格致汇报》,而后又改名为《时事科学汇报》,最终名为《汇报》。

《圣教杂志》以介绍宗教学术和传播全国教务消息为主,张璜主笔。其内容多为辩护道理,研究学术,对于现代思想尤为注意,所以一经出版,不但风行于教内,且普及于教外学界,欧美华侨亦多有订阅。

潘谷声写文章从不署真名,其笔名有两个,"域材"和"师道"。凡是论及圣咏的文章,皆署名"师道",其他的论说之文,则以"域材"署之。潘谷声为文大多依照时代背景而定,且长于哲学,思维缜密,故其所论多哲理而少丽语，言之必有物也。著有《圣类思小传》《中国致命真福传略》《玫瑰经浅议》《佘山记略》，译有《天主上智亭毒万物论》，亦有为数不少之论文刊布于《圣教杂志》上。

1912年，王远志司铎与洪洞、成捷三主教函商创立全国教友联合会，潘谷声深表赞同，1912年7月，《圣教杂志》刊载了《组织中华全体教友联合会宣言书》，潘谷声应邀撰写了《中华公教进行会章程》，载于8月的《圣教杂志》上，谓"本杂志前期所载组织中华全体教友联合会一节，现经共同商议改名为中华公教进行会"。一时风动全国，各地教区，纷纷呈请各本主教尤准成立进行会，不一年，正式成立之公进会之二大柱石，江南省亦由陆伯鸿先生发起请求，姚主教允准，成立江南公教进行会，潘谷声担任江南公教进行会的监督司铎。

潘谷声亦为热心济世之人，据1912年9月17日第7版《申报》载，有一昆山人名叫钟琪者，年将弱冠，父母双亡，亦无兄长，孑然一身，饥寒交迫，欲入学堂苦无学费，经介绍至徐家汇天主堂，拜见潘谷声，请求收录为神父。潘谷声即磋商于顾院长，允许钟琪入院试教，安排他住在《圣心报》楼上，跟从孙鉴古先生，一应饮食起居，皆照顾有加。

潘谷声编辑的初等小学国文课本，全八册，圣教杂志社1914年初版，后曾屡屡重版

孤儿钟琪欲读书而无学费之事，触动了潘谷声兴起教育事业之心，潘谷声意识到，所谓"顾工欲善其事，必先利其器"，教育之发达，首先要重视教科书，故潘谷声开始着手教科书的编辑，成《初等小学国文新课本》八册，《高等小学国文新课本》六册，《初等小学教科书说明书》四册，专为教员之用。此等教科书一经出版，风行于全国天主教学校中，连外教学校也都有采用，并译有法文和英文版，其受欢迎程度可见一斑。

1917年9月，上海土山湾印书馆刊行了《透视学撮要》一书，此为徐汇公学的图画教科书，由时任徐汇公学校长的潘谷声作序，他在"序"中写道：

> 透视学，一名注视学，为意国 Leonard de Vinci 蓝哇那尔特温茜君所发明。透视学，与图解学 Descriptive 不同。图解重实测，即将实测物体之形状、大小、尺寸、比例，绘于图纸上。透视重目击，即将目击物体之远近、大小、高下、广狭，描于画幅上焉。蓝君为中古15世纪，意之弗劳伦斯派著名美术家，以图画、雕刻、建筑、物理、机器、文学、音乐诸学，蜚声当世，1519年卒于法国者也。

此文乃潘谷声为徐汇公学诸多教科书所序之一，由此可见潘谷声对于教科书的编辑和推广之孜孜热切。

十多年来，潘谷声为崇德女校和启明女校，指导学务，擘画周详，贡献卓著。潘谷声念及教中子弟求学之难，想创办一所师范学校，以培植师资。经多方努力，历经八年寒暑，最终得长上之允准，1921年秋，徐汇师范学校开校，各地教中子弟皆负笈来校，实繁有徒。

1921年12月30日夜十一时四十七分，潘谷声忽然双目注视在身边侍终的张渔珊，张渔珊手持苦像，让潘谷声仰望耶稣，为之诵赦罪经，直至31日零时三十分，潘谷声逝世，终年五十四岁。潘谷声曾许下愿望，求圣母赐其死于瞻礼七，其逝去之日，即为瞻礼七之第一时也。

潘氏父子

潘克恭1917年逝世前不久留影

说起"土山湾二代",大家第一个想到的往往是张充仁,然而在上海历史上,还有一个非常低调却同样为我们的城市作出贡献的"土山湾二代",而且难能可贵的是,他们父子三人依靠自己勤劳的双手和聪明的才智,改变了自身和家族的命运。他们的励志故事,要从"土山湾一代"说起……

同治六年(1867)前后,随着各工场设置逐渐稳定,位于上海徐家汇的土山湾孤儿院在江南地区声名远扬:该校不仅免费学手艺,还免费负责食宿,虽然毕业之后的收入未必可观,但依靠学会的手艺养活自身及其一家却是没有问题的。这些条件非常诱人,足可以吸引一大批来自贫困家庭的孩子们。何况当时的江南大地:刚经历太平天国战争,满目疮痍,百废待兴;而且这里是洋务运动的热土,一些能人志士怀着"师夷长技"的梦想,正在这里开启工业化的脚步。

在这些被吸引的孩子中,有一位叫潘克恭的16岁少年,他来自上海西郊的青浦,幼时家庭遭遇变故,后经人介绍进入土山湾孤儿院,被分到了土山湾

1948年8月8日父亲节潘世义全家福

孤儿院的木工间。和之后主要以"西式家具"见长的木工间不同,在最早的那段时间里,土山湾的木工间以建筑为主,几乎承包了江南教区所有教堂的建造。当时的木工间主任马历耀(Leo MARIOT)曾学过建筑设计,虽然和很多耶稣会的修士一样,他的建筑师仅为"两年培训班"水平,但是在当时的中国,已经绰绰有余。因此,当时土山湾孤儿院的木工间除了学习各种建筑中所需的木工活之外,也有一批人被分配学习打样(建筑测绘)。这个叫潘克恭的少年在土山湾孤儿院跟着马历耀学习了建筑的测绘技术,也学会了一口流利的法语。在当时的人眼中,也许这个技能并没有实实在在的木工手艺吃香,但是随着城市的发展,这些本事却给了他们更好的机会……

随着上海城市的发展,上海老城厢原有的城墙已严重制约了上海城市的发展。民国元年(1912)1月13日,上海士绅姚文楠等人向沪军都督陈其美及民政总长李平书呈请拆城,得到沪军都督府批准,并组织了城濠事务所主持其事。这个拆城工程看似简单,却在上海近代史上有着划时代的意义。该工程其实可分为拆墙、筑路和填河三个工程,而且上海老城周围是法租界,规矩甚

人物钩沉 | 097

严,这又使该工程变得更为复杂。由于拆城工程对测绘有所要求,因此当时曾跟法国人学习过打样的潘克恭便被选中了,在拆城过程中,之前曾参与青浦小东圩天主堂工程的他被任命为工程科长,全面负责工程的施工。拆城工程于1月19日动工,民国三年(1914)冬全部完工。北段所筑之路取名民国路(今人民路),南段取名中华路。可以说,凭借从法国修士那里学来的测绘技术,潘克恭实现了自己从"土山湾孤儿"到工程师的"逆袭之梦"。

迈入20世纪之后,一方面土山湾木工间主营业务逐渐转向西式家具,另一方面建筑测绘逐渐被认为是大学建筑系科目的一部分,因此土山湾孤儿院不再教授打样课程,潘克恭也因此成为这批"前无古人后无来者"的"土山湾工程师"之一。

潘克恭有两个儿子,潘世忠与潘世义,凭借着父亲带来的优良的家庭条件,他们得以接受良好的教育,相继进入徐汇中学读书。在良好家风影响下,两个儿子十分刻苦,学习成绩非常优异。

1889年出生的长子潘世忠动手能力极强,自幼喜欢机械,幼时就能把家里一座台式摆钟拆开后又重新装好。1904年徐汇中学毕业后他去法国里尔机械专门学校留学,意外接触了刚发明不久的飞机,于是又去法国兰斯的特伯多生飞行学校学习飞行。1911年12月,年轻的潘世忠以优秀的飞行技术,获得了法兰西国防航空联合会证书。当年,学业有成的他回国,被任命为中华民国临时副总统顾问,管理飞艇事务。一年后,他被调离南京,到北京南苑航空学校担任教官。1914年5月,兼任航空学校工厂厂长。1913年10月12日,潘世忠在北京南苑操场作飞行表演,他驾驶着亲自设计制造的飞机滑行升空,然后绕着总统府、参谋部、旧城墙飞行,高度达1 500米。潘世忠成为第一个在自己国土上用自制飞机飞行的中国飞行家。1914年3月,由南苑航空校长秦国镛、主任教官历汝燕、学员章斌各驾驶一架潘世忠设计的飞

潘世义50虚岁(1939)

机,完成了北京至河北保定的航线飞行课目。这也是中国国内首次航线飞行,被载入中国航空史册。潘世忠也被誉为"中国近代航空史上的第一位飞行家"。

潘克恭的次子潘世义则接棒父亲的建筑业本行,徐汇中学毕业之后他赴巴黎大学攻读建筑学,曾在法国学术界被誉为最杰出的东方设计师。回国之后,先在公董局打样间任大打洋,后在华山路(海格路999号)上开设"潘世义建筑事务所"。潘世义设计(包括参与设计)的建筑有:上海曹家渡弥额尔天主堂、青浦小东圩圣母七苦堂、已于2001年被列为"文物保护单位"的青浦泰来桥天主堂、浦东金家巷新堂、已于1994年被列为"优秀历史建筑"的息焉公墓内的圣母升天堂(另一说为邬达克设计,但不可否认的是,潘世义被认为是该公墓的发起人之一)、已于2005年被列为"优秀历史建筑"的广慈医院产科病房、原卢湾区妇幼保健院等,并设计了新式里弄居民住宅,如天平-康平路口"怡村"的208弄、212弄、216弄及华山路1837号的住宅等,为上海近代的城市化建设留下了浓墨重彩的一笔。

值得一提的是潘世义在南通设计的狼山露德圣母堂。狼山堂在教友中有特别的意义,为此,当时的海门主教朱开敏曾亲赴上海拜见潘世义,与他商谈关于狼山新堂兴建的事宜。潘世义知情后言明分文不取,允诺全程亲自打造。当年4月初,潘世义便将新堂设计图纸送达海门主教公署,并把设计理念全数向朱主教阐明,月底便在狼山老堂北侧30米处开工兴建。

该堂融入了潘世义的全部心血和信仰寄托,其艺术价值和学术地位极高,是苏北新式建筑的鼻祖。教堂上的建筑元素,每个环节都有深刻的宗教、时代、民族、文化、地域内涵:教堂正面是当时最新颖的立体式立面,背面是传统的哥特式转角,屋面是中国古式的宫廷琉璃瓦,窗户是欧式的宫殿型制,内部是仿巴洛克式的结构,祭台背景是写实式的山洞,二楼回廊是江南传统式的徽派用法,立柱为拜占庭式造型,天面是歌剧院式装饰。教堂钟楼尤其反映了潘世义的爱国之心:钟楼高33米,外形为立体的战斗机型,以我国第一架飞机外形为蓝本,即当年潘世义胞兄潘世忠独自一人从法国驾机飞回的那架,寓意中国人民自立自强,不畏帝国主义强权,同时也祈愿祖国早日腾飞。钟楼顶部为灯塔,悬灯照耀数十里,是夜间江中船只和过往行人的航标,寄托了祈祷祖国前途光明的愿望。

在狼山新堂开堂典礼当天,除了各级政府、政商绅学团体和全国兄弟教区发来贺电外,还有立法院长、国父中山先生之子孙科致信祝贺,监察院长"草圣"于右任送来对联挂于祭台两侧,著名教育家马相伯亲书题字。

如果说潘克恭作为"土山湾一代"实现了人生的逆袭,那么潘世忠和潘世义这两位"土山湾二代"则从徐汇中学起飞,为国家、为民族作出了自己的贡献。

叶肇昌

在徐家汇的历史上,曾有一位长着一张中国人脸,也有着一颗"中国心"的葡萄牙人——叶肇昌。一方面,他是一个建筑师,今天徐汇中学的崇思楼便出自他之手,今天的徐家汇天主堂建筑曾是他的"得意之作";另一方面,他还是一位音乐家,历史上第一次,他在土山湾孤儿院组建了军乐队,还为中国的孩子们编写了最早的西洋音乐教材。

叶肇昌

叶肇昌,字树藩,葡语名方济各-沙勿略·第尼斯(Francisco-Xavier Diniz),1869年7月生于上海虹口。他的父母都是澳门土生葡人,早在叶肇昌出生前就移居上海做生意,赚了不少钱。叶肇昌的童年在上海虹口的葡萄牙人社区度过;他的两个姐姐分别入上海的拯亡会和圣衣会修道,哥哥也入耶稣会做神父,其侄子叶乐山(José Diniz)也是耶稣会的神父。

因家境殷实,叶肇昌曾就读于当时专收外侨子弟的教会学校——圣方济学校(今虹口区北虹中学),早在圣方济学校读书的时候,叶肇昌就学会了演奏小提琴、小号、单簧管等多种乐器。毕业后在上海英商道达洋行学习建筑,成绩优异。他在建筑上的天赋被当时的耶稣会看中——随着代牧区的发展,教会中急需叶肇昌这样专业的建筑师,以替代之前非专业出身而又需要集中身心于牧灵工作的神父们。

恰好叶肇昌也有意修道,并于1896年通过澳门教区推荐入徐家汇修院学

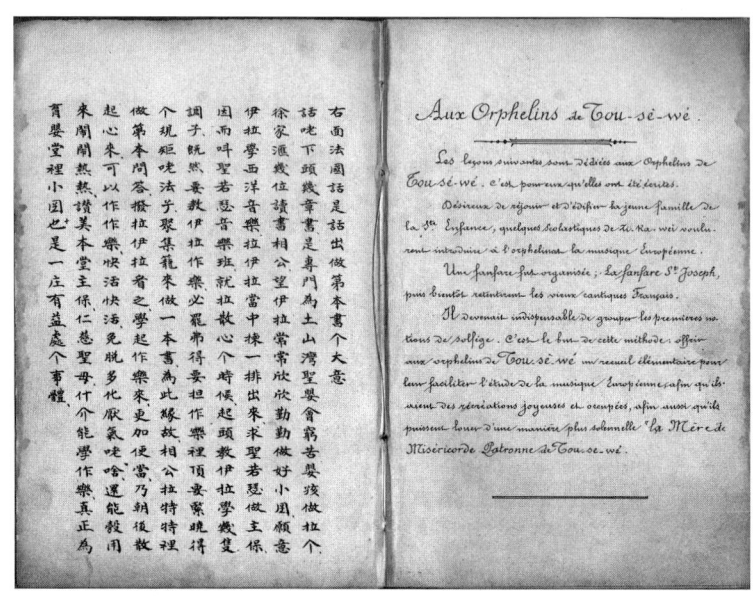

《方言西乐问答》内页-序言

习。1905年晋铎后叶肇昌留在江南代牧区工作,期间除1906年去安徽水东出试、1911—1913年分别在法国和英国进修建筑学之外,其一生绝大多数时间都在上海度过,因此相比澳门和葡萄牙,中国才是他的祖国,上海才是他真正的故乡。

除了设计徐汇中学崇思楼,叶肇昌也是现存徐家汇天主堂的监理,还设计了现存佘山进教之佑圣母大殿,现存交通大学医学院(原震旦大学)东部老教学楼也是他的设计作品。相比叶肇昌的神父身份,很多认识他的老教友都说他其实是一个"穿着神父黑袍的建筑师"。

当时,由于徐家汇的大小修院靠近土山湾孤儿院,不少读书相公在散心时喜欢来孤儿院和孤儿们一起玩。一些新来教区的神父也会来孤儿院,锻炼中文的同时也给孤儿们带来了欢乐。虽然叶肇昌在上海土生土长,但是由于长期生活在外侨圈子里,他的中文并不好,于是,这个建筑师在他修道生涯最初的那段时间里,与土山湾孤儿院的孩子们有了一段交集:正是他的出现,使这些贫苦出身的中国孩子有机会触碰到高雅的西方音乐。

1903年,叶肇昌在土山湾孤儿院正式成立乐队,第一批乐队成员有

清末土山湾孤儿院军乐队合影,第二排左四为叶肇昌,后排右一为葛承亮。右五为笪光华

二十五人。叶肇昌还写了一本大约70页的教材《方言西乐问答》,其中用浅显易懂的上海方言和图片对西乐知识做了讲解。在识谱的同时,孤儿们也开始练习西洋乐器的使用技法。不久之后,叶肇昌完成他生命中第一个建筑作品:徐家汇新堂(今存的徐家汇天主堂建筑)的工程监理。

1905年4月29日,叶肇昌神父晋铎之后,在土山湾孤儿院对面的圣衣院内举行了他的第一台弥撒。除了他的父母兄姐之外,土山湾乐队也参与整台弥撒,并在弥撒上为他们的老师演唱"感恩曲"(Te Deum)和"圣神降临"(Veni Creator)。

鉴于乐队缺少排练场地,叶肇昌向当时的院长孔明道(Joseph de Lapparent)神父提出申请:土山湾孤儿院要有固定的排练地。经院长批准,原来沈则宽神父在任院长时修建的用作本堂神父、修士们聚会的"友益草堂"被用作乐队排练地。从此,土山湾孤儿院乐队有了固定的地方排练。

1911年，按照耶稣会规定，叶肇昌相继被送到法国和英国的耶稣会办的学院里进修建筑。1913年进修结束回沪后，他相继设计了震旦大学早期校舍（1916年建成）与徐汇中学崇思楼（1918年建成），并同时担任震旦大学土木工程系教授。除了建筑之外，他依然关心着乐队孤儿们的成长，始终担任乐队的指导。1919年12月，当时的法国公董局董事、即将成为总董的勒布里斯（Pierre le Bris）和法租界警务处总巡史密特（Charles Schimitt）上尉当众"代表法租界"将一把象征性的指挥棒交给叶肇昌，以表彰叶肇昌多年来对土山湾孤儿院乐队的贡献。这根指挥棒为象牙制作，中间和底部镶有银质的箍圈。

而作为教会的建筑师，叶肇昌主要负责监理佘山山顶新堂（今存的佘山进教之佑圣母大殿）这一业务。佘山圣母大殿由圣母圣心会士、比利时人和羹柏（Alphonse de Moerloose）神父设计定稿。1923年，由于之前的法国建筑承包商无法确保佘山旧堂的拆除和新堂地基的建造工程，1925年起，耶稣会方面卸去了叶肇昌的其他职务，让他一心负责佘山圣母堂大殿的监理工作，叶肇昌在将和神父的设计图稍作修改之后建成了今天的"远东第一圣母大殿"。与此同时，他依然热衷教育事业，先后在上海震旦附中（今向明中学）和扬州震旦中学教授建筑学和英语。他的讣告上这样写道："生平最擅建筑术，凡上海教区各大建筑物，皆由司铎设计监修，终老不辍。"讣告中也特别提到了他"长于音乐，为土山湾孤儿院乐队指导"。

不论是很多老教友们的回忆，还是耶稣会的职位表，都显示叶肇昌虽有神父的名号，"半路出家"的他终其一生都是频繁于各地的建筑实务，而没有做过神父理应从事的牧灵工作。

然而正是建筑和音乐——叶肇昌一生的最爱，让"不务正业"的他，在历史上留下了和其他神父不一样的印迹。

范殷儒

范殷儒，又名应儒、英儒，字古卿。生卒年均不详。他大约在1882年进画馆学习，1888年满师。范殷儒在画馆学习刻苦，成绩优异，是少数几个被批准进修油画的学生。满师后他留在画馆，成为一名职业画师。范殷儒画技高超，性格温顺，又懂得报恩，对画馆、对老师都忠心耿耿，像他这样的水平和资历而又勤勤恳恳甘愿留在画馆效力的，大概仅此一人，故深得刘德斋的喜爱。1909年，经刘德斋说合，教会方面同意范殷儒的大儿子范庆安进画馆学画，免除了他的后顾之忧，范殷儒因此而感激万分。一直以来，外界都有传说：土山湾不收父母健在家庭的孩子，所招均为孤儿，如丁悚先生在老年所

1904年圣路易斯世博会上的中国村

范殷儒绘制的中华圣母像

写回忆文章中就说:"画馆向不对外招生,学生都是孤儿院里抚养长大的孩子。"这类说法其实并不准确。画馆学生确实以育婴堂出身的孤儿为主,但也有不少例外。当时有不少家庭托人向教会的神父求情,希望能把自己的孩子送进画馆学一门手艺。历年累积下来,画馆中普通人家的孩子也有不少,何况当时还经常有徐汇公学的学生到画馆学画的。区别在于,孤儿们在画馆的生活和学习费用全部由教会方面负责,而非孤儿则要向画馆支付一定的食宿费用。如范殷儒的儿子在画馆学六年,前三年的饭钱须自己支付,每年三十元(这个标准以后提高到六十元)。三年后如学习成绩不错,尚可造就,就可享受免费待遇了。

范殷儒1888年从画馆毕业后一直留在画馆工作,数年后,他晋升为画馆的老师,主教油画。王安德1902年病逝后,范殷儒即成为画馆中的大师兄,也是大家公认水平最高的画师,刘德斋将其视为自己管理画馆的左膀右臂,业务教学的主要助手。受西方影响,当时上层人士中非常热衷油画肖像,这些人地位高,影响大,故刘德斋不敢怠慢,热心接待,并主要安排范殷儒承接订单。现已知曾铸、马相伯、唐文治、詹天佑等名人的肖像油画都出自范殷儒之手。特别是宣统登位之年,清皇室慕名委托土山湾画馆绘制的宣统皇帝和摄政王载沣两幅油画肖像,也都由范殷儒亲手绘制。法国人史式徽在《土山湾孤儿院:历史与现状》一书中将这些画作为土山湾画馆的精品特地作了介绍:"土山湾的世俗题材作品,主要包括主教、传教士、著名教友以及官员的肖像画。在1910年1月,一幅摄政王和小皇帝的巨幅油画,被作为驻京法国公使的礼物进贡，人们可以在北京皇宫的大厅里找到这幅画。"如果不出意外，今天的故宫里应该还保存着这几幅油画。

刘德斋对范殷儒的画非常看重，同样一幅画，如果其他画师对外标价八元，范殷儒的作品就要十元。对刘德斋亲自标的这个价目，其他画师也都心服口服，无人异议；而范殷儒绘制的精品，刘德斋甚至舍不得出售。范殷儒画过一幅《圣母莫尼加》，非常精湛，被刘德斋视为画馆杰作。1908年，重庆三德堂的神父到土山湾画馆，点名要范殷儒

根据范殷儒绘《中华圣母像》制作的刺绣画作，仝冰雪收藏

的这幅画。刘德斋不肯，只答应对方再临摹一幅，最后客人只能悻悻而归。因范殷儒油画技能高超，刘德斋常指定他单独教授某人，现已知杨达明、徐松林、顾杏生和王希贤等人的油画都由他亲授。

范殷儒所绘作品存世很少，但有一幅画则影响很大，甚至有众多版本流传，可谓名动中外，这就是著名的《中华圣母像》。这幅画最初其实是一幅外件委托订制。1904年春天，上海南洋公学会的一个职员来到土山湾，要求委托订制一件"家具"，他拿出的样本是裕勋龄拍摄的慈禧照片和美国画家卡尔女士绘制的慈禧油画照片，要求以此画中的慈禧坐姿为样式，绘制一幅圣母子慈爱图，并最终制成木质模型的桌屏摆件。他并表示，这是要送到同年在美国举办的圣路易斯世博会上的"中国村"展览的，故希望既快又好地完成订制。土山湾孤儿院院长孔明道（Joseph de Lapparent）出面接受了这个订单，并将此转交给画馆主任刘德斋。经过一番思索，刘德斋从徐家汇藏书楼的藏书中选定法国新古典主义画家安格尔（Jean-Auguste-Dominique Ingres）绘制的《圣体之后圣母》（Vierge à l'hostie）作为新画像中的圣母头部参照；又在徐汇中学

图书馆的藏书中找到布拉格的圣婴耶稣像作为新画像中的圣婴头部参照。毫无意外，这个订单刘德斋依然交给了范殷儒来绘制。范殷儒按照刘德斋的嘱咐绘制完成后，将样图先交给客户南洋公学会审看，经修改之后即成《圣母皇后》像。样图确定后交给木工间主任葛承亮分配工匠雕刻成了"圣母皇后"的桌屏，再让金工间主任单蔼宓（Æmiliaus Liger）吩咐工人进行镀金，完工后交货，直送圣路易斯世博会上的"中国村"。上海南洋公学会送展的这具"圣母皇太后桌屏"最后被世博会颁发赠以特别金色奖牌。这幅画的各个版本还先后参加过1915年的旧金山世博会、1925年的梵蒂冈传教区博览会等，在中国和欧美等地都有着广泛影响，至今在旧金山圣依纳爵堂和梵蒂冈教堂，都还保存着这幅《中华圣母像》。虽然版本众多，但追根寻源，这幅画的母本都来自于上海土山湾画馆的范殷儒绘制的作品。

  进入20世纪以后，作为土山湾画馆资历最深、画艺又最精湛的范殷儒，无论在馆外还是馆内，都是当之无愧的佼佼者。馆里师兄弟遇有难事，他主动出面张罗，为他们求得教会方面的帮助；师傅刘德斋在画馆事务上碰到烦心事，他出谋划策，积极化解，充分发挥大师兄的特殊权威；教会方面有什么需要帮忙的，他也热心承担，带领大家不计酬劳，出力相助。1897年，当时的土山湾孤儿院院长、华籍耶稣会士沈二神父（沈泽宽，字容斋），决定将徐家汇天主堂周围旧屋拆除之后的材料用来建造一座新的房屋，作为徐家汇土山湾教友社区（教徒村）的议事中心，也是该社区中举办中式婚丧嫁娶礼仪的地方。当时，由于以五埭头为代表的教友社区已经形成，而各家房屋都比较狭小，遇到红白喜事尤显局促，"六礼之行，无以尚也"。这个议事中心位于圣衣院北面（今上海电影博物馆附近），它的建造就是为了解决教友们的这个实际困难，沈则宽将之命名为叙伦堂，意为五伦攸叙。为突出"五伦"的象征意义，他让当时在土山湾画馆中水平最高的教师范应儒率领学生在屋外绘制各种飞禽走兽，在屋内则绘制《五伦图》。"五伦图"也称为"五翎图"，即以五种鸟类象征五种伦理道德：以凤凰象征君臣、仙鹤象征父子、鸳鸯象征夫妻、白头翁象征兄弟、燕子象征朋友。古人以君臣、父子、夫妻、兄弟、朋友为"五伦"，要求"君臣有义，父子有亲，夫妻有别，兄弟有叙，朋友有信"，这也说明中国固有的传统文化在土山湾中依然在强有力地延续。在屋面墙壁上绘制这样的大型图案，难度不小，颇具挑战性。范殷儒作为领军者，压力很大，他思考了很久，先画出草图，再勾勒还原到墙上，然后带领画馆同事一笔一笔地细心描绘，花了好几天工夫，才圆满完成沈二神父交下的这项任务，并得到了教会上下的一致称赞。

随着土山湾在外界的影响越来越大，孤儿院的各部门也更加乐意参加外界的各类活动。1910年6—11月（宣统二年四月至十月），晚清中国的第一次全国博览会——南洋劝业会在江宁（今南京）召开。全国各地除蒙古、西藏、新疆外，二十二个行省全都提供了展品。土山湾孤儿院也获准参展，但由于场地原因，参展作品件数有限制，院方遂指派画馆方面代表土山湾参展。刘德斋精心选择，画馆水平最高的几位画师的画作悉数入选。到劝业会闭幕最后评奖时，由于土山湾画馆选送的绘画作品技艺精湛，整体水平较高，因此获得了多项奖凭。作为统一的出展方，土山湾孤儿工艺院可以说大获全胜。其中，范殷儒一人荣获优等奖一枚，金牌奖一枚，是土山湾画馆所有参展者中成绩最好的，其获得奖牌等级之高，甚至超过了当时的海上著名画家黄山寿、王一亭、高剑僧、杨逸、张聿光等人。

张璜

张璜（渔珊）

张璜（1872—1929），字渔珊，又字渔人，教名玛弟亚，上海浦东（原南汇县）西八灶人。生于1872年3月5日，毕业于徐汇公学，1893年9月1日入徐汇初学院，进耶稣会。二年初学后，遣至南京研究中西文学。张璜在南京即关注南京的地方掌故，对古墓碑文尤为注意，收集资料，潜心研究，撰成Les tombeaux de la dynastie liang，后译成《华文梁墓考》。

1897年，张璜在南京完成二年期的文学研究后，回到徐汇。按耶稣会习惯，会士在升铎品之前，必须在公学担任教授或监学之职，张璜在徐汇公学任职二年。1899年始读哲学和神学，至1904年晋升铎品，而后复读神学一年，于1905年传教于嘉定。

1906年，张璜通过卒试。所谓卒试，是指耶稣会士晋铎后，行第三年的初学，圣依纳爵担心自己的门徒于多年读书后，渐渐淡去了事主的热心，因此要门徒再事初学一年，以此来坚固其德行。1909年，张璜任《圣心报》及《汇报》副主任事务，兼管藏书楼。1910年，张璜居住于土山湾，兼管土山湾诸事务。1912年，张璜接办《圣教杂志》，自此至1922秋天，直至潘秋麓司铎故世，张璜才外调至无锡。

张璜管理徐汇藏书楼共十三年，悉心搜罗各地方志，自省府至厅州，诸志无不齐备。张璜学识渊博,遍览群书,亦重视搜集中国古籍乃至西洋珍本,其所购置的宋元善本及四部丛书,迄今为藏书楼之重册。张璜对邮票亦颇有研究,收藏诸多,彼时亦为藏书楼之珍品。

张璜学识深厚,才华横溢,下笔敏捷,三四千字须臾而成,信笔直书。张璜编辑《圣心报》十数年,在《汇报》和《圣教杂志》上发表许多论文,译有许多新闻,校有许多经文和书籍,还有诸多剧本、唱歌,或已刊印,或为稿本,不计其数。所著为世人所知之作,主要为三种:《华文梁墓考》《欧亚纪元列表》和《徐汇纪略》。

张璜在南京考察梁墓

《华文梁墓考》一向被学界认为是最早以现代学术方法对南朝陵墓、神道、石刻进行研究的一部开拓性著作,而后1930年由李卓译为中文,名为《梁代陵墓考》。书前有卫聚贤所作之序,书后有叶恭绰跋。据书中所附之《金陵陵基古迹全图》上张璜题记云,"余酷嗜古迹,侨寓金陵二年有余。公余之暇,每与二三同志四出访求。归后证以通鉴纲目、陵寝备考、府县志、金石等书,将八代陵嘉汇作一表"。

《欧亚纪元列表》Synchronismes chinois,直译应作"中国纪年",列《汉学丛书》第二十四目,为中西完备纪年表,包括远东历史上各重要年号,并特别注明所谓远东乃指中国、日本、高丽、安南、蒙古等。起自公元前2357年,至公元后1904年止。除年号外,并附中国年月日时异称表、天干地支异称表。所举年号,中国而外,并列瓯貉、日本、匈奴、百济、朝鲜、南越、高句丽、新罗、交趾、柔然(蠕蠕)、突厥、吐谷浑、南诏、薛延佗、渤海、突骑施、回鹘、庞特勒、弓裔、契丹（辽）、夏、金、蒙古（元）、西辽等，极具价值。

《徐汇纪略》，1914年9月由土山湾印书馆出版，专记上海徐家汇地区的历史渊源及天主教堂和周边地区附属机构的沿革情况，如耶稣会修院、圣母圣心修院、耶稣圣心修院、徐汇公学、类思初等小学、藏书楼、天文台、博物院、圣衣院、圣母院、土山湾等，全书初分十一节，后屡经增补，成二十余节，1933年重版。今人所写有关徐家汇、土山湾诸事，多有赖于此书之启蒙。

张璜为人热忱，善交际，友朋众多，但凡学界中有名的人物，都知道张渔珊先生，无不交口称赞。张璜居徐汇期间，只要有人来参观徐汇，皆竭诚招待，亦如徐宗泽所写张璜传记中所言："此虽烦扰，但实是一种传教的方法，无论直接间接得到不少教外人对于天主教之好感情也。"

1922年，张璜在无锡堂中圣体降临弹风琴时，忽然中风，后虽复元，然步行维艰，需专事休养，于1924年调至上海洋泾浜休养。虽延请中西名医诊视，终无甚效验。张璜自此年起直至其终日，蛰居病房，共计有五年之久。

1929年4月20日，张璜移至徐汇，拟休息多日，以调换空气。4月30日晚八点一刻，张璜忽然又中风，当时伺候张璜的佣人见其病势危急，即呼神父行终传礼，是日离去，终年57岁。

徐咏青

徐咏青是土山湾画馆培养的学生,也是画馆诸生中成就最大者。他在美术界众多领域作出重要贡献,被誉为"中国水彩第一人"。

徐咏青本姓范,名永青,出生于1880年。松江泗泾人。他自幼失去父母,由继母和祖母带大。后被送入土山湾孤儿院,先在慈云小学读书,1893年正式进画馆随刘德斋学画。在画馆当学徒时他使用的是"王永青"这个名字。孤儿院有替孤儿改名的先例,但一般并不会替人改姓,所以这个"王"姓,不知源于何因,不知是否是他祖母的姓?徐咏青光绪十九年(1893)正月进画馆学画,二十四年(1898)正月满师,为时整整五年。当

民国初年的徐咏青

时画馆的学制一般为四年,如表现良好,则加学一年水彩,如天赋出色,则再延长一年,加学油画。但资质差的,也有仅学四年素描就让毕业的。徐咏青在画馆学习时,由于天资聪慧又刻苦努力,故成绩出众,门门课都出类拔萃,被公认为画馆中绘画水平最高,故能享受特例,提早满师。

徐咏青是刘德斋最为喜爱的学生,刘曾屡屡为他单独讲课;在画馆的诸项科目考试中,如画真人稿(人物写生)、临石膏像、临五色花鸟画、花卉写生、书法等,他几乎每项都考第一,因此而屡获奖励。徐咏青1896年开始学油画,次年三月,刘德斋又亲自安排油画水平最高的王安德向他单独传授油画技法。1898年徐咏青满师后,因绘画成绩好,得以和王安德等一起成为画馆

中有资格对外承接油画订单的少数几人之一，刘德斋为报王安德的倾心教育之情，还自己掏出两块银元表示酬谢。1912年4月，刘德斋70岁生日，画馆在龙华百步桥为其祝寿，徐咏青以老学生的身份特地赶来为老师祝寿，并留下了一张非常珍贵的祝寿合影。三个月后，刘德斋就因病辞世了，这张照片，很可能是这对师生唯一的一次合影。刘德斋和徐咏青堪称土山湾画馆中的师徒双子星座：他们一个是画馆承前继后的关键人物，一个则是众多学生中声誉最隆的杰出代表。

光绪二十四年（1898）正月初八，徐咏青满师毕业，两天后就是他的结婚吉日。因为他的孤儿身份，按当时比较普遍的习惯，他成了一名招女婿，入赘的女家姓徐。在经过一番深思熟虑、并取得女家同意之后，他为自己取了一个新名字：徐宗范。徐，即已经将对女家的尊敬之意表露无遗。而范，当喻意自己本姓，以示不忘根本。他又为自己取字坪生，喻一生平安妥帖之意。出道以后他改名徐咏青，但又为其和外室所生儿子取名范基平，显示了不甘入赘女婿身份的理念。

徐咏青民国初年绘水彩画《无锡寄畅园》

徐咏青1898年毕业后,在土山湾画馆整整服务了七年。1905年,他离开土山湾进商务印书馆,从事美术工作。徐咏青敢于走向社会独身打天下,自有其过人本领作支撑。画馆培养人才的一个弊端是注重描摹而缺少创造,技巧可以非常娴熟,而自己的东西却比较缺乏。画馆确实有不少这样的学生,让他临摹,画作可以栩栩如生,但一旦脱离了样本就束手无策。徐咏青是一个例外,他既有精湛的临摹技巧,又有出众的创作才能,堪称全能型的画家。20世纪初,徐咏青在商务印书馆主要从事封面和插图的绘制,《小说杂志》《妇女时报》《妇女杂志》

徐咏青为英商亚细亚火油洋烛绘1924年月份牌
《深山古刹》

等期刊封面大都由他绘制;他还在商务印书馆开班授课,负责"图画生"的培养,他在商务印书馆教授的学生日后有很多都成为各画种的名家,如杭稚英、金梅生、李咏森、金雪尘、鲁少飞、戈湘岚、陈在新、张荻寒等。20世纪20年代,月份牌画勃兴,徐咏青也应邀创作,但他不用流行的擦笔画法,而是坚持用自己最有心得的水彩画技法绘制,并主要画风景,而非市场流行的美人画。徐咏青画的水彩风景画月份牌,风格鲜明,独树一帜,如他1923和1924连续两年画的亚细亚火油洋烛月份牌《深山古刹》和《杭州灵隐寺》,以及同时期画的南洋兄弟烟草公司月份牌《苏州虎丘塔》,烟雨迷蒙,古味森然,山色空灵,物人参差,虚实相间,干湿并举,不仅造型、立体感表现得极其精确,而且质感饱满,色彩厚实明亮,给人以清新厚重之感,显示了他自小打下的坚实的素描基础和色彩基础。同时,他和郑曼陀合作,主画风景,绘制了不少广受欢迎的月份牌画,时称"郑家人物徐家景"。20世纪二三十年代,他还

人物钩沉 | 115

频频参加文化界的聚会和活动，并经常外出写生，创作了大量水彩风景画，被画坛誉为是他的最佳作品。张充仁曾评价：徐咏青"是中国第一个自己的水彩画家，在此之前的中国土地上也曾创作过水彩画，但那全是欧洲人的作品，在他之后中国才开始有了真正的水彩画家。这时是1909年，即本世纪初。其后不久，在日本留学的李叔同回国，亦开始绘制水彩画，但他只有少量作品，不如徐咏青以水彩画为主，并达到了很高水平，与当时世界上已经达到的水平不相上下"。

徐咏青受老师刘德斋的影响很深，土山湾画馆的十余年生活是他难以忘怀的。他的一生，除了自己创作外，可以说把最主要的精力都放在培养美术人才上。从1909年起，徐咏青就在上海南门外设立技艺学堂，招收学生，教授铅笔画和水彩画。以后，又先后在爱国女学校美术专修科、上海女子美术图画专门学校、中华美术专门学校等处担任教导主任等要职，培训美术人才；他又在上海组织绘人友（练习生）美术进修班（1913）、艺友社（1930）；在香港设立咏青画院（1937）；抗战胜利后到青岛，创办咏青工作室，开班授徒，并在青岛中国美术业余学校授课。徐咏青一生桃李满天下，不少学生日后都成为月份牌画和其他画种的著名画家，如上海的何逸梅、杭稚英、金雪尘、金梅生，香港的关曼青，台湾的孙大石，澳门的甘长龄，青岛的陈清之、房绍青、张镇照、楚启恩等。他还编辑出版有《中学用铅笔画帖》《水彩画风景写生法》等书籍，为发展中国艺术教育事业作出了重要贡献。1953年，因高血压病发，徐咏青在青岛逝世，终年73岁。

潘国磐

在土山湾的百年历史上,曾经存在过这么一个人:论木工,他比不过葛承亮;论照相,他比不过安敬斋;论图画,他比不过刘德斋;论革新,他比不过翁寿祺;若论建筑设计,与马历耀更无法相提并论。但是这丝毫无法阻挡他成为土山湾历史上重要的人物,他就是法籍耶稣会修士潘国磐(Xavier Coupé)。

潘国磐1886年生于法国拉瓦尔,在法国曾经读过工科,专攻机械制造,也懂制图。1910年来华,经过两年的语言培训和教区适任之后。他于1913

1914年土山湾孤儿工艺院合影照,第二排左一即为刚来华不久的潘国磐,时年28岁

年——原图画间主任刘德斋去世之后——正式接任土山湾画馆主任的职务,同时兼管五金工场。1923年随着部门调整,改为兼管印书馆。1936年南楼"分家"之后,成为印书馆主任。1937年原来管理乐队的葡籍笪光华修士去世之后,他接管土山湾的乐队。同年专门负责照相的安敬斋去世之后,他又接管土山湾的照相工作。1941年五金间毛如德调离土山湾,潘国磐又调任五金间担任主任。再后来又调任土山湾的医务室任职。1949年后,他又调回土山湾印书馆任职,直到1953年离开。离开大陆之后,他在台湾省新竹的北埔天主堂,专门为原住民和出外学习的儿童服务,直到1971年去世。

　　说起潘国磐,几乎所有见过他的人,评价都是一致的:"潘相公(新中国成立前上海教会内对修士的称呼)人老好额。"在那些当年的孩子们心中,他永远戴着眼镜,面容安详:他会慈爱地摸着你的脸,向你微笑;他会静静地站在你身后,拍拍你的肩告诉你干得好;他也会义愤填膺地告诉你美国人已

1915年土山湾画馆合影,头排右五为画馆主任潘国磐

经向日本投了原子弹,日本人已经快投降了;他还会手拿线圈,耐心地一遍又一遍向孤儿们传授物理知识。

可以说潘国磐一生都把中国的孤儿们当作自己的子女来看待。

他通常选择晚上空余时间,把比较小的孩子集中起来,有时他会从藏书楼借来书,给他们阅读一些浅显的寓言故事,以及适合小孩子阅读的童话故事。有时他也会从徐家汇天文台想办法拿些书给孩子们普及天文知识。

潘国磐还曾自费请来震旦大学的师生为小朋友们上法语课。每当上法语课的时候,潘国磐总是会陪在孩子们身边,煞有介事地和孩子们一起朗读法语的单词。

1944年,潘国磐修士正在指导学生徐宝庆木雕技艺

潘国磐负责医务室的时候,总是想方设法从各处弄来好吃的食物给孩子们品尝,弄来最好的药品给生病的孩子们医治。当孩子们生重病,他都是寸步不离地陪着。

潘国磐是工科出身,于是,他就利用晚上下班之后的时间,为孩子们上物理课。他甚至利用自己管理孤儿院事务的便利,把孤儿院的废旧自来水管道拆了下来改作教具,外面用电容器绕成一圈一圈,做各种电机,让孤儿们亲身体验电学原理。又把木工间截下来的废旧木头做成平衡杠杆,告诉孩子们力学原理。他自己制作各种实验器具,充分发挥自己的工科特长。

除上课之外,每当逢年过节,潘国磐还会带着那些无法回家的孩子们出外旅游。他会带着孩子们去动物园,告诉孩子们每个动物的名称、习性等。还让比较大的孤儿们参与带小孤儿,融洽孤儿之间的关系。

潘国磐管教学,管技术,管行政,也管给工人们发工资。但是,他作为领导,却对下级十分宽松:孩子们任何点滴的进步,都是加工资的理由。对于孩子们的照顾,他几乎是无微不至。

但是这并不代表他在工作上就掉以轻心。他经常在车间里巡视,看着印刷的情况,查看工人的操作。对于新采购来的机器,他在自己研究的基础上,耐心指导工人操作。新乐路上东正教堂里的灯光系统就是由潘修士带领土山湾孤儿负责装置的,那几盏大吊灯充满了俄罗斯东正教的传统风格,沿用至今。

1947年,他六十岁时,孤儿们曾经为他集体举行过一次祝祷仪式,以感怀他对大家的关怀之恩。

1953年,潘国磐成为最后一个离开土山湾的法国人。他临走之前,回过头来看着这些他曾经疼爱过的孩子们,说"我和你们要说Adieu了。"——跟随潘国磐学习过法语的孩子们当然明白这个词的含义。一般法语中,"再见"用的是Aurevoir,如果用Adieu做告别,就意味着如果重逢要去天主那边,意即今生无缘再见——说这句话的时候,他们分明看到了修士眼中那饱含着的泪

潘国磐后期与台湾小孩合影

水……

纵观潘国磐修士的一生,从28岁来华,到85岁在中国台湾病逝,不论是风华青年,还是耄耋老年,不论在上海,还是在台湾,不论是对教友,还是对外教人,他都是始终如一地用自己的心在爱着中国的孩子们,因此几乎所有与他接触过的人都会用"好人"来评价他。

徐宗泽

徐宗泽

徐光启落葬于徐家汇地区后，徐氏家族在上海地区繁衍生息，分成数支，其中不乏继承徐光启的文化视野与爱国情操的杰出后裔。徐宗泽堪称其中的典型之一。

徐宗泽，字润农，教名若瑟，1886年出生于青浦蟠龙镇，是徐光启第十二世孙。幼年接受传统儒家教育，参加过童试，后入徐汇公学读书。21岁加入耶稣会，先后在法国、加拿大、英国等处留学，获哲学和神学博士学位。1921年回国后，在南汇县（今浦东新区）实习工作，两年后回到徐家汇，先后在徐汇公学、徐家汇藏书楼任职，出任《圣教杂志》主编，至1947年，因斑疹伤寒（一说疟疾）去世。除了大家耳熟能详的《明清间耶稣会士译著提要》《中国天主教传教史概论》外，还有神学、哲学、社会时政、历史等方面译、著20余种，在天主教史、天主教本土化、图书馆建设方面贡献良多。

特别是在徐家汇藏书楼中文部主管一职任上，徐宗泽可谓是呕心沥血、鞠躬尽瘁。徐家汇藏书楼之前的历任负责人中不乏晁德莅（Angelo Zottoli）、费赖之（Louis Pfister）、夏鸣雷（Henri Havret）这样精于汉学研究的研究者，对徐家汇藏书楼的馆藏建设作出了自己的贡献。但徐宗泽任职的时间之长，对文献收集整理的热情之高，以及推动藏书楼的转型，则是远超之前各任主管的。

在藏书建设上，一方面，他着重于各类方志文献的收集，这批有2 700余种三万多卷规模的方志文献,在当时可谓是独步海内,在今天也是上海图书馆地方志收藏的重要组成部分。同时,与耶稣会在华活动相关的各类中文文献的收藏建设与文献研究是徐宗泽关注的另一领域,徐氏本人发掘、整理《名理探》的故事至今为学界所熟,但从当时的记录来看,这不过是徐宗泽本人经手的大量类似工作之一。当时去欧洲游学的教内人士,大多与徐家汇藏书楼,与徐宗泽保持有通信关系,如张伯达、高思谦等均曾受托,或主动在欧洲各地为徐家汇藏书楼收罗、查阅各类与来华耶稣会士活动

徐宗泽在藏书楼工作照

相关的文献。此外,徐宗泽也注重西文文献的建设,在二战刚刚结束的1946年,就从欧洲收购了大批流散的神学、哲学书籍回国。

在徐宗泽任上,他还积极推进徐家汇藏书楼向公共图书馆的转型,1925年,全国图书馆协会筹备会在上海开会,他热情带领参会代表参观了徐家汇藏书楼及圣母院、天文台等处。胡道静等中国学者还曾在徐宗泽的支持下,得以进入徐家汇藏书楼查阅文献。将徐家汇藏书楼从一所教会图书馆变成现代化图书馆,是徐宗泽一直孜孜不倦致力的目标,然而这一目标由于没能得到教会方面的支持,始终未能完全实现。

徐宗泽先后接受过中国传统儒家教育与欧式近代教育,是一位拥有开阔眼界、治学严谨的学者。他在清刻节译本《超性学要》(《神学大全》)的基础上,校订补充,于1930年重印此书,成为该书汉译的一个重要节点。同时,他整理编撰了《明清间耶稣会士译著提要》《中国天主教传教史概论》等书,为明清间中西文化交流、中国天主教史的研究作出了重要贡献。而从他主编的《圣

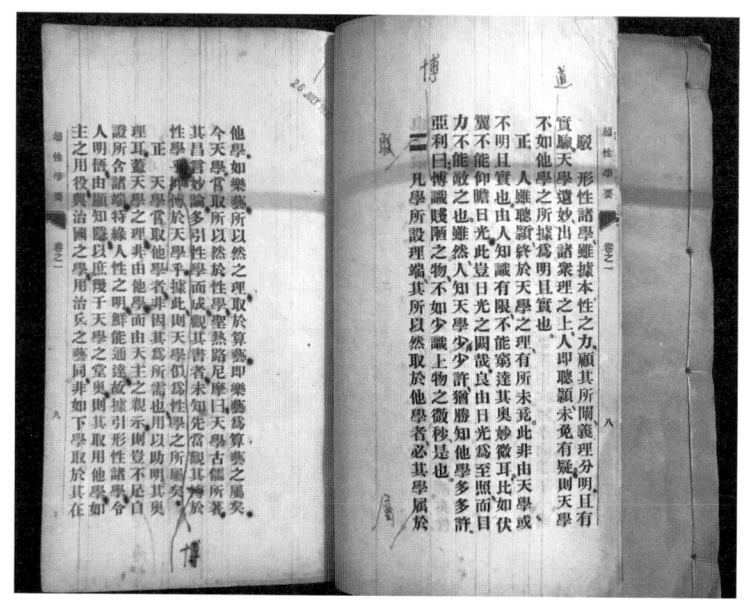

徐宗泽批校的《超性学要》小样

教杂志》上刊登的各类爱国文章，以及致力于帮助中国学者的行动上，也能看出他怀有的深厚爱国情怀。可以说是颇有其祖徐光启风采的一位人物。从叶恭绰为徐宗泽所作挽联中，也能一窥时人对其的评价："前规式廓，车轸方遒，谁与共谈天禄阁？气类渐孤，典型空在，不堪重过土山湾！"

陆洁

陆洁（1894—1967），字焕章，号絜夫，笔名陆洁父、不浊、三三等。上海嘉定人。因家贫，赴南洋谋生。1918年返回上海，在上海基督教青年会谋得一份职业。青年会经常在周末放映外国电影，陆洁由此对电影产生了浓厚兴趣。1920年，陆洁加入由陈寿芝、邵鹏、施彬元集资创办的中国影戏研究社。此社系电影爱好者团体，设址于南京路西藏路口的一条弄堂内。

陆洁

陆洁在青年会就职期间，报名学习了英语、会计等课程，兼以其曾在新加坡工作的经历，尤擅英语，因而得以遍览青年会中所订阅的诸多欧美报章杂志，他对其中关于戏剧及电影的文章，加以潜心研读。久之，颇有心得。1921年4月1日，陆洁与顾肯夫一起创办了中国最早的华文电影刊物《影戏杂志》，顾肯夫负责撰写，陆洁负责编辑翻译，张光宇任美术编辑。虽然该杂志仅出版了三期，但却在中国电影的时间长河中，留下了不可磨灭的印记。以陆洁的文章为例，虽内容以翻译介绍外国影坛消息和外国电影剧情为主，但其文中创译并统一了不少电影名词和术语，沿用至今，如"导演""本事"等。

1923年6月，陆洁与顾肯夫、周志伊在山西路32号创办了《影戏半周刊》，每周一、四发行，编辑部主任为顾肯夫，并以此为基础，成立了以研究影戏学术为目的的影戏学会，一时入会者众多，蔚然成风。

1924年，在俞惠东的推荐下，陆洁结识了商人冯镇欧，由冯镇欧出资聘

《影戏杂志》一卷一期

请顾肯夫任导演,陆洁任编剧,卜万苍任摄影,成立了大中华影片公司,陆洁亦执教大中华影片公司所附设之影戏学校。同年12月,在陆洁的撮合下,施彬元、徐欣夫等人筹办的宝塔影片公司亦入股大中华影片公司。

在大中华影片公司期间,陆洁创作了第一部电影剧本《人心》,并于1924年在上海卡尔登戏院首映。影片的片头首次出现"导演"一词,此亦可视为中国影片将导演等演职员表名列片头之始。此片虽票房不佳,然口碑甚好,使得陆洁信心倍增,创作了第二个电影剧本《战功》。因事先与南洋的发行放映商签订了合同,并以四千元的价格将《战功》的上海放映权售予明星影片公司,故《战功》于1925年4月在中央大戏院首映,票房获得不俗的成绩。

1925年,大中华影业公司与吴性栽、朱瘦菊的百合影业公司改组合并为大中华百合影片公司,陆洁被任命为制片部长兼导演,由此开启了他的导演生涯。《小厂主》是陆洁执导的第一部影片,接着《透明的上海》《殖边外史》等影片相继上映。

当时国内众多影片公司都是以影片制作为主,不涉及发行和放映的环节,无法与国外影片公司集制片、发行、放映于一体的运营模式抗衡,处处受钳制,故而引起国内影业人士的警醒与反思。1929年,罗明佑的华北电影有限公司、黎民伟的民新影片公司、吴性栽的大中华百合影片公司、但杜宇的上海影戏公司,以及在上海经营印刷业的黄漪磋,组建了联华影业制片与印刷有限公司,将电影的制作、发行、放映、宣传、印刷等环节加以整合,融为一体。

联华成立伊始,旗下有五个摄影制片场,一场主任为黎民伟,二场主任为陆洁,三场主任为黎北海,即黎民伟之兄,四场主任为但杜宇,五场主任是荫铁阁,系前陆军大臣荫昌之子,即袁世凯第七婿。1934年12月15日的《良友》杂志刊登了《中国电影界之权威者》一文,将联华影业公司的罗明佑、黎民伟、朱石麟、陆洁、吴邦潘称为"联华五指掌"。可见,陆洁在联华乃至全国影坛已有着举重若轻的地位。

1936年,罗明佑退出联华。吴性栽将"联华"更名为华安影业公司,陆洁担任华安影片公司厂长,发行了《狼山喋血记》《联华交响曲》等多部影片。1937年8月,抗战爆发,上海沦为孤岛,华安总厂被迫停产。

1939年,吴性栽又先后投资组建合众、春明、大成三家影片公司,共出品影片二十余部,陆洁负责管理和人事等工作。陆洁和朱石麟主持的大成影片公司拍摄了桑弧编写的《教师万岁》《人海双珠》等影片,为此后陆洁与桑弧的合作打下了基础。

抗战胜利后,吴性栽于1946年在徐家汇三角街30号原联华影业公司旧址成立了文华影业公司,陆洁被任命为常务董事兼厂长,主管制片管理等业务。多年电影制片经验让陆洁认识到,影业公司要独立自主,不能被一系一派所把持,要注意工作效率,不快即不省,不省则无以图存,要想法避免工人纠纷,不能事事照联华旧办法行事。陆洁强调,文华影业公司必须坚持高质量的影片制作和独立自主的制片路线,因此,仅在1947年,文华影业公司就出品了《不了情》《假凤虚凰》《母与子》《太太万岁》《夜店》五部影片,均属上乘之作。1948年费穆导演的《小城之春》,更是被视为中国早期电影史上里程碑式的电影。

1949年,新中国成立后,陆洁辞去了厂长职务,担任影片公司顾问。1957年又担任上海电影制片公司的顾问,后改任上海电影局顾问。在此期间,他将自己珍藏多年的电影资料捐赠给了国家。1967年8月2日,陆洁逝世。现中国电影资料馆所藏《陆洁日记》(1920—1949),可视为一部完整记录中国电影发展史的实物史料。

田中德

在土山湾历史上,有一位始终若隐若现的人物:有很多历史上的叙述写到他,也有不少健在的人提到他,但每种说法又都含糊不清,似乎每个人都不怎么了解他;他出身于土山湾,成长于土山湾,却又始终与土山湾若即若离,甚至连他的名字都有多种不同的写法。他就是土山湾画馆历史上著名的"田相公"。

就目前的官方文书来看,他的中文名字叫田现龙,字中德,除了这两个官方的名字外,土山湾老人都回忆他叫"田一郎",也有人说他叫田懿龙、田一龙。但是只要你略通沪语就能发现,基本上所有的名字都是音近字不同的变

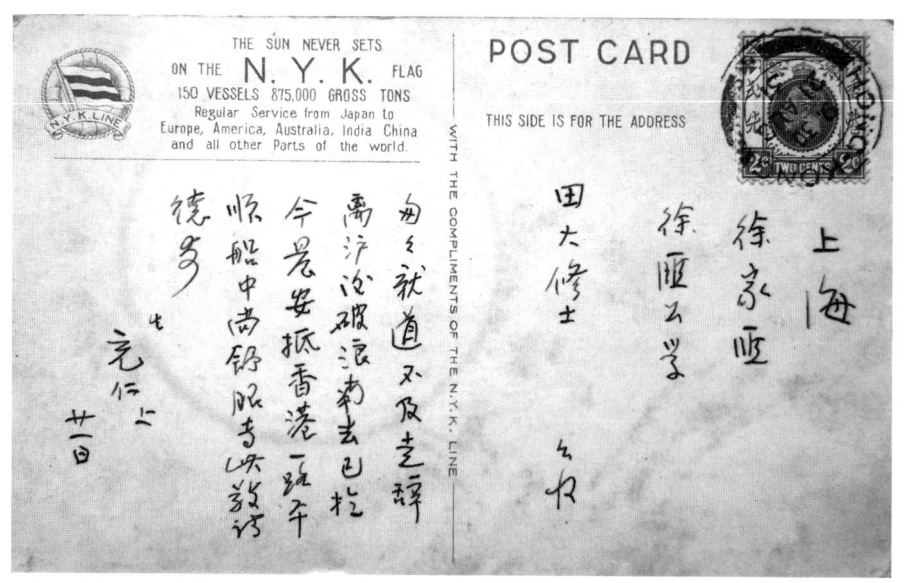

1931年8月21日,张充仁赴比利时留学途中在香港寄老师田大修士(田中德)的明信片

张充仁寄田大修士明信片正面，照片即日本邮船株式会社所属的伏见丸号，
也即张充仁所搭乘之轮船

体，除此之外还有"东寅"这个字。

尽管他被所有人都称为"日本相公"，很多人说他是"日本孤儿"。但是在1949年前的所有官方文献上，关于他的国籍，只有一个记载：中国。耶稣会士名录上，记录他的姓氏也是"田"字的沪语的发音"Dié"——和其他中国的耶稣会士没有任何区别；直到最后在他的讣告上，才第一次出现了TANAKA（田中）这个日语姓氏。

从目前所有的官方文献看，他确实于1894年6月1日出生于日本横滨，出生之后不久，他就跟随父母兄长来到上海定居，1900年前后家人全部回国，回国之前，就用一纸证明把当时年仅六岁的小儿子"现龙"寄养在土山湾孤儿院——按照当时入院孤儿的一般规律，他入院的原因可能是由于其父母中有一方去世，但是究竟是否这个原因，现已无从查考。

在土山湾，他和所有孤儿一样吃饭，读书，受的是中式教育。因此，田现龙虽然是日本人，但是他自幼的教育是在土山湾孤儿院完成的，除了他典型的日本人外貌和在西方人看来宽仁的性格之外，就是一个中国人。

1904年，田现龙初小毕业，按照当时的规定他进入土山湾画馆，开始学习绘画，土山湾的画馆师生名录中，"田一郎"的名字出现在学生一列，师从画馆主任刘德斋（Simon Lieu）修士。1909年时，15岁的田现龙在毕业之后就在照相制版部工作，跟随学长安敬斋（Henricus Eu）修士学习照相技术。1912年画馆主任、恩师刘德斋七十大寿，田现龙作为弟子之一出席为其贺寿。巴拿马世博会，田现龙也参与了土山湾牌坊与百塔的绘制打样工作。

1915年，他正式加入耶稣会，成为一名"辅理修士"（"办事相公"），从此所有人都叫他"田相公"或者"日本相公"。1917年，在完成了两年的修士短期培训之后，田中德被分配到徐家汇的外学堂"类思小学"（今汇师小学）担任副主管，1925年起担任副校长，1926年起兼任徐汇师范（后停办并入徐汇中学）的文书职务。除了担任行政职务之外，他还担任素描课老师。

1917年，田中德刚到类思小学，他就召集了七八个喜欢美术的学生，专门为他们开设了图画班。每天下午放学后，由他亲自传授美术知识。其中包括后来成为我国现代雕塑和水彩画大师的张充仁。张充仁一直把田中德视为他走上艺术之路的启蒙老师。

在张充仁记忆中，田中德不仅是学校的老师，还在生活和求职工作等很多方面处处关心他：有一次，张充仁找了一块青砖，把它磨琢成砚台，田中德看到这块充满童趣的砚台，十分动容，告诉他砖头是不能贮水的，这块砚台只能看，却不中用，于是送了一块端砚给他。之后还因其图画成绩出色送给过他兰香墨和铅笔。后来张充仁进入安敬斋的照相制版部，也和田中德的引荐分不开。张充仁对田中德始终执弟子之礼，对老师充满感恩之心，他甚至为自己长子取名为"张见龙"，除了孩子本身属龙之外，也是以另一种方式表达对田中德的尊敬。

1929年，对于田中德来说是值得纪念的一年，这一年的职位表上，田中德正式成为徐汇中学的素描（透视画）老师，同时他也在土山湾的小学（即后来的慈云小学，当时未定名）中兼教素描、打样等课程，直到抗战胜利之后的1946年。

1933年，命运让他又遇到了另一位有天赋的学生——徐宝庆。徐宝庆一直深情地视田中德为"恩师"，称田中德为"一位精通西洋绘画艺术和深谙东方艺术的日本美术家",心中一直感谢田中德对他的教诲。

1934年,田中德受命设计徐汇中学校徽,田相公运用《圣经》以及古希腊、古罗马的典故,诠释当时徐汇中学"成己达人"的校训,倡导广大学生培养自身的社会意识、国家观念,以期对家人、对社会、对国家、对人类有所贡献。虽然徐汇中学几经变迁,但是无论是在上海还是台湾,田中德设计的校徽仍然使用至今。

1937年抗战爆发,日寇的铁蹄踏上了上海的土地,成千上万难民涌入徐汇中学,作为日本人的田中德处境变得十分微妙。田中德参与了对难民的救助,由于田中德始终深受学生们爱戴,没有一个人提及田中德敏感的日本人身份。而田中德自始至终没有谈论过战争,只是默默地以一个"中国人"的身份参与着所有相关的公益工作。1941年太平洋战争爆发后,具有"日本孤儿"和"中国通"的双重身份的田中德,很快就被当时的日伪政权盯上,田中德几次被日伪政权找去,让他担任伪职,但都被田中德拒绝了。在他心中唯一之所愿,便是全心全意培养孩子们。

抗战胜利之后,田中德正式调任土山湾,被任命为孤儿院的木工部主任。曾深受田中德教诲的土山湾孤儿院总机酆舟林带领当时的五金部和木工部全体孤儿于"若瑟庆节"(3月19日)一起庆祝田中德的"本名良辰"。孤儿们用自己稚嫩的笔触写下了对修士的感恩之情,画馆的孤儿们还绘制了一副松鹤图为他们的"田大修士"庆祝。

1949年上海解放,土山湾孤儿院木工部解散,之后徐汇中学和汇师小学相继由上海市教育局接管,所有神职人员退出中学的教学。他只能到教会内部办的备修院中作为"兴趣班"老师,继续教素描。在此期间,他收了在上海的最后一名学生:侯志飞——后来的"黄杨木雕"非物质文化遗产上海市级代表性传承人。

1955年10月2日,作为最后一批撤离的耶稣会辅理修士,田中德悄悄踏上了去香港的班轮:这一生,大半辈子都在上海做"田相公",如今,年逾花甲的他却要第一次拿上自己写着"田中"姓氏的护照,踏上陌生的未来……

到达香港之后,他在日本的亲人辗转找到他,希望他能回到日本与家人一起生活，或者至少接受他们的资助，田中德最终拒绝了，而是选择在香港负责为从大陆来的耶稣会士们安排在港宿舍。1966年之后，局势逐渐稳定下来，年逾古稀的田中德离开香港来到台湾负责当地堂口的生活事宜。

1978年6月，他在台中安然去世。

朱石麟

朱石麟（1899—1967），字觉厂，原籍江苏太仓，生长在广东，求学于上海南洋公学，毕业后任职于北平铁路办事处。彼时铁路办事处的对面正是罗明佑创办的真光影戏院，朱石麟闲暇之余，常去影院看电影，与真光影戏院的员工相熟，常替他们翻译一些西文说明书，渐而对电影产生了浓厚兴趣，并由此结识了真光影戏院的老板罗明佑。

1923年，罗明佑在北平创办了华北影业公司，朱石麟在罗明佑的

朱石麟签名照

力邀之下，辞去铁路办事处的职务，加入华北影业公司，任编译部主任。

1926年，朱石麟患关节炎，因医误以致双腿残疾。卧床休养期间，朱石麟编写了《故都春梦》《恋爱与义务》等八部剧本。

1930年，罗明佑的华北影业公司、黎民伟的民新影片公司、吴性栽的大中华百合影片公司，以及黄漪磋的印刷厂，于10月25日在香港正式注册成立联华影业制片与印刷有限公司。朱石麟由北平至上海，任联华影业公司编译部主任兼代经理。此时期，由朱石麟编剧的作品有《自杀合同》（1931）、《恒娘》（1931）、《恋爱与义务》（1931）、《银汉双星》（1931）、《玉堂春》（1931）、《续故都春梦》（1932）、《如此英雄》（1933）等。

《国风》工作照,罗明佑、朱石麟导演,洪伟烈摄影,黎莉莉等主演

1933年,联华影业公司在徐家汇三角街30号设立联华第六制片厂,朱石麟任厂长。《归来》是六厂启用后拍摄的第一部影片,由朱石麟编导,阮玲玉、高占非主演,庄国钧摄影。1934年,联华六厂改组为联华三厂。不久,位于霞飞路的联华一厂迁入徐家汇的联华三厂,两厂合并为联华一厂,朱石麟改任一厂副厂长兼剧务部主任,黎民伟任技术部主任,陆洁为总务部主任。在一厂就职的朱石麟编导了《良宵》(1934)、《孤城烈女》(1936)、《青春》(1934)、《国风》(1935,与罗明佑联合导演)、《征婚》(1935)、《联华交响曲·鬼》(1937)、《慈母曲》(1936,与罗明佑合导)、《人海遗珠》(1937)、《新旧时代》(1937)等影片。

1939年,吴性栽投资相继成立了合众影片公司、春明影片公司,人事由陆洁打理,艺术由朱石麟担纲。朱石麟编导的影片《文素臣》,上映后虽评价不高,但此片却被视为朱石麟导演生涯的一个转折点。此后,朱石麟拍摄了《孟丽君》(1940)、《香妃》(1940)等数部影片,还被周信芳聘请为移风社的编剧,先后为移风社编写了《徽钦二帝》《文天祥》《史可法》等立足于唤起民族气节的京剧剧本。

第二年,吴性栽又成立了大成影片公司,交予朱石麟主持。当时还是中国银行上海分行职员的桑弧,利用业余时间写了《灵与肉》《人约黄昏后》《洞房花烛夜》三个电影剧本,由朱石麟亲任导演搬上银幕,其中由英茵主演,顾也鲁、屠光启、王丹凤等参加演出的《灵与肉》一片,于1941年9月公映,上映时被发行商改名为《肉》。此后,大成影片公司陆续出品了《返魂香》《洞房花烛夜》等片。

朱石麟慧眼识人,在合众影片公司期间,启用屠光启担任助手,而后又把影片《华丽缘》交予屠光启导演,开启了屠光启此后的导演生涯。追随朱石麟多年的桑弧,亦在朱石麟的鼓励下,从编写电影剧本开始,就此踏入电影界而成为导演。王丹凤在16岁时在朱石麟的影片《龙潭虎穴》中饰演丫鬟,表演虽稚气,却深得朱石麟赏识,为她起了"丹凤"的艺名,悉心指导。王丹凤的第二部戏即在桑弧编剧、朱石麟导演的影片《灵与肉》中扮演女学生,和英茵配戏,王丹凤由此走红。男演员黄河亦如是,未上银幕前,是中旅的话剧演员,随中旅环游各地,来沪后,为朱石麟一眼相中,聘为合众影片公司的特约

导演朱石麟在影片《误佳期》拍摄现场

朱石麟、白沉导演的影片《误佳期》海报

演员。

1942年,大成影片公司并入中华联合制片有限公司,次年又整合成中华电影联合股份有限公司。在此期间,朱石麟导演了《不求人》《现代夫妻》等作品,也参与了《博爱》《万世流芳》等影片的拍摄。

1946年,朱石麟去香港,加入蒋伯英主持的香港大中华影片公司,以二千元港币一部戏的价格,签订了一年四部戏的合同,就此长驻香港,拍摄了《各有千秋》《同病不相怜》《第二代》等片。

1947年,朱石麟任永华影业公司导演,拍摄了《清宫秘史》《生与死》《春之梦》等片。其中姚克编剧的《清宫秘史》,以情节的生动曲折和人物的性格鲜明而被视为朱石麟影片的代表作。

1949年,朱石麟与费穆、费鲁伊在香港成立龙马影片公司,朱石麟任编导,编导了《花姑娘》《江湖儿女》《一板之隔》《乔迁之喜》《误佳期》等影片。其中,影片《误佳期》被公认为香港写实喜剧的经典之作,收入票房十万元之多,位列当年港产国语片票房第三。《一板之隔》与《一年之计》于1957年获文化部1949—1955年优秀影片荣誉奖。

1951年,费穆因病突然离世,朱石麟以洪遒主持的50年代影业公司和龙马影片公司为基础,于1952年组建了凤凰影业公司。朱石麟在凤凰设立了联合导演制度,即所筹划的影片由他任总导演,执行导演的工作由凤凰其他导演来完成。在当时的香港,朱石麟是最具有市场号召力的导演,一部成本十多万港币的影片,卖片花时只要主创名单内有朱石麟的名字,就可以拿到六万港币。

1955年,朱石麟兼任凤凰影业公司艺委会主任。60年代始,朱石麟以总导演身份,指导新人陈静波、任意之、鲍方、罗君雄、洪演、姜明等拍片。

1948年,朱石麟导演了根据姚克的话剧《清宫怨》改编的《清宫秘史》,影片一问世即遭到进步影评的严厉批评,以后更因卷入政治而成为一部"无人不知"的"卖国主义的影片"。朱石麟当年在香港因看到姚文元的"大批判文章"而深受刺激,突然倒下,于1967年1月含冤去世,终年68岁。

朱石麟一生编剧、导演的电影超过百部,吴咏恩、吴君玉编制的《朱石麟电影作品年表》统计是112部,名副其实是影坛"百部编导"。难能可贵的是,朱石麟编导的影片整体都在水准线以上,有其一贯的风格和追求,能列入优秀影片的也不在少数。朱石麟以拍摄家庭伦理片见长,作品的最大特色就是"人间世俗",既有对传统道德和人伦价值的深切把握,又能贴切入微地表现人间百态,表现了他对人生和艺术游刃有余地驾驭能力。

朱石麟导演的影片《花姑娘》海报

吴性栽

吴性栽

吴性栽（1904—1979），字鑫斋，笔名槛外人，浙江绍兴人。主要经营颜料，有"颜料大王"之称号，兼营胶片及纺织业。1924年，吴性栽与朱瘦菊创办了百合影片公司，摄制的第一部影片为《采茶女》。1925年，百合与大中华影片公司合并，改称大中华百合影片公司。1929年，大中华百合影片公司又与罗明佑经营的华北电影公司、黎民伟经营的民新影片公司、但杜宇经营的上海影戏公司等合并，成立联华影业制片与印刷有限公司。

1936年，联华因资金断缺，拖欠薪金，公司员工数次风波，乃至罢工并扣存公司的摄影器材，劳资矛盾剑拔弩张。在此情形下，时任联华董事的吴性栽提出，以影片《浪淘沙》抵押三万元，《迷途的羔羊》与《到自然去》两片抵押十万元，来缓解劳资矛盾。吴性栽还提出，他愿意牵头担保，联合几家钱庄成立银团，计出资三十万元向联华影业公司投资，以解决资金周转运作问题。

1936年7月，联华影业公司进行改组。自8月1日起，联华的全部制片业务，由以吴性栽组建的银团华安公司接办，吴性栽自任董事长，撤销了联华的分管理处和总发行所，成立华安总管理处，而对外界则仍沿用联华影业公司名称。

吴性栽、李丽华、陆洁1947年在杭州（左起）

1938年6月，联华宣告结束。接着吴性栽相继投资创办了"合众""春明""大成"影片公司，交与朱石麟、吴邦藩、陆洁等人主理事务。合众影片公司所拍摄的第一部影片即为朱石麟导演的《文素臣》，春明影片公司所拍摄的第一部影片为王熙春主演的《孟丽君》，当时都获得了很好的卖座纪录。

抗战结束后，经多方交涉，已被国民政府接收并登记的前联华影业公司在徐家汇的产业，发还联华，吴性栽、陶伯逊、陆洁等人出面，改组成立徐家汇摄影场。1946年8月，吴性栽投资创办了文华影业公司，聘请桑弧、黄佐临为基本导演，柯灵为基本编剧，也在徐家汇拍片。

1947年，金山为影片《松花江上》的上映，来到上海，结识了吴性栽。金山将《松花江上》的发行权交给文华影业公司，并从吴性栽处借得一笔款项，用于长春电影制片厂的资金周转。经吴性栽安排，《松花江上》排进大光明影院上映，票房不殊，文华影业公司亦从中获益。1948年，吴性栽与金山再次合作，在北平成立了清华影片公司。吴性栽出财力，管发行，金山出人力，管制片。两人均担任公司的执行董事，金山兼任经理和制片人。1948年5

月，清华影片公司出品的《大团圆》开拍，编剧黄宗江，导演丁力。

文华影业公司在五年间拍了二十多部影片，有张爱玲编剧、桑弧导演的《不了情》；桑弧编剧、黄佐临导演的《假凤虚凰》；张爱玲编剧、桑弧导演的《太太万岁》；柯灵编剧、黄佐临导演的《夜店》；李天济编剧、费穆导演的《小城之春》等，皆为当时名噪一时之作，也在日后电影史上留下了不俗的评价。

就公司经营而言，吴性栽行事极具头脑与手腕，且重视人才，在他接办联华之后，其员工的薪水非但不打折扣，对于导演还另加薪水，如孙瑜增加到三百八十元，蔡楚生、费穆等加到三百元。吴性栽出于商人的敏锐，意识到，如果导演们在工作上认真，就可以将不必要的浪费节省下来，就这一点而言，公司所得到的补偿已经超过数倍于加给导演的薪水了。

吴性栽不仅知人善用，而且颇有资本运作的天赋，如1937年，明星影片公司因资金周转问题，向以吴性栽为首的银团接洽，希望能获得经济支持，经谈判，吴性栽同意垫出现款二万元，明星影片公司须出片一部，如果影片是胡蝶主演的，可以垫款二万五千元。将来该片售得之款，作为存在银团里的存款。又如，抗战时期，各影片公司均举步维艰，吴性栽的恒记经营矮克发照相产品，生意范围极广，虽失去电影公司胶片生意，其售出军用照相材料颇多，所得足偿其所失。

吴性栽一心想成为影界一掌天下之人，于1948年成立四海公司，统一调配处理文华、清华、昆仑、上实四家影片公司的海内外发行事宜。

吴性栽创办的文华影业公司出品影片《哀乐中年》海报

当然，吴性栽并非只会做生意之人，他喜爱京剧，为此特接办卡尔登戏院，任命内弟周翼华（亦为麒派票友）为戏院经理，与周信芳签下长期在卡尔登戏院演出的合约。吴性栽对京剧的爱好亦对其电影事业产生重要影响，如1937年他投资拍摄了费穆导演、周信芳主演、袁美云客串的戏曲电影《斩经堂》。又如1939年至1940年间，时任吴性栽旗下合众影片公司导演的朱石麟，不仅拍摄了《文素臣》《孟丽君》《香妃》等历史剧，还被周信芳请去做编剧，先后写了《徽钦二帝》《文天祥》《史可法》等具有民族气节的京剧剧本。

吴性栽当时也是天蟾舞台的股东。1947年合同期满，吴性栽不再与天蟾续约，而是将部分资金投入影业，于1948年6月成立以拍摄戏曲片为主的上海华艺影片公司，出资十根金条，扩建了徐家汇原摄影棚，并将招待京角之用的九福里房子，改为文华公司的职员宿舍。同年6月，华艺公司开拍由梅兰芳主演、费穆导演的《生死恨》，这是中国第一部彩色戏曲片，就中国电影史而言，具有里程碑式的开创意义。

在政治上，吴性栽比较中立，只要所拍摄的影片有利可图，就放手让导演去拍摄，对影片的内容不多干涉。因此，《三个摩登女性》《都会的早晨》《女性之光》《小玩意》《城市之夜》等早期的左翼影片，都是利用吴性栽所主持的联华二厂拍摄的。

1948年底，吴性栽迁居香港，1950年在香港主持成立龙马影业公司。1970年，吴性栽从影界退休，专心研究佛学，晚年著有《京剧见闻录》一书。

费穆

费穆

费穆原籍江苏吴县（今苏州吴中区），1906年出生在上海，十岁时举家迁居北平，以后一直在北平和天津求学工作，1930年加入天津华北电影公司（联华前身），任编译主任。1932年正式成为联华影业公司导演，并随公司自津返沪。在上海经过一段短期过渡后，即入住树德坊3弄23号。费穆故居坐落在今衡山坊内。衡山坊位于衡山路与天平路交汇转角地带，背靠国际和平妇幼保健院，东临徐家汇公园，是上海市区核心地段为数不多的成规模历史建筑群落。衡山坊的建筑主体由两部分组成，即落成于1934年的树德坊（主弄堂口在天平路，东北朝向的两排新式里弄）和建造于1948年的衡山邨（弄口在衡山路，东南朝向的11幢独立花园洋房）。树德坊是新式联排里弄建筑，由上海高桥人杨瑞生创建的瑞记营造厂建造。费穆故居位于树德坊内，具体位置是树德坊3弄23号（今天平路320弄23号）。这是一栋三层小楼，门外有小花园，围以低矮的围墙，红色筒瓦双坡屋面，带老虎窗。当时，一楼的西房是客厅，可通往花园，东房是费穆夫妇的卧室，两房之间有一扇活动移门。二楼西房是费穆母亲的卧室，东房由费穆二弟居住。三楼西房住着费穆三弟一家，东房由费穆的四弟居住。大约在1940年，费穆的几个弟弟都搬了出去，这栋小楼就成为费穆一家和其母亲的住房。费穆夫妇搬到了二楼，一楼东房成了费穆的工作间兼影片剪辑室，三楼的东房则成了费穆的书房。

费穆自1932年导演处女作《城市之夜》起，即将全部精力投在了电影艺术上。他白天忙于工作，基本不在家，晚上回到家，有时在一楼的工作间和助手讨论影片剪辑事宜，有时在三楼的书房继续工作。每逢这时，费穆夫人巫梅就早早将孩子们支开，以免妨碍丈夫"开夜车"。费穆在家里接待了众多电影艺术家，他们有的是来这里和费穆探讨具体工作的，有的则是前来探望、拜访、请教，甚至来"蹭吃"的。费穆夫人能烧一手好菜，最拿手的有卤牛肉（五香）、八宝鸭、油爆虾等，她做的点心也很受欢迎，其中有一道用沙利文的面包，切成小方块，裹一层鸡蛋液，放进油锅炸一下，人人都说好吃，一上手就舍不得放下。

1934年6月25日《新闻报》广告

到树德里3弄23号来和费穆探讨艺术的既有吴永刚、蔡楚生、阮玲玉、林楚楚等"联华"同人，也有刘琼、张翼、莎莉、黄贻钧、陆洪恩等"孤岛""沦陷"时期的影剧同事。"伶界大王"梅兰芳也曾数度光临这里。1945年8月，抗战胜利，举国欢腾。这年金秋时节，上海各界筹备庆祝抗战胜利大会，组织艺术公演演出委员会，推举海上闻人杜月笙主持公演，委员中有商业巨子和艺术界的知名人士，费穆担任演出委员会委员和演出组副组长（组长为杜月笙），是实际负责人。梅兰芳是他们首先邀请的对象。梅兰芳抗战期间拒绝和日寇合作，长期告别舞台，导致嗓音受损，拔不高音调，决定改演昆剧《费贞娥刺虎》。他特地前来费府征询意见。费穆听后，满口赞同："京昆艺术相通，本是一家。你演昆剧，我很赞成。《费贞娥刺虎》是一出宣传爱国思想的剧目，演这出戏很有现实意义。"他在演出特刊上撰文写道："梅先生铁骨冰心，表现了艺人的劲节，今日东山再起，实给人以无限的喜悦。"1945年10月11日晚上8时30分，上海各界庆祝抗战胜利大会艺术公演在兰心大戏院演出，费穆将梅兰芳的节目安排在最重要的压轴大戏位置。深夜时分，梅兰芳甫一登台亮相，就迎来满堂喝彩，使演出达到高潮。这之后，费穆在1948年导演了由梅兰芳主演的中国第一部彩色戏曲艺术片《生死恨》，梅兰芳因此而几次上树德里3弄23号和费穆探讨相关的艺术问题，彼此之间感情更加融合。《生死恨》拍完以后，费穆还请梅剧团的主要创作人员到家里吃饭，庆贺中国人拍摄的第一部彩色舞台艺术片顺利完成。

费穆后人回到树德坊留影

和众多艺人相比，演员韦伟可能是来费府最多的一位。韦伟在抗战期间即受到费穆的关心和指导，在多出话剧大戏里出演重要角色，从一个懵懵懂懂的小姑娘成长为一个出色的话剧演员。1947年，她更在费穆导演的电影《小城之春》里扮演女主角玉纹，由此而一举成名。韦伟很感激费穆对她的指教，因此而屡屡去费家探望，以致费穆的子女们都亲热地称呼她为"姑奶奶"。她曾在一篇访问记中自陈："我常常上他家去，我喜欢亲近他。费家老太太非常挑剔，由于我父亲很讲究规矩，所以老太太很喜欢我。费先生兄弟们都极孝顺，他看见老太太喜欢我就很高兴，也鼓励我多去，这样他太太就可以少受点委屈了。所以我就成了费家的'姑奶奶'了。"

费府一楼东房是费穆工作的主要场所，《小城之春》和《生死恨》等影片的所有文字台本以及一些剪辑工作，都是在这间房里的那张写字台上完成的，这张写字台后来被费穆后人捐赠给了北京中国电影资料馆。三楼的书房则是费穆深夜思考、神游物外的地方，里面有书柜、书箱，还有一张小小的书桌和一把能转动会升降的木制圈椅，费穆的一些散篇断章多在这里完成。

1951年1月30日，费穆在香港因心脏病突发而去世，年仅45岁。这年夏

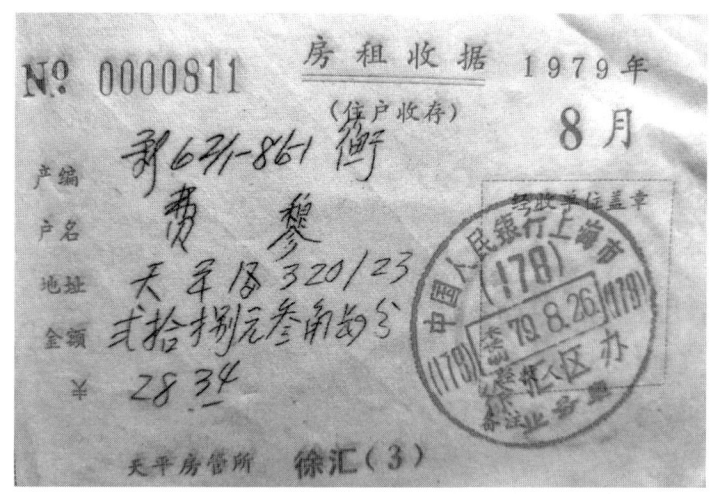

天平路320弄23号费家的房票，户主一栏一直写着费穆
（穆字异体）的名字

天，费穆的妻子巫梅带着孩子去香港将费穆的骨灰盒捧回上海，安置在卧室大厨的玻璃门里，一直陪伴了十余年。后来，费穆的骨灰回到家乡苏州安葬，与他的父母和祖父母的坟相伴。1993年，巫梅去世后，费穆的骨灰从苏州迁来上海，和妻子一起安葬在滨海古园。

2002年6月，因政府对衡山坊（包括原树德坊和衡山邨）进行修缮改造，费穆后人才搬离这栋费穆一家四代整整居住了70年的传奇住宅。

张充仁

张充仁像——1985年哈定为张充仁先生从艺50周年所作

提起张充仁这位绘画大师,可谓无人不知无人不晓,他向来被公认为是土山湾培养出来的最杰出的学生之一。近年来,甚至有很多人正是由张充仁而知道土山湾画馆,进而知道土山湾孤儿院。

张充仁,1907年出生于土山湾周边的"五埭头"。张充仁的父亲张少圃自幼寄养在土山湾孤儿院,曾跟随木工间葛承亮修士学习过木工和雕刻,专门雕刻建筑上装饰的花板图案和人物等。母亲殷莲子则在徐家汇圣母院的绣品间工作。两人成婚之后便生活在"五埭头",不久生下了张充仁。

1912年,张充仁母亲去世之后,由于父亲张少圃工作繁忙,无法照顾孩子,便将张充仁送到土山湾孤儿院寄养,两年之后进入类思小学(今汇师小学)读书。在土山湾孤儿院寄读期间,张充仁主要在慈云小学学习天主教的教理,以及古文。

在类思小学学习期间,由于其绘画成绩出色,张充仁深受校长田中德相公的喜爱,在田校长的启蒙下,他逐渐萌生了攻读绘画的想法。小学毕业之后,张充仁由于家境拮据未能继续升中学。父亲希望他去"学生意",而张充仁却一心想去土山湾画馆学画。

当时土山湾画馆的主任是潘国磐，张充仁的父亲和他一起来到画馆报名时，潘国磐告知画馆名额已满无法再添加。这让幼小的张充仁在失望的同时，也陷入了深深的迷茫。

那天，张充仁漫无目的地站在慈云桥堍的树荫下，安敬斋得知他的遭遇后，便告诉张充仁，可以过来跟他学照相，顺带可以学习一小时的绘画。在询问了父亲的意见之后，张充仁决定跟随安敬斋进入土山湾的照相制版部学习，从此正式开始了他在土山湾的日子。

1921年在土山湾印书馆照相制版部当学徒的张充仁（前排左二）

张充仁从在暗室里洗照片做起，勤恳工作的同时，还积极想办法，改进技术；他还帮助安敬斋把制版部药品间化学药品的标签全部重新抄写，让安相公取药品时更加方便，并且趁此机会把各种化学药品名称牢牢记在心里。有一次安敬斋生病静卧在家，张充仁根据所记忆的配方调配显影液和定影水，结果与安敬斋调配的药水几乎无异。

第二年，张充仁开始学习拍照和修底片。当时的徐家汇博物院中存有大量飞禽走兽标本，张充仁便负责把这些鸟类标本拍成照片再印成相册。对这个看似琐碎的工作，张充仁丝毫没有马虎，经他处理的照片，"即使拿到放大镜下检查，亦无人工雕琢之感"。这项工作一直延续到1930年博物馆迁址改名震旦博物院。

照相制版部还制作"通功单"（报丧单），正面是一幅圣像，反面则写着死者的姓名以及生平概况，由家属放置在教堂门口。根据家属的要求，张充仁将"通功单"上原统一铅印的仿宋字体改为书写+拍摄，获得了家属们的好评。

张充仁自幼喜欢绘画，小学时也有四年的绘画经历，但是安敬斋依然让他

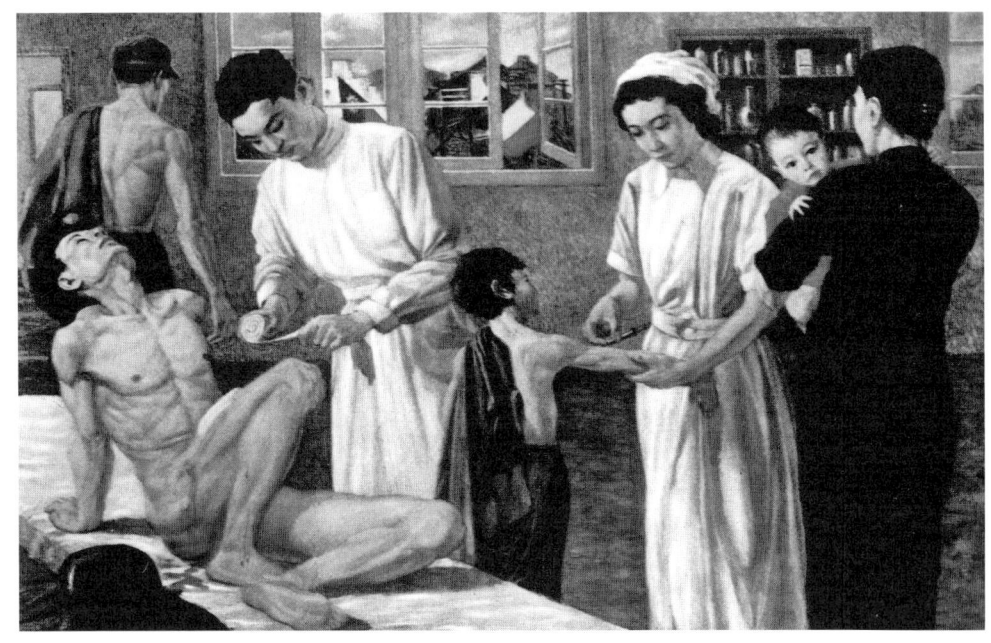

张充仁1939年绘油画《恻隐之心》

按照画馆的规定从头开始学习，最先是用毛笔在白纸上临摹图画。安敬斋见张充仁基础不错，便让他改为临摹铅笔画，临摹完之后，还教他用木炭笔对着石膏像学习素描。之后是水彩画的学习阶段，除了在室内进行静物写生之外，安相公还带着张充仁一起去周围的郊野进行写生。

在土山湾画馆，由于油画被公认为难度远胜过素描、水彩画等其他门类，学油画的人并不多。1924年，安敬斋开始教张充仁学习油画，安敬斋让他看文艺复兴三杰之一的拉斐尔的作品，并且反复临摹他的作品。

张充仁在土山湾的毕业考试有点特别：安敬斋拿来徐家汇天主堂历任院长神父的肖像以及徐家汇老天文台的画像让张充仁临摹。张充仁将20幅作品画出来之后，土山湾的相公们看了都啧啧称奇，说这些肖像很有拉斐尔的风格。

在土山湾孤儿院里，张充仁还有机会认识了很多大家：他和当时居住在土山湾孤儿院内，与自己母亲有亲属关系的马相伯来往最多。此外，在安敬斋这里，他还认识了当时已成为一代大家的徐咏青。在马相伯、徐咏青这些长辈的呵护鼓励下，张充仁立志学好绘画，走艺术的道路。中国最早的摄影记者郎静山也在土山湾采访安敬斋时与张充仁相识，日后成为对张充仁事业有所帮助的人。

学徒期间，张充仁曾多次尝试创业，但是由于对市场估计不足，全部失败。安敬斋则始终鼓励他，多次对张充仁伸出援手，他为张充仁创业提供便利，并帮助他一次又一次渡过难关。

在土山湾的这段时间里，让张充仁确立了人生的奋斗目标：他要把美术作为一种事业，不管碰到什么样的困难，都要坚定地走下去。

1928年，21岁的张充仁离开了土山湾，他经历过在电影公司画布景，在报社主编《画刊》等工作，但是始终觉得自己和这些工作格格不入。最后依然是在马相伯的帮助下，为一个洋行管账的儿子担任教授美术的私人教师。在张充仁的悉心教导下，这个"纨绔子弟"无论在绘画技艺上，还是在为人处世上都大有进步。学生家长大为感动，决定认张充仁为义子，并帮助他完成去欧洲求学、进行艺术深造的梦想。1931年8月，张充仁离开上海，前往比利时布鲁塞尔皇家美术学院深造。在那里，他刻苦攻读整整四年，获奖无数，有雕塑，也有绘画。如他绘制的油画《凉风动荡》，在1933年夏季布鲁塞尔皇家美术学院油画风景赛上荣获首奖，并被美院院长亲自指定代表该院参加1935年布鲁塞尔世界博览会。作为一个正在求学的外国学生，这是一个很高的荣誉。

1935年11月，张充仁回国抵达上海，次年2月即在沪上法文协会举办归国艺术展览，共展出油画、水彩画、炭画、泥塑、铜雕等作品八十余件，八天展期共有四千余人参观，其中有孙科、蔡元培、吴稚晖、吴铁城、叶恭绰、梅兰芳、丁悚、徐悲鸿、汪亚尘、刘海粟、潘玉良等众多名家。张充仁归国开展一炮打响，在沪上立稳脚跟之后，又在沪上开办集教学与创作为一体的私人西洋画室——充仁画室，培

张充仁塑《马相伯九七造像》
（石膏）

张充仁塑钢雕《饥》（1944）

养了哈定等一大批优秀画家，延续了海派绘画的文脉。他创作的油画《恻隐之心》《破坏与建设》，雕塑《干城》《饥》等，也成为海派美术的代表作品。

张充仁从土山湾毕业之后，一直作为土山湾画馆的"标志性人物"，被画馆教师用来勉励后来的学生们——虽然他从未在土山湾画馆学习过。

今天，在土山湾孤儿工艺院的原址上，已建起了土山湾博物馆，其中也保存了不少属于张充仁的作品，这里已经成为许多中国美术史研究者前来"朝圣"的胜地。

张充仁和土山湾，也许在某种程度上，就像星星一样同辉增色，共耀天穹！

任宗德

任宗德（1910—2006），实业家，电影制片人。四川省乐山人。1930年在北平华北学院化学工业系就读，毕业后回乐山投身实业，先后创办多家民族工业企业。抗战时期，任宗德在重庆与《新华日报》社总经理熊瑾玎和人事干部朱端绶结识。为支持抗战，任宗德在重庆创办了国防酒精厂，并吸收中共党员周竹安、金梓林担任国防酒精厂的秘书和会计，为《新华日报》社提供大量资金上的支援。任宗德在重庆韦家院坝16号的住所，成为共产党人和民主人士的秘密联络点和重要活动场所。

抗战胜利后，任宗德受中共党组织的委托，到上海开展文化事业。为了安置、集聚、团结从国统区回上海的进步文化艺术界人士，1946年5月，在周恩来的指示下，由银行界进步人士章乃器发起召集，在原联华影业公司徐家汇摄影场（即联华六厂）旧址，徐家汇三角街30号成立上海联华影艺社，投资人章乃器、亚洲影片公司的夏云瑚和任宗德共筹集十万美元的资金。经常参与影艺社工作的人员有

昆仑影业公司《丽人行》特刊，1949年出品，制片任宗德，编剧田汉、陈鲤庭，导演陈鲤庭，主演黄宗英、莎莉、上官云珠、赵丹

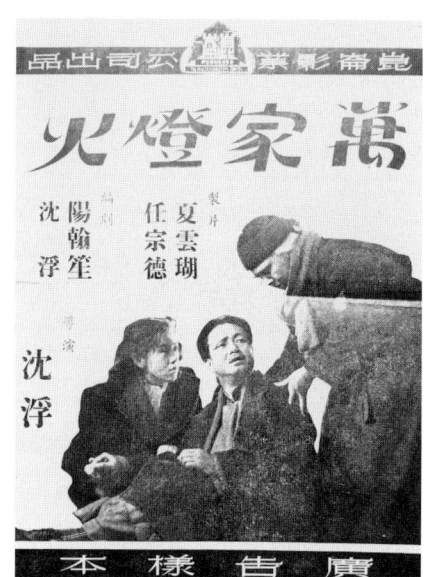

昆仑影业公司出品《万家灯火》广告样本，夏云瑚、任宗德制片

阳翰笙、蔡楚生、史东山、孟君谋、郑君里、沈浮、赵丹、白杨、蔡叔厚、袁庶华等人。联华影艺社的成立，标志着国统区的上海有了自己的文艺阵地，团结和联合了一大批民主人士和进步文化艺术界人士。

1947年2月，章乃器提出退股。5月，联华影艺社改组为昆仑影业公司，投资人变更为夏云瑚、任宗德和蔡叔厚。按各自投资股本比例计算，夏云瑚占六成，任宗德占三成，蔡叔厚占一成。夏云瑚任董事长，管行政、发行；任宗德担任总经理，管制片、生产；蔡叔厚任总稽核，统管财务。

1947年，夏云瑚撤资赴香港，并将其所拥有的昆仑影业公司百分之六十的股权，出售了六分之五给文华影业公司的吴性裁，昆仑公司管理层改组，任宗德任总经理，厂长一职由史东山接任，原来的副厂长孟君谋则改任厂务主任。

任宗德接管昆仑影业公司的全部业务，当时货币贬值，物价飞涨，昆仑影业公司的资金周转极为困难，数次陷入困境，甚至因欠薪问题导致摄影场工作人员罢工。任宗德将抗战时期在重庆经营实业时赚得的利润资金，陆续垫付、投资于昆仑，累计近百万美元。同时，为了保证影片拍摄经费，任宗德四处奔波筹措，打通关节，融资借贷，甚至典卖了两幢房屋，以解摄制经费的燃眉之急。

为了改善制片环境，任宗德修整了徐家汇摄影场，还在大木桥新建了一座摄影棚。任宗德重视电影拍摄技术的改良与提高，认为电影是艺术与技术的结合产品。因此出资与郑崇兰的维纳氏电影器材厂合作，资助制造了中国第一部自行设计的35毫米电动有声电影摄影机，解决了影片的摄影设备问题。此后，再资助维纳氏录音机的试制成功，提高了影片的录音质量，从而在整体上提高了昆仑公司所出品影片的技术质量。

1947至1949年间，任宗德主持的联华影艺社和昆仑影业公司先后拍摄了《八千里路云和月》（1947）、《一江春水向东流》（1947）、《新闺怨》（1948）、《万家灯火》（1948）、《关不住的春光》（1948）、《丽人行》（1949）、《希望在人间》（1949）、《三毛流浪记》（1949）、《乌鸦与麻雀》（1949）等九部影片，其中《一江春水向东流》还于1948年获得了上海文化运动委员会所举办之电影金牌奖，这些影片在中国电影史上写下了光彩夺目的一页。

任宗德晚年回忆录《我与昆仑：一个中国早期电影制片人的自述》，四川人民出版社，1999年版

任宗德住在离徐家汇摄影场不远的余庆路146弄爱棠新邨，当时这里是上海文化实业界人士的集中居住地，也是闻名上海的高级住宅。任宗德住的爱棠新邨146弄13号，为一幢西式的三层楼房，设施齐全，宽敞舒适，二、三层是卧室，底层是客厅、餐厅，还有厨房和车库。抗战胜利后这里成为昆仑影人们开会工作的主要场所，被视为昆仑影业公司的总部。当时，中国文化史上的风云人物如陶行知、罗隆基、翦伯赞、史东山、蔡楚生、郑君里、陶金、白杨、舒绣文、上官云珠等都曾在这幢房子里聚集，以他们的艺术才华，为中国文化史留下了许多华彩乐章；这里也成为《一江春水向东流》《万家灯火》等名片的谋划决策地。

新中国成立后，任宗德任上海昆仑影业公司经理，后因影片《武训传》受到批判，昆仑影业公司破产，并入上海联合电影制片厂。而后，任宗德历任上海联合电影制片厂企业设计委员会副主任、管理处副处长、文化部电影局基建处副处长等职。1980年,任宗德移居香港,以全国政协委员的身份做了大量宣传和联络工作。

1995年,任宗德回北京疗养,撰写出版了《我与昆仑:一个中国早期电影制片人的自述》。2016年1月20日,任宗德因病在北京逝世。

余庆路爱棠新邨146弄13号,任宗德住宅

聂耳

聂耳,祖籍云南玉溪,其父聂鸿仪在昆明开了一家"成春堂"药铺。1912年2月,聂耳出生于药铺的楼上,乳名嘉祥,上小学后取学名守信,字子义。四岁时,父亲去世,母亲彭淑宽承担起抚养家庭的重任。聂耳学习非常刻苦,成绩名列前茅,同时从小就受到云南民间音乐熏陶,会笛子、二胡、月琴、三弦等多种乐器的演奏。

1925年,聂耳考入云南第一联合中学,开始阅读《环球旬刊》《创造月刊》及鲁迅的著作等进步书刊,投入蓬勃的学生运动,如参加"五卅惨案后援会"组织的募捐、宣传抵制日货等活动。同时,他还随法籍教师柏希文学习音乐基础理论和钢琴弹奏。

《电通》半月画报第7期:追悼聂耳专号

1927年秋,聂耳进入云南省立第一师范学校高级部外国语组,主修英语。他经常参加各种音乐、戏剧演出。在革命形势处于低潮时,聂耳参加了共青团外围组织"读书会"和地下党领导的"济难会"。为追求真理与意义,1928年聂耳秘密加入中国共产主义青年团,在学习革命理论的同时,还积极参与刻印张贴传单、游行示威等活动。

同年末,聂耳抱着参加革命的想法,瞒着家里参加了滇系军阀范石生所

1935年7月17日聂耳在日本溺水身亡,8月16日上海电影艺术各界在金城大戏院举行追悼大会。图为追悼会散会情形

招收的"学生军"。经过半个月的长途跋涉到达湖南郴州,随即被编入新兵队。1929年4月聂耳遭部队遣散,之后他化名"聂紫艺"考取了欧阳予倩主持的广东戏剧研究所附设的演剧学校,进入后发现该校仅是学习粤剧的锣鼓、丝弦等乐器,因兴趣不合而退出。几经辗转,聂耳最后返回昆明继续学业。

1930年7月,聂耳远走他乡,来到上海。在这个中国近现代文化艺术的风云际会之地,聂耳全面接触西方古典音乐、近代国际革命歌曲和"五四运动"以来的新音乐,获得了一片施展音乐才华的宽广天地。

初到上海的聂耳在只有三名店员的云丰申庄里当稽查员,负责采买、寄发香烟回昆明。一次,聂耳因帮助昆明友人代租电影拷贝得到了100元酬金,他将一半汇给母亲,剩下的一半买了把廉价的小提琴。聂耳对琴爱不释手,夜以继日地练习,他在日记中写道:"violin(小提琴)自然是能使人心情舒畅……虽然指头会痛,无弓法,无指法,也是够快活的。若没有旁的事来烦扰,我是

1935年8月4日，中国留日学生在日本举行聂耳追悼会

会不吃饭，不睡觉，不分早晚地练习下去的。"虽然经济拮据、生活苦难，但聂耳坚持钻研音乐，自学外语，阅读革命书刊，并参加了共产党领导的进步群众组织"反帝大同盟"。

1931年云丰申庄歇业后，聂耳以"聂紫艺"之名报考黎锦晖主持的明月歌剧社。录取后，聂耳拜师学习多种中西乐器，尤其是苦练小提琴，演奏技巧大幅进步。因为他的耳朵特别灵敏能前后摆动，又善于模仿，故被人称为"耳朵先生"，聂耳之名由此而来。

1932年"一·二八"事变爆发，日军侵犯上海，十九路军奋起抵抗。目睹战火硝烟的聂耳萌发了创作抗战音乐、革命音乐的想法。就在这时，聂耳结识了左翼戏剧家田汉，通过他与党组织取得了联系，广泛参与中国左翼戏剧家联盟开展的活动，并以"黑天使"等笔名发表了《下流》《十九路军一兵士》《黎锦晖的〈芭蕉叶上诗〉》等评论文章，宣传左翼思想。

1932年8月，聂耳离开上海奔赴北平，刚到北平不久，他就受到了接二连三的打击：报考北平大学艺术学院失败；跟随俄籍小提琴名师托诺夫学琴，却因经济困难而被迫辍学。生活陷入困境的聂耳，在北平"剧联"负责人于伶等人的帮助下，参与到北平左翼"音联"的组建和"剧联"的排练、演出之中。在这里，他感受到普通民众的抗日呼声，倾听到贫苦大众的挣扎呻吟；在这里，他找到了一条把"泛滥洋溢的热情与兴趣著录正流的界堤"。短短三个月的北平生活是聂耳人生中的一次重要转折，为他之后光辉的新音乐实践活动和革命歌曲创作打下了坚实的思想、政治、艺术基础。

为了占领观众最多的电影阵地，扩大革命文艺的传播与影响，共产党的电影小组陆续将左翼文艺工作者输送到电影战线，拍摄进步影片。1932年11月，返回上海不久的聂耳进入联华影业公司一厂当场记。1933年初，聂耳参加了共产党领导的进步文化团体"苏联之友社"音乐小组，在此基础上，他又同任光、安娥、张曙等人发起组织"中国新兴音乐研究会"，共同讨论、研究革命音乐和群众歌曲的创作。正是在这一阶段，聂耳创作了一大批进步歌曲，如《毕业歌》《大路歌》《开路先锋》等，在群众中广泛传唱，成为创作大众革命歌曲的代表人物。正当白色恐怖愈演愈烈的时候，经田汉介绍，聂耳加入了中国共产党。

1934年4月，聂耳加入百代唱片公司主持音乐部工作，并于1934年底，搬至淮海中路1258号三层阁楼居住。同年底，聂耳应聘为联华影片公司二厂的音乐部主任，为影片《新女性》作曲并配乐。

1935年，聂耳一边躲避国民党政府追捕，一边考虑为《义勇军进行曲》谱曲，他于4月15日离开上海，拟途经日本赴欧洲和苏联考察、学习。4月18日，抵达东京后，完成了《义勇军进行曲》的定稿，并发回上海，一曲豪迈的中华民族的战歌由此诞生。

1935年7月17日，年仅23岁的聂耳在日本不幸溺水身亡。今天，由张充仁设计的，四米高的聂耳铜像，矗立在徐汇区复兴中路上，以此纪念他短暂而壮阔的一生。

1935年12月，中国留日学生在日本出版《聂耳纪念集》

徐宝庆

徐宝庆被誉为上海黄杨木雕的创始人。从出生地来说，他来自浙江台州；但从影响力来说，他来自上海，来自上海徐家汇土山湾。因为正是在土山湾孤儿院的学习生活，奠定了徐宝庆成长为上海黄杨木雕第一代宗师的坚实基础。

早在1933年，年仅七岁的徐宝庆进入土山湾孤儿院。和所有土山湾的孤儿一样，早在慈云小学时期，他就开始学习素描。根据当时孤儿院的规定，他学习绘画，兼学一些铜匠活和木器家具的设计制作。小学毕业之后，他被分配到土山湾孤儿院的木工部雕花间，开始专门学习雕塑。徐宝庆在绘画上师承当时的慈云小学校长、日本美术家田中德相公，雕塑上他则师承土山湾孤儿院画馆主任、西班牙雕刻家那彦英。值得一提的是，作为土山湾画馆最后一任主任，那相公在艺术上是多面手，除了管理图画间之外，他还曾在抗战期间为开源节流，自我组装幻灯片放映机，用于抗日宣传片的放映。今天市委机关幼儿园（原宋子文故居）中的"小金鱼吐泡泡"彩绘玻璃，便是出自他的设计。在离开土山湾之后，他还曾在越南的教会电视台内担任

潘国磐修士正在指导徐宝庆学习木雕技艺

徐宝庆儿童系列木雕作品《放风筝》，高22厘米

过美工。

在"雕花间"代课教雕塑期间，那相公在徐宝庆身上几乎倾注了全力，学习过雕塑的他悉心指导这个刚入门却有天赋的孩子，那相公将自己所学的西方雕刻、雕塑技巧毫无保留地教给这个本不属于自己管辖的雕花间学生，甚至之后徐宝庆向浙江的木雕师傅学习中国传统的木雕艺术，也基于那相公的鼓励和支持。

在土山湾学习期间，徐宝庆打下了坚实的绘画和雕刻基础。当年徐宝庆创作的《丰收》《骑术》《牧羊》等，均显示了他扎实的素描功底；上海黄杨木雕中那以静态雕塑讲述动态故事的雕刻手法，也是西方宗教题材雕塑中常用的手法。1944年，徐宝庆以优异的成绩满师，表现人体肌肉结构的解剖立像《解剖人》是其满师代表作。

满师之后，徐宝庆并没有马上离开土山湾，而是在徐家汇地区建立了一个简陋的工作室，继续从事雕刻创作，西方的雕刻技法、人体与衣纹处理的方法与中国传统雕刻表现技法融合在他的作品中。抗战胜利之后，他的作品在震旦女子文理学院举办的"宗教艺术展览会"上亮相，以独特的艺术魅力赢得了观众的交口称赞，作品被精印刊登在教会刊物的封面上。在这里，他收了第一批弟子——其中包括后来成为上海黄杨木雕市级传承人的侯志飞。

1949年之后，西方宗教题材不再适合新的社会发展，徐宝庆改为雕刻儿童题材，先后创造了《顽皮娃娃》《撑骆驼》等经典黄杨木雕作品。他认为："一件希望反映生活的艺术创作，必须找到生活中最生动、最说明问题的一瞬间，这样才能吸引读者，影响观众。"这些作品的问世，受到了海内外的热烈欢迎，人们竞相争购收藏，作品供不应求。除儿童题材之外，他还有一些农村题材的代表作，如《收割》《打谷》《送公粮》《扛玉米》等，于1958年被上海

徐宝庆农村系列木雕作品《饲牛》（上海工艺美术博物馆收藏）

博物馆收藏，成为现代木雕风格的代表作。

1952年，徐宝庆离开土山湾的工作室，来到张充仁工作室，为同样土山湾孤儿出身的张充仁担任助手。

1957年，徐宝庆出席第一届全国工艺美术艺人代表大会，受到了朱德的接见。1958年，他又参加了"首都十大建筑设计会议"，为人民大会堂上海厅创作了"农""林""牧""渔"大型樟木雕。1961年，上海工艺美术学校成立黄杨木雕班之后，徐宝庆在那里担任主要任课教师，亲自讲解理论知识，亲身示范雕刻技艺，为上海黄杨木雕的发展培养了许多后继之才。1964年，轻工业部授予徐宝庆"雕刻工艺师"称号。徐宝庆作为上海木雕的创始人，受到了社会各界的认可和赞扬，1966年，他应上海交通大学的邀请，创作了高7.1米的毛主席立像。

后来，徐宝庆重新回到了工艺美术研究所，创作了讽刺与欢庆题材的《拔毒瘤》《刮骨疗毒》《鲲鹏展翅》《舞龙灯》《放爆竹》等一系列作品。1979年10月，徐宝庆出席"全国工艺美术创作设计人员第二次代表大会"，并被授予"为我国工艺美术事业作出重大贡献"的勋章。1987年，他创作了上海文庙的孔子铜像，并被轻工业部评为"高级工艺师"。他从艺六十余年，在木雕、石

徐宝庆素描作品《野餐》

徐宝庆宗教题材木雕作品《若瑟》，高15.5厘米

雕、象牙雕、砚雕、竹雕、角雕、橄榄核雕上都有很高的造诣，作品数以千计。

退休之后，他继续完善自己的雕刻系列作品，创作了《三英战吕布》《帮助小朋友》等黄杨木雕佳作。2002年，他在上海工艺美术博物馆举办了个人雕刻回顾展，对于一个工艺美术家来说，可谓是其雕刻生涯最高的褒奖之一。

2008年1月，徐宝庆突发脑溢血去世。在他的一生中，一共带了101个徒弟。上海黄杨木雕因为他，成为一个与浙江乐清黄杨木雕比肩的分支，而这个黄杨木雕分支的发源地，便是上海徐家汇的土山湾，代表人物就是徐宝庆。

文化活动

《益闻录》

近代上海是中国的报业传媒中心之一，1872年《申报》创刊后，上海涌现出许多中文报刊，当时徐家汇的耶稣会士也深感有必要创办一份中文报刊，便于向教内外人士扩大自身影响力。在1872年召开的"徐家汇会议"上，确定了要创办中文刊物作为"江南科学计划"的一项内容后，中国籍的耶稣会士李问渔即着手于此项任务。

1878年12月，天主教在上海出版的第一份刊物《益闻录》正式问世，这也是在近代上海中文报刊中创刊较早的一种，在内容上它注重介绍西学，包括天文、地理、算学等近代科学，兼报道新闻，评论时事，较少宣教。此外，该报载有徐家汇天文台气象报告和钱庄行情及其他商业广告，是一张面向社会的报纸。为了便于读者阅读，采用墨点标明句读的方法，又在首版辟有目录。初为半月刊，后改为周刊、半周刊。

李问渔作为刊物的主编与主笔，在这份刊物上花费了大量心血，保证了刊物的质量，又恰逢当时社会对"西学"、"新学"产生很大兴趣，《益闻录》收到了上海及其他地区的众多订阅。1898年，《益闻录》在维新运动兴起的形势下，改名《格致益闻汇报》，更加注重科学方面的报道，对物理、化学、地质学、电学、生理学、动植物学等，都有介绍。该报实际上是将当时的《格致新报》与《益闻录》合为一报，每周出版两次，时事和科学各占一半篇幅。主笔李问渔在创刊词中说："总期中国文人，咸知西学……又以时务不可不识也，故兼登上谕电音，中西要事，与夫奏章之有维新义者。"订阅者增加到三千多人。

1899年8月9日，《格致益闻汇报》从第100期改称《汇报》。其后，又一

《益闻录》内容书影

度改称《时事科学汇报》,1908年,分成《时事汇录》与《科学杂志》两种刊物,两者可同时或单独订阅,前者仍为每周两期,后者改两周一期,发行国内外。1911年2月,复合并为一。同年6月,主笔李问渔去世,8月,正式停刊。该刊是当时天主教会在中国发行时间最长、最具影响力的中文刊物。

《道原精萃》

《道原精萃》，全书共7卷8册，土山湾慈母堂1887年春刊印出版。主编倪怀伦在该书《序》中介绍其内容组成并作者："是编所列凡七部：一、《万物真原》。由物类印证天主是道出诸于物者。二、《天主降生引义》。详记耶稣先兆。三、《天主降生纪略》。专述耶稣言行，是为道之渊奥天主亲告人者。以上皆艾子儒略撰。四、《圣母传》。圣母乃保道者。五、《宗徒大事录》。六、《诸宗徒列传》。宗徒乃传道者也。七、《历代教皇洪序》。教皇乃道统所系也。《宗徒列传》为高一志原本，余皆李司铎軏翻译西著，附缀于后。犹恐人未易领会，属刘修士必振绘图列入篇中，总其名书曰《道原精萃》。诸君子细读而玩味之获益必非浅鲜，而余区区之望亦得矣。"如《序》所言，该书每卷均附有木版插图，共有图像300幅。擅长绘画的法国传教士方殿华神父在卷首撰有《像记》一文，介绍《道原精萃》一书图像的来源及流变的过程，其中特别写道："江南主教倪大司牧辑《道原精萃》一书，嘱刘修士必振率慈母堂小生，画像三百章，列于是书。其间百十一章，仿法司铎原著，余皆博采名家，描写成幅。既竣，雇手民镌于木。夫手民亦慈母堂培植成技者

《道原精萃》第八册插图：静斋（王安德）恭画"教皇良第十三"

《道原精萃》第一册封面

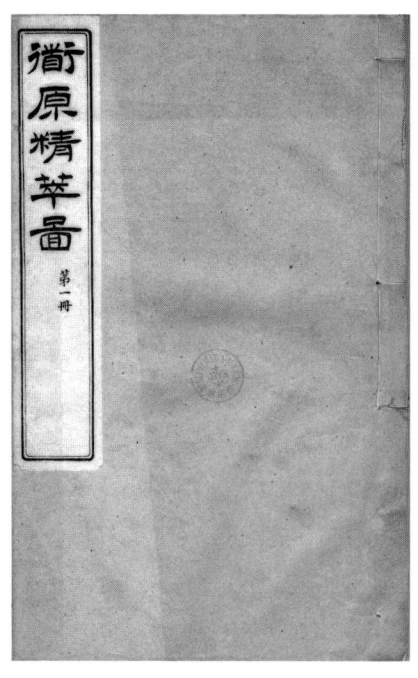

《道原精萃图》书影

也。予自去岁以来，承委督绘像等艺，恐阅是书者，不知是像之由来，爰志此于卷首云。"综上所述可知，《道原精萃》一书乃1887年由当时的江南教区主教倪怀伦（Valentinus Garnier）主编，由刘德斋率领土山湾画馆师生绘制插图，其中110幅图复制自法国人的插图，另190幅图则博采名家，另行创作；图像的刻版是由土山湾孤儿院木工部的师生共同完成的。《道原精萃》一书中的插图，代表了土山湾孤儿院全盛时期的神采风貌，我们从中正可了解、欣赏刘德斋及其画馆学生的绘画水平，以及木工部师傅的雕刻神技。

土山湾之所以在1887年出版《道原精萃》一书，其实是另有背景的。根据刘德斋所撰《教皇大庆倪主教贡献略记》一文记载：1887年12月31日是当时的罗马教皇良第十三圣铎品后五十年大庆，梵蒂冈为之举行盛典，世界各地都有礼物进献，"普世善信皆竭诚孝敬之忱，贡献礼物为数甚巨，且珍奇夺目。中国各省主教悉随本省土产方物预备为贡献者亦复不少"。当时的江南教区主教倪怀伦当然也有所表示。早在一年前，他就命徐家汇圣母院拯亡会的修女"绣红、白、紫、绿、黑五色祭披各一付为贡献"；又命土山湾画馆画一幅巨大的圣母圣心油画挂屏进献。此画高六尺七寸半，宽三尺九寸，由刘德斋安排画馆中油画水平最高的王安德执笔,挂屏上刻绘梅、兰、竹、菊等中国传统花纹。另一件独特的礼物就是《道原精萃》了。倪怀伦动员土山湾孤儿院全院力量,以最高技艺水平编绘成书,"装以锦套绵匣",成为一册卷帙浩繁,装帧豪华,天下独一无二的特装本。所有这些礼物,都于1887年8月装箱运往罗马,参加盛典。今天的梵蒂冈宫内,应该还保存着这些来自上海土山湾的精美礼物。

由于《道原精萃》一书的插图既多又美,连贯起来能通俗完美地演绎众多宗教故事,就像连环画一样,因此受到很多人的欢迎。故教会在出版《道原精萃》一书的同时,把书中的所有插图汇集起来,专门出版了三册本的《道原精萃图》,这也可以说是《道原精萃》的图像版。

段用霖书《道原精萃》书名,第一册

《圣心报》

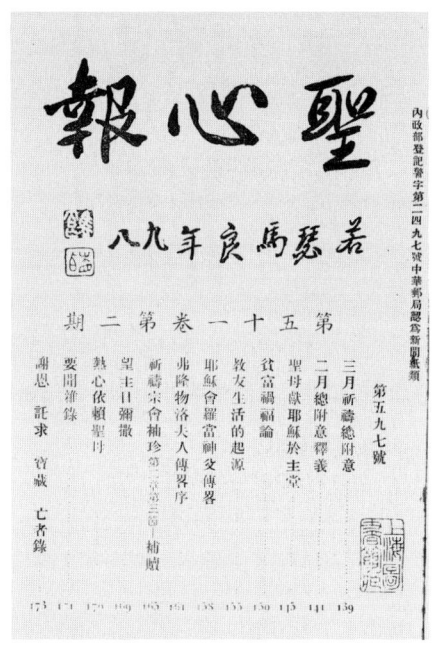

《圣心报》书影

同样是由天主教会创刊、主持的报刊，《圣心报》不同于《益闻录》和《圣教杂志》，是一份纯粹面向教会内部的报刊。在《益闻录》和《汇报》创刊后，时任江南传教区主教的倪怀纶，认为还需要一份专门针对天主教信徒的中文报刊；同时，作为教徒善会"祈祷宗会"中国地区负责人，倪怀纶也需要一种能让加入"祈祷宗会"的教徒互相联系沟通的渠道。因此在参照欧洲《圣心报》体例的前提下，他任命耶稣会中国神父李问渔创办中文《圣心报》。

1887年6月，中文《圣心报》面世，很快就发行到全国各地，有三千多订户。远至北京、四川等地的天主教团体都订阅了这份刊物。《圣心报》上的文章，以劝勉教友为主旨，并有大量《圣心月》《九日敬礼》《默想》等静修、灵修的文章，还组织过教友联名签名、捐款等活动，以促进天主教会在中国的传播。

1911年，李问渔去世后，潘谷声、徐伯愚、徐允希、沈则宽、张渔珊（璜）、王昌祉、丁宗杰、丁汝仁、丁斐等中国神父相继担任该报的主编或副主编。其订阅人数稳步上升，最高峰时候多达五千多份。

《圣心报》每期刊登十余篇文章,大多为祈祷总意、论道文章、传道故事、圣人传记、读者来函等内容,并附有各地汇报来进行各类宗教活动情况,以及最近去世的在华外国教徒、神职人员的信息。没有任何时事新闻或者自然科技方面的信息,确实是一份专门面向教徒、专门宣讲天主教的报刊。

与同样专门面向教徒,宣讲宗教的一些基督新教的报刊,如《教会新闻》《中西教会报》昙花一现的命运不同,《圣心报》能够连续发行六十多年,并且长期有较为稳定的订阅人群,其中的原因值得探讨。这既有天主教会长期稳定的经济投入,以及各地教会机构订阅支持的原因;也有它能抓住广大乡村地区普通天主教徒的信仰心理特点,有针对性地刊登各类宗教宣传的因素。

由于中文《圣心报》的成功,在1937年发行满50年的时候,时任教宗庇护十一世还专门来函致意。此后由于抗日战争等因素,该报的订户逐渐下降,1949年7月,改为活页半月刊,并改名《祈祷宗会》,同年10月1日又改名《心声》,1951年6月停刊。

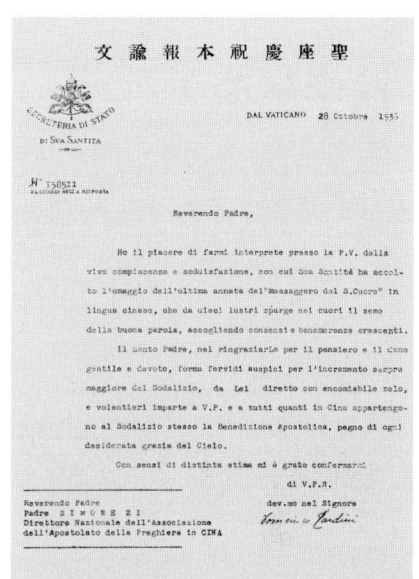

庇护十一发给《圣心报》的贺信

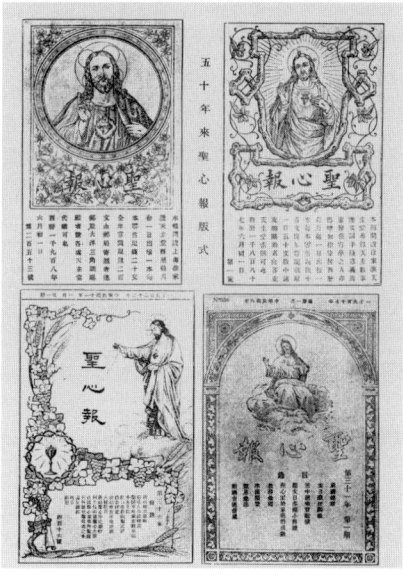

不同时期《圣心报》的报头

《汉学丛谈》

随着西班牙与葡萄牙开拓新航路，打通欧洲与美洲、东南亚、东亚的海上通道，以利玛窦等耶稣会士为代表的天主教传教士群体前往中国的活动日益频繁。他们也自觉或不自觉地成为欧洲对中国研究与向欧洲传播中国知识的先锋。金尼阁、卜弥格、卫匡国、柏应理、殷铎泽……一大批东来的传教士在和中国人交往的过程中，制作了中文教材，又把中国传统经典译成欧洲文字，在日记、信札中留下了自己对中国的各种观察与评论，撰写关于中国风土人情、社会历史、典章制度、科学技术等各方面的专著……这些文献材料传回欧洲后，成为欧洲对中国系统认识和了解的第一手文献，同时也使得欧洲对中国的研究和认识能够发展成一门学科。这一时期的“传教士汉学”，奠定了欧洲“汉学”的思想底色：立足于欧洲文化，观察、描述、总结与欧洲文化异质的中国文化；围绕欧洲自身关切的问题，对中国文化进行聚焦与解读。

9

P. Mathieu Ricci.

利瑪竇西泰 Li ma-teou si-tai.

Le P. Mathieu Ricci naquit à Macerata dans la marche d'Ancône, presque en même temps que St François-Xavier, mourant en vue de la Chine, demandait au Maître de la moisson des ouvriers pour la recueillir. Il commença ses premières études sous la direction d'un ecclésiastique nommé Nicolas Bencivegni qui, depuis, entra dans la Cie de Jésus. Un collège des Jésuites ayant été ouvert à Macerata, il en suivit les cours pendant 7 ans. Après l'étude des belles lettres, le jeune Ricci fut envoyé à Rome, 1568, pour s'y livrer à celle du droit. Pour mettre en sûreté sa foi et ses mœurs, il entra dans la Congrégation de la Ste Vierge récemment fondée au Collège Romain, et se sentant appelé à la vie religieuse, il sollicita son admission dans la Cie. Il y fut reçu par le P. Polanco, vic-gén. à la mort de St François de Borgia, et entra au noviciat de St André le 15 Août 1571.

Le P. Alex. Valignani, alors maître des novices, inspira à son nouveau disciple son zèle pour la conversion des infidèles et le désir de le suivre aux Indes. Le P. Ricci ne resta à Rome que le temps de faire les études nécessaires à une semblable entreprise, et partit pour Lisbonne. Mars 1577. Il s'embarqua sur le St Louis avant même d'avoir reçu

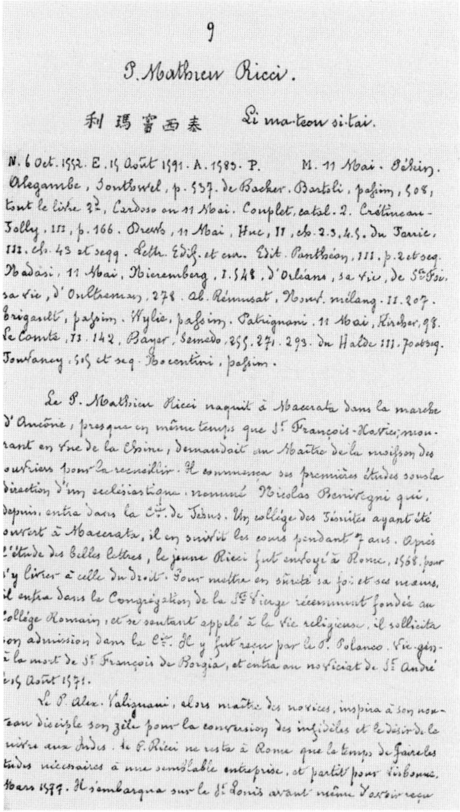

《汉学丛谈》中《明清间在华耶稣会士列传》的草稿

而19世纪来华的新耶稣会士们，

对这种汉学研究的传统也做了继承,一方面他们在徐家汇会院图书馆(即后来的徐家汇藏书楼)中收集相关的欧洲汉学著作;另一方面,他们成立专门的机构"汉学研究所"(Bureau Sinologique),教授新来的传教士中文以及相关历史文化知识的同时,也进行相关的汉学研究。

1872年,耶稣会决定开展"江南科学计划",其中有一项就是开展中国历史地理和国情方面的系统研究。晁德莅的《中国文化教程》(Cursus Litraturae Sinicae)在出版后就受到欧洲主流汉界的关注,并获得了1884年"儒莲奖"。受此鼓舞的耶稣会士们,决定出版一套丛书,以发扬光大耶稣会在汉学领域的影响。夏鸣雷受命牵头此事,1892年,《汉学丛谈》(Variétés Sinologiques)出版了第一种书——《崇明志》(L'ile de Tsong-Ming à l'embouchure du Yang-tse-Kiang),由此揭开了这套丛书四十多年的出版历史。

这套丛书的作者,除了极少量其他天主教修会的神父外,绝大部分都是耶稣会士,而且其中大部分是在江南地区活动的耶稣会士,这些作者通过他们的汉学研究著作,继承了明末清初来华耶稣会士们的汉学研究事业,同时也受到当时欧洲汉学界的好评,考狄、沙婉等汉学家都对这套丛书给予较高的评

《汉学丛谈》中《中华武科举实则》一书的插图

价。同时通过这套丛书的编撰,在上海徐家汇工作的耶稣会士们与欧洲汉学研究者们展开了丰富与多层次的对话,他们在《通报》等专业刊物上进行积极的探讨。

还有一点值得关注,这套丛书的作者群体中,有黄伯禄、徐励、龚柴、张璜等不少华籍作者的研究成果,开创了华人学者使用西式汉学研究方法来研究中国的格局,并且这些中国作者的作品,也受到欧洲学者的肯定,多次荣获"儒莲奖"的殊荣。

《汉学丛谈》共出版了66种著作,涉及中国的语言、历史、天文、地理、制度、宗教、区域研究等方方面面,反映出欧洲汉学立足于欧洲视角,对中国文化进行聚焦与解读的特点。1982年起,台湾的利氏学社推出了《汉学丛谈新集》,编号从第67号开始,延续了这一项汉学研究的传承;而"汉学研究所"则变为徐家汇光启社,作为上海教区的出版机构,也发挥着自己的作用。

《古史像解》

《古史像解》，土山湾画馆图绘，土山湾慈母堂1892年夏出版，线装石印。此书系根据沈则宽神父编写的旧约通俗读物《古史参箴》和《古史略》改编图绘。

《古史参箴》于1885年由土山湾慈母堂排印出版，是书由《创世志》（第一篇—第三十一篇）、《出谷记》（第一篇—第十八篇）、《勤未记》（第十九篇）、《户籍记》（第二十篇—第二十五篇）和《申命篇》（第二十六篇—第二十八篇）共五部分改编组成。全书无图，文字通俗，略偏文雅。江南主教倪怀纶在《序》中交代了此书出版由来："予自莅任以来，欲得一化俗善书，潜行陶淑，俾家喻户晓，人人传诵。学究授蒙童，公塾课弟子，幼而习之，壮而忆之，镂骨铭心，终身取法，如是者非古史不为功。爰嘱沈司铎则宽，摭译经旨，加以箴训，词求简易，理必详明，务使妇孺庸愚，皆能领会。"沈则宽在《自序》中也阐述了自己编译此书的良苦用心："爰不揣固陋，将古经数十卷，节译成编，确照经旨，稍事铺张，每章尾以箴言，或劝善功，或斥陋俗，文词概从浅近，俚言俗语，一并收罗，盖欲使少知文字者，亦

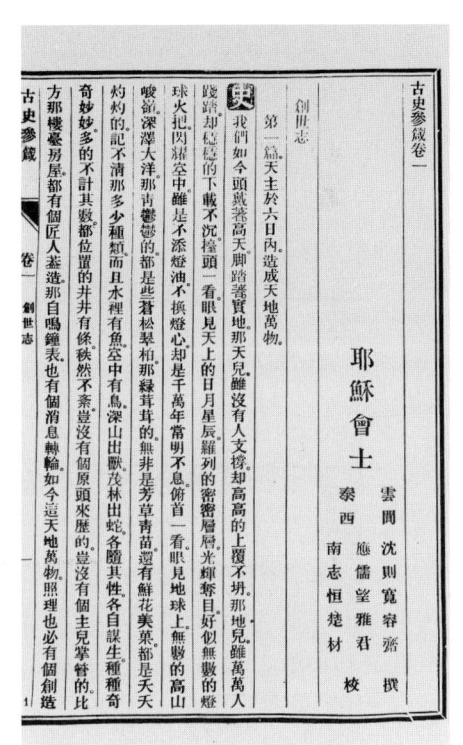

《古史参箴》内页

《古史略》内页

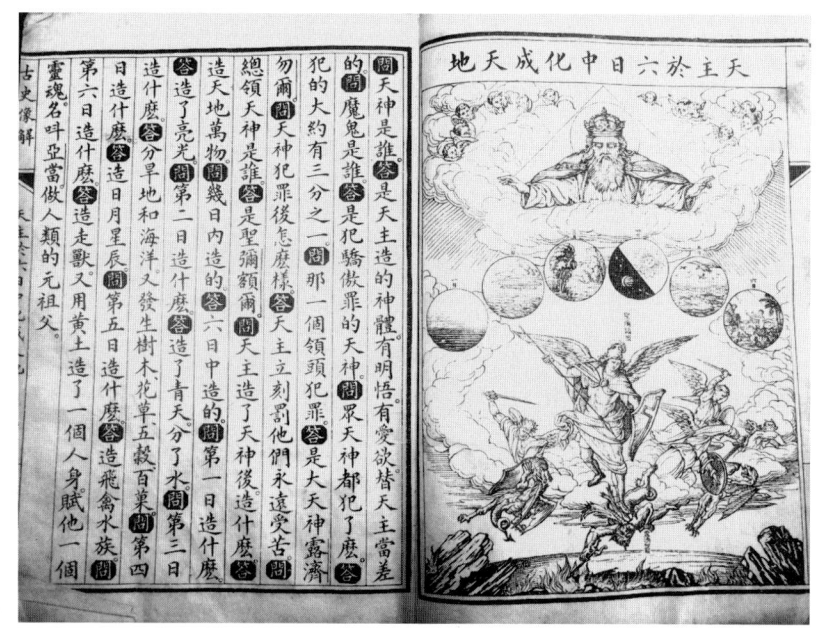

《古史像解》内页

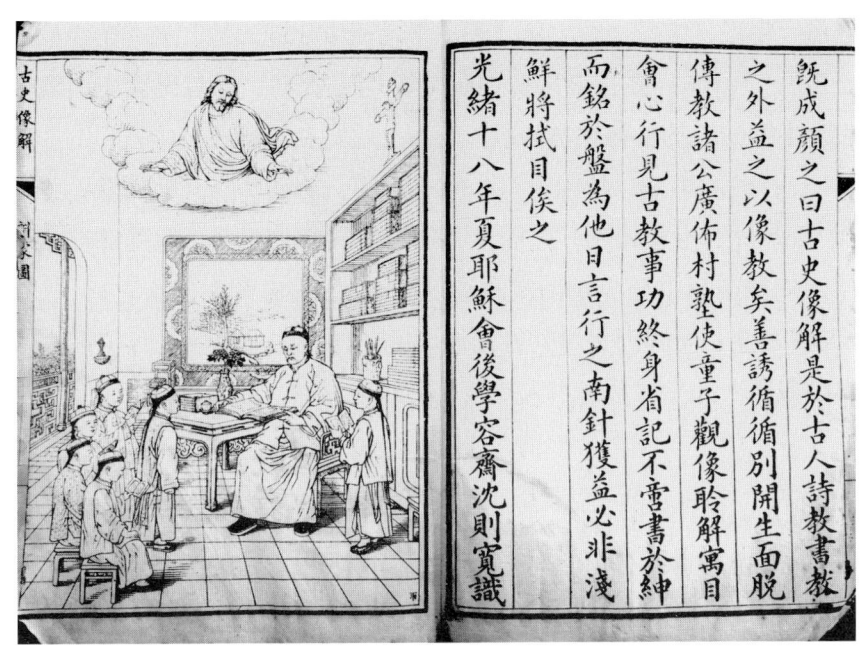

《古史像解》载沈则宽《序》和刘德斋《训蒙图》

得一目了然,知所领会,是则区区之意,可为知我者告也。"

虽然沈则宽已尽量从浅近着手,但《古史参箴》为叙述体,文字也文白掺杂,普通人阅读仍有不小困难。因此,沈则宽于1890年又编译出版了白话故事体的《古史略》,并附有62幅小图。此书文字之浅白简略,从编者的介绍文字就可领略:"做这书的本意,原为小学生们的,所以我劝教中父母,凡有小娃子上学,该当各备一部,请先生每日讲一、二章。先生讲了后来,当命学生还讲。做父母的待娃子放学回家,也命他们把先生所讲的,再在自己跟前还讲一遍。父母听着,脸上要发显喜欢;等娃子讲完了,当用好话来奖励他们,使他们以后更加发奋学习,讲的有头有尾。若能照这样儿做去,不久娃子们都明白《圣经》的道理,从小儿便深深地种了信德的根,及至长大成人了,自然晓得爱主爱人,修德行善,做一个热心教友。"

《古史略》出版后,沈则宽一鼓作气,命刘德斋率画馆师生据文绘图,尝试用图像来讲解《圣经》,这就是1892年出版的《古史像解》。《古史像解》以问答体行世,共106段文字,行文一问一答,完全口语化,比《古史略》更为粗浅通俗。每段文字配一图，从"天主于六日中化成天地"到"夤缘权贵得占茹达王位"，共106幅图，全部黑白版刻，均无署名。书首另置《训蒙图》一幅，表现中国传统的私塾教学场景，而图上端却有耶稣在云中省视的形象。其"图赞"云："幼岁学习，壮用无穷。作心师傅，功绩殊隆。耶稣默鉴，降福靡终。"中西融合的迹象颇浓。这幅《训蒙图》同样未署名，但其实它出自刘德斋之手，刘德斋后来至少曾两次改绘此图。《古史像解》出版之后，"不胫而走"，大获好评；而沈则宽对刘德斋他们的工作也十分赞赏，评价很高。他在该书序中写道：此举"是于古人诗教、书教之外益之以像教矣"！

《新史像解》

土山湾孤儿院院长沈则宽编译的《新史像解》，和先前出版的《古史像解》一样，两者相辅相成，和其他书籍一起，形成一个解读《圣经》的通俗读物系统，在当时影响很大。

《新史像解》，土山湾画馆图绘，土山湾慈母堂1894年出版，线装石印。此书系根据沈则宽神父编写的新约通俗读物《新史合编》和《新史略》改编图绘。

《新史合编》于1887年由土山湾慈母堂排印出版。是书从"圣若翰诞"（即"匝加利亚在堂焚香"）开始到"耶稣显见于宗徒遂自升天"结束，共分二十卷一百九十八章，三册本。文字通俗，略偏文雅，附46幅小图。第三册二十卷后附《耶稣受难记略》（附图一幅）和《宗徒大事录》（附图七幅）两种。沈则宽在《序》中交代该书之来由："圣门四史，若望、路加、玛窦、玛尔谷，将目睹耳闻之事，笔之于书，惟记少参差，文有详略，欲阅者融会贯通，殆非易易。窃意书不求工，贵能达理，因将经言译以简文，而注解则用俚言。犹恐农夫村妇，目不识丁，难于开卷会意，遂将图像，间在篇幅中，庶耶稣懿行，统贤否智愚，俱得豁然领悟。"

《新史合编》内页

《新史像解》出版三年后的1890年，沈氏又编译出版了白话故事体的《新史略》，是书从"天神报若翰将生"到"耶稣升天"，共分七卷一百零一章，并附图56幅，文字更为通俗，完全口语白话，故流行很广。

《新史略》出版后，沈则宽再鼓余勇，命刘德斋率画馆师生据文绘图，尝试用图像来讲解《圣经》，这就是1894年出版的《新史像解》。该书由刘德斋率画馆诸生根据《新约》内容"绘图百则"，请沈则宽神父"系之以解，汇为一帙，名《新史像解》，乃古与新正相呼应，而信士按图授经，先后一贯，可无阙如之憾"。此书仿《古史像解》，同样

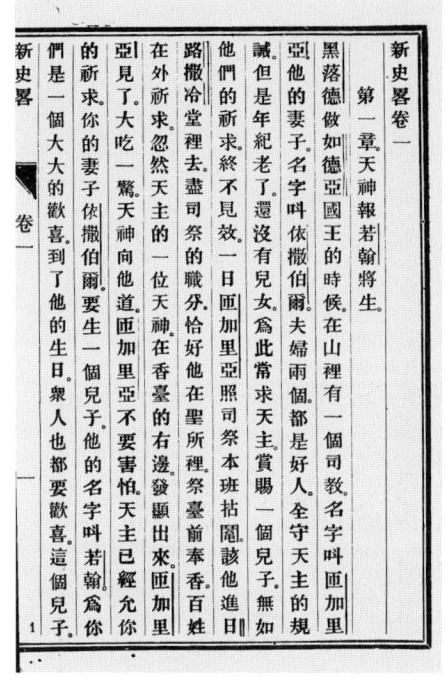

《新史略》内页

是问答体，共100段文字，每段文字占一页位置，每段配一图，从"匝加利亚在堂焚香"到"耶稣登山众前升天"，共一百图。

较之《古史像解》，这本《新史像解》在回目文字的安排上更整齐划一，明显有了改进；而图像则更加细腻传神，造型栩栩如生。值得注意的是，这次不少图像上有了绘者的署名，如在第一幅图"匝加利亚在堂焚香"的左下侧，有"王安德谨绘，A. Wang"的署名，其他图也约有一半或有"A. Wang"的署名，或有"A. W."的署名，显然都出自画馆第一高手王安德之笔。只是，这些署名的字迹都极其细微，且和图案线条混杂在一起，不注意细看是难以辨别的。书首另置《耶稣像》和《耶稣宣言》两图，另外，在《新史像解》的末尾，附有《垂训家庭》一图。此图实是《古史像解》一书中《训蒙图》的改绘，画上有"刘必振"的署名和其名与字阴文及阳文的印章，图的右下角还署有他的西名"S. Lieou S. J. del"。此图并有题词，曰："人生幼而学，壮而行，古今无二致。故诗言教诲式穀，礼重常视无诳。自来名贤硕彦，其出于家

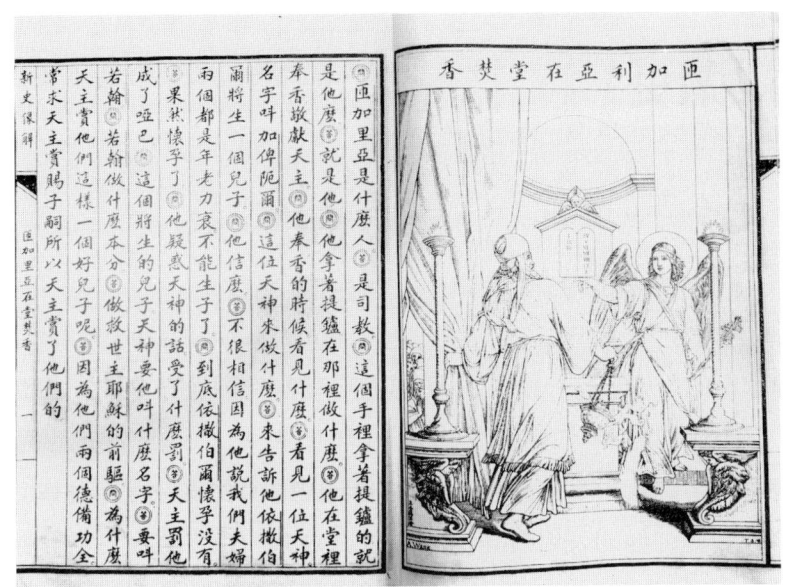

《新史像解》内页，图为王安德绘

训之严明者，往往而然。顾礼义学术，皆当传授，而立身最要事，莫过于敬天主，畏罪戾，知经文，明教理，此不特救灵所不可少，即在世作家立业为先人光，不遗父母羞，亦于是乎赖夫？然而为父母者以教理训子，诚亟亟乎？是图乃《训道图》，用为寓目醒心之一助，阅者其鉴而志之。"这是对《古史像解》之《训蒙图》"图赞"的更深一层次解说。

《新史像解》出版之后，以其通俗易懂，形象易解而独树一帜，在当时很受欢迎，曾屡次再版，到1932年已经出到第五版。它的印量也很可观，1894年初版时印了三千册，这对线装古籍来说是一个很大的数字。以后，《新史像解》还出版过彩色版。

《江南传教史》

在徐家汇的历史上有一个人,历史似乎不愿意铭记他,然而他却终为历史所铭记,这个人的名字叫高龙鞶。

高龙鞶,字镐鼎,西文名Auguste Colombel,1833年出生于法国巴黎的一个资产阶级家庭,他的表弟陶尧钧(René BARBOTIN)神父后来也跟随他的脚步来到中国。早在1869年来华之前,他就已经在英国斯通赫斯特天文台学习天文与气象学。教会把他招来中国的目的也是为了筹建天文台。结果是,天

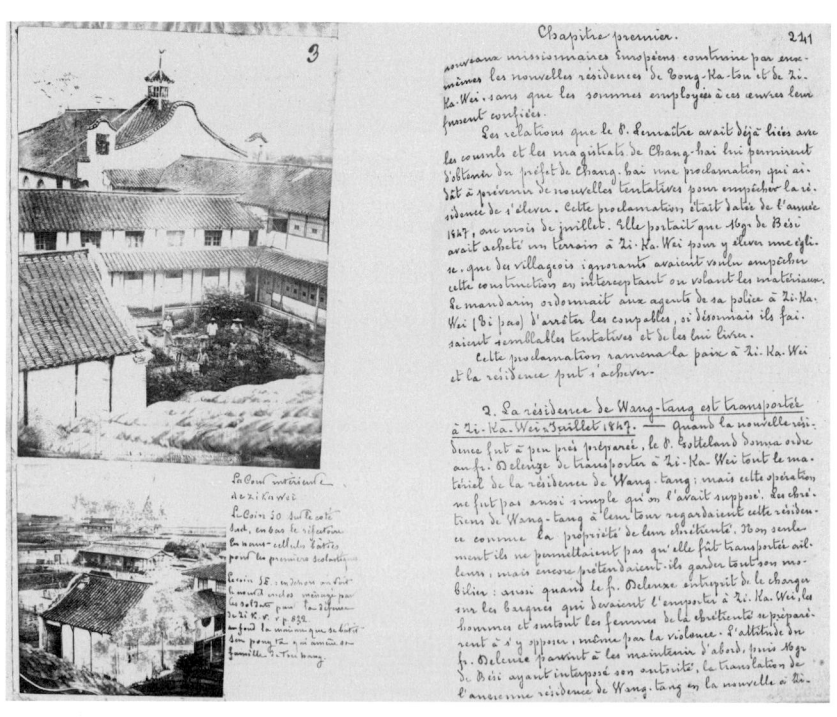

《江南传教史》插图

文台确实建立了，气象观察也由他开始，但上级的一纸调令，却让他意外地转向了历史。

相比后世的史式徽，高龙鞶的《江南传教史》更加成熟。高龙鞶自从1869年来华后，便一直留在中国。最早在南京，后又在徐家汇负责天文观测工作，然后又在江苏各个堂口传教，最后又回到上海县城的圣若瑟堂。他先后在天文和历史两个迥然不同的领域工作过，所以也就注定了高龙鞶的《江南传教史》更多取材于其自身在江南地区的工作经历。高龙鞶写作《江南传教史》的目的，除了要继续费赖之神父未完成的工作之外，同样也是对其自身经历的一个记录和总结。

高龙鞶著《江南传教史》扉页

这本《江南传教史》一共有五册，每一册都厚达10公分。从1896年到1904年，八年时间里，他几乎每天都在为这本书或来回奔忙，或埋头写作。从今天的眼光看，即使只是把这五册书全部誊抄一遍，都是一件费工夫的大事，更何况其中还有341幅绘制的插图。限于当时的技术，他找到了当时土山湾印书馆主任翁寿祺拍摄的照片后，把很多照片绘制成插图以便印刷。

高龙鞶全书都没有任何出处，这个也是高龙鞶写作的特点。他觉得他全部作品都是他自己的创作，出处都是他的"私人回忆"。直到1930年的时候才由当时的震旦大学教授逯是道（Henri Doré）逐页查找，为《江南传教史》添加了出处，但是即便如此，依然有很多地方根本无法找到任何相关记载。在后人史式徽的眼中，这是史学工作者的缺陷。

1896年，高龙鞶第一卷手稿已经完成准备出版，可是令人意想不到的事情发生了，教区的书刊审查员阻止排版，规定只准按原稿石印，并限教会内部

高龙鞶著《江南传教史》中比利时修士娄良才画像

传阅。高龙鞶虽然心有不悦,但是毕竟自己的心血能得以出版,他依然继续写着《江南传教史》的下一卷。

1902年的时候,高龙鞶完成了前几卷的《江南传教史》,仍然寄给了光启社。光启社的编辑们阅后向高龙鞶发出了一封信,其中提到书中的内容:"有的最好可以拍成照片。"于是高龙鞶又开始加紧搜集,一共搜集了74张照片。

同年,当时已经完成的四卷《江南传教史》书稿被寄给了罗马耶稣会总会。这些书稿获得了耶稣会总会会长们的赞许,并送他一张画片:画片上耶稣会的创始人依纳爵·罗耀拉跪在圣母玛利亚的面前。他的好友董师中(Henri Boucher)也同时向他祝贺:"你做了一件之前没有人完成的伟大事情。"

1905年高龙鞶去世,讣告中只字未提他的《江南传教史》,仅提到了他在天文台所作的贡献。然而不可否认的是,《江南传教史》是高龙鞶一生中完成的唯一一部巨著,也是他一生心血的结晶,该作品虽未能正式出版,但在后世被反复引用,包括后人史式徽写作的同名著作《江南传教史》,也将高龙鞶的这部著作列为参考文献之一。

1957年,上海社科院历史研究所曾委托上海市天主教爱国会,由上海社会科学院宗教研究所副研究员、上海宗教学会学术顾问、当时的天主教《信鸽》报主编顾裕禄牵头,组织周士良神父等天主教会方面的力量对高龙鞶的《江南传教史》进行翻译,后因种种原因只完成了其中的70万字。1962年重启翻译计划,截至20世纪80年代之前,完成了其中第一、二、五册的翻译工作。改革开放之后,周士良神父重新开始翻译工作,并完成了绝大部分卷册的翻译。然而由于周士良和丁宗杰两位神父相继离世,翻译工作再次进入停滞状态,译稿也由于种种原因散佚。

进入21世纪之后,在海峡两岸共同的努力下,高龙鞶《江南传教史》的翻译工作终于第三次重启:历时数年,原天主教上海教区主教张家树的侄子张庭爵终于补齐了高龙鞶《江南传教史》其余各册的翻译,并于2008年至2017年相继由台湾辅仁大学出版社出版。

《江南传教史》作者高龙鞶像

在高龙鞶去世一百多年之后,他的书籍终于被印成铅字正式出版了。也许在另一个世界,当这个狮子座的男人得知这一切,也会感到欣慰:历史真的记住了他,因为他作了一件之前没有人完成的伟大事情。

《方言西乐问答》

《方言西乐问答》封面

中国音乐史学界一般都认为：沈心工1904年5月编辑的《学校唱歌集》、曾志忞1904年8月编辑的《乐理教科书》及李叔同1905年编辑的《国学唱歌集》等，是"中国近代最早出版的音乐教科书"，为最早用中文介绍西方乐理的文字。但这本原为土山湾孤儿普及乐理知识撰写的《方言西乐问答》的发现，却打破了这一传统说法，不经意间成为近代中国大地上出版最早的介绍西方音乐的书籍，在中国近代音乐史上理应占有重要一页。

西方音乐走进土山湾的时间，最早可以追溯到太平天国战争期间。当时为确保上海的安全，很多外国雇佣军开进这个城市，而法国人和中法联队的军队则驻扎在徐家汇一带，这是法国人的天下。当时，法籍耶稣会会士兰廷玉神父（Franciscus Ravary，1823—1891，1856年来华）在徐家汇组建了一个管弦乐队，这也是上海第一支西乐乐队。他从法国运来了西方的乐器，训练孩子们演奏。乐队的组成者包括徐汇公学的学生和土山湾的孤儿。现能考证的这支乐队最早的演出时间是1864年11月22日，圣女则济利亚瞻礼时在洋泾浜天主堂表演《晨曲》和《弥撒曲》，结果大获成功，获得法国驻沪总领事葛笃的大加赞赏,并附赠了三十元银洋以奖励来自徐家汇和土山湾的青少年演奏者。以后,这支乐队在各种场合都进行过多次演出,受到各界欢迎,成为当时上海的一个小小名片。

1903年,在土山湾正式成立一支土山湾军乐队,创办者是葡萄牙籍耶稣会士叶肇昌。叶肇昌(Francesco Xavier Diniz, 1869—1943),字树藩,葡萄牙人。1869年生于上海,早年就读于虹口圣方济学校,后从英籍建筑师多德尔学习建筑工程学。1896年进耶稣会,被派往徐家汇,1905年晋升为神父,专务教区建筑,并被上海震旦大学聘任为工程系建筑学教授,负责设计监造了徐家汇大教堂(1910)、佘山山顶教堂(1935)以及震旦大学、徐汇公学校舍等。除了建筑专业外,叶肇昌还精通乐理,能演奏多种乐器。他在土山湾组建这支乐队的目的,是为了让孤儿院的孩子们多学一些本领,拥有丰富多彩的业余生活,用艺术来弥补这些孤儿心灵的创伤,同时陶冶他们的情操。乐队奉圣若瑟为主保,故叶肇昌将这支乐队命名为圣若瑟音乐班;又因乐队使用的都是铜管乐器,对外一般又叫圣若瑟军乐队,简称土山湾乐队。协助他训练孩子的是土山湾木工间主任、德国籍修士葛承亮和五金间主任、葡萄牙籍修士笪光华,

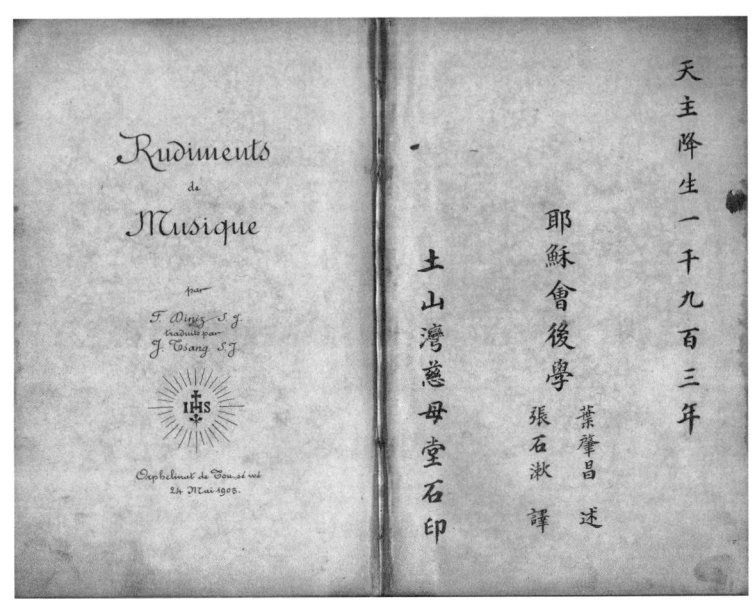

《方言西乐问答》扉页

他们也都擅长音乐，会演奏圆号、小号等管乐器，能够胜任这一工作。就从这时开始，音乐正式成了土山湾孤儿们课余生活的重要部分。

把孩子们组织起来教会他们吹奏乐器并不算太难，难的是让他们在吹奏的同时懂得一些必要的乐理知识，既不但要知其然，而且要知其所以然。叶肇昌在准备组建军乐队的同时即开始撰写一本适合孩子们阅读的乐理普及书籍。考虑到孤儿院的孩子大都是土生土长的上海人，故他决定这本书就用上海方言来写。土山湾素有以方言撰书出版的传统，仅19世纪末出版的就有1883年的《松江方言练习课本》、1889年的《土话指南》、1894年的《法华上海方言松江方言词典》等等。1903年5月24日，叶肇昌将自己编撰的这本音乐教科书命名为《方言西乐问答》，由土山湾慈母堂用石印正式出版。当然，身为葡萄牙人的叶肇昌虽然生在上海并一直在此生活，却并不擅长沪语，此书是他口述，而由上海籍修士张石漱用上海方言翻译笔录的，故这本《方言西乐问答》的另一特色，是保存了20世纪初部分沪语的发音和文字记述，对研究上海方言演变亦有一定意义。

《方言西乐问答》的第一部分为中、法文序，叶肇昌在序中记述了编辑此书的起因和目的。《方言西乐问答》的第二部分为十章，共151问加两章叙述，在一问一答间介绍五线谱的识谱知识，如音阶和调式的定义和分类、音乐强弱和快慢的识别等等，完全口语，文字浅显，通俗易懂。像这样完全用日常简单的口语教学，加以形象丰富的图表作标记，有时还用乐器当场演示，故土山湾的孩子们学起来一点也不困难，教学效果非常出色。

土山湾乐队使用的乐器全部都是西洋乐器，主要由小号、大号、圆号、长号、大管、萨克斯、军鼓等组成，都从法国进口。乐器虽然高级，而乐队则完全是业余性质，不论是学徒还是工人都可以报名参加，且费用全免，类似于现在学校里的兴趣小组或社团。乐队的训练时间全部都放在下班或放学之后，对工作和学习没有任何影响。有很长一段时间，乐队没有固定的排练场所，今天这里，明天那里，队员们疲于奔命，缺乏荣誉感，也影响别人休息。这个棘手问题，由于叶肇昌的竭力争取而得到了解决。沈则宽曾两次出任土山湾孤儿工艺院的院长一职，在他负责期间，都建有供本堂先生、司务休息、读书和聚会的场所,第一次叫何陋居,第二次则取名友益草堂。1906年,叶肇昌向沈则宽提出申请:土山湾乐队应该有一个固定的排练地方,友益草堂是比较合适的场所。他建议:司务们休息可以移至先生饭间内。沈则宽从善如流,同意了他的要求,将友益草堂腾出给乐队使用。从此,土山湾乐队告别了"打游击"的境遇,终于有了理想的排练场所。由于叶肇昌对土山湾乐队具有开创之功,并在相当长的时间内一直为此而努力,故社会上和教会内部都牢记着他在这方面作出的贡献。1943年8月6日,叶肇昌在上海病逝,教会的讣告除了提及他"生平最擅建筑术,凡上海教区各大建筑物,皆由司铎设计监修,终老不辍"外,并特地强调他"长于音乐,为土山湾孤儿院乐队指导"。

从1903年起,土山湾乐队不断发展,乐队成员也换了一批又一批,而《方言西乐问答》却始终是每一代土山湾孤儿学习西方乐理的"圣经",但由于此书只供土山湾内部使用,发行量也不大,外间很少流传,故长期逸出了学界视野,至为可惜。

《中国民间信仰》

禄是道

禄是道（Henri Doré），法国萨尔特省人，1859年出生于当地一个富有的家庭，年轻时加入圣方济各第三会，后担任教区神父，1884年，因为当时法国政教冲突的关系，他前往苏格兰，加入了耶稣会，随后前往中国。在上海学习了中文后，前往安徽等地传教。他的足迹遍及整个江南传教区，在这一过程中，他对江南地区的民间信仰产生了浓厚兴趣，多次考察、访问各地的祠堂、庙观，并且开始收藏各式与中国民间信仰相关的图像：年画、纸马、符箓等等。1895年，他因为严重的痢疾感染，返回上海静养一年，在此期间，他将自己收集的资料与同会的同事们交流，逐渐产生了进一步开展研究与著述的念头。

之后他继续在江南各地从事"农村传教"工作，他能讲一口熟练的汉语，善于与人沟通，因此在各地都能和当地人打成一片，也在此期间，他得以进一步收集中国民间信仰相关的资料。1912年起，他开始出版《中国民间信仰》一书，从1918年起，因为严重的肠胃疾病，禄是道返回上海徐家汇，此后专注于《中国民间信仰》的写作，到他去世数年之后的1938年，此书共出版了18卷。这是他结合田野调查与文献考释著成一部关于中国民间信仰的重要著作，是以西方民俗学、人类学方法，系统研究中国宗教、民俗的学术著作，也为中国现代民俗研究、民间宗教的研究开了风气之先。

《中国民间信仰》书影

《中国民间信仰》一书，内含大量年画、神仙、佛教、符咒等民俗插图，可以看成是一份关于中国民间风俗与信仰的人类学报告，或是保留有大量19至20世纪之交江南地区民间风俗与信仰活动珍贵一手文献的档案材料来看待。禄是遒努力在书中体现法国学院派汉学研究"理性与科学"的风格，又有耶稣会士对中国传统文化"深入"认知的传统。另一方面，他有三十余年在中国安徽、江苏等地农村传教之余进行"田野考察"积累的丰富第一手材料，并用十余年时间整理打磨。同时，作者主要目的之一乃是"帮助在乡间的同事们，那些新近从西方到达，还不了解中国人宗教状况的传教士们"去认识一个"真正的中国"，上述因素互相交织，形成一幅奇异而丰富的关于中国民间信仰与风俗的百科全书式画卷。他本人因为这部著作而获得法兰西学院"儒莲奖"的殊荣，同时，直到今天，这部书依旧不失为一部研究江南地区民间信仰值得参考的重要著作。

在生活中，禄是遒以善辩的口才与开朗的性格著称，经常在花园散步时口若悬河地向同会的年轻神父们讲述自己在中国生活工作的经历。他还同时在上海董家教堂讲道，在震旦学院授课，以及在洋泾浜救济院做慈善工作。1931年12月，他在徐家汇路（今华山路）圣母圣心会的普爱堂（241弄7号）去世。

《中国民间信仰》一书原著为法文，后由爱尔兰籍耶稣会士甘沛澍和芬戴礼翻译成英文十卷本通行于世，2009年，上海科学技术文献出版社据此译成中文出版。

文化活动 | 191

《江南育婴堂记》

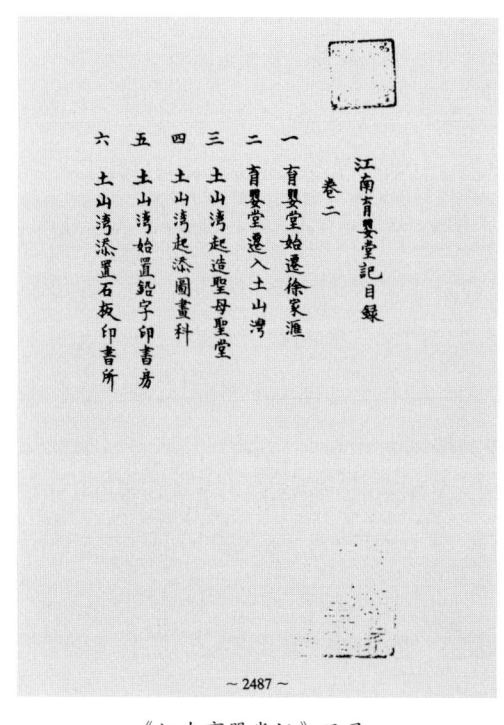

《江南育婴堂记》目录

《江南育婴堂记》一书是目前发现的仅有的土山湾孤儿院的中文历史专著。与目前存留的西文专著,法籍耶稣会士史式徽著,1914年土山湾印书馆出版的《土山湾孤儿院:历史与现状》一书不同,该书从未出版,自问世以来也从未被提及,直到1996年台北方济出版社出版的《徐家汇藏书楼明清天主教文献续编》第五卷收录此书之后才为广大研究者所知晓。

原书并没有标明作者,从笔迹看,目前所存留的抄本出自几人之手;然而叙述语气则延续一致,贯穿全稿,当为一人所撰。纵观该书所述土山湾史实,基本可推断该书作者为土山湾画馆主任刘德斋修士。首先,叙述时间和刘德斋生平高度相似。书中早期情景多引述他人回忆,自19世纪70年代之后事则显系作者所亲身经历。文中涉及年代下限为"1912年新正月",数月之后,刘德斋即在土山湾病逝。其次,细读原稿,更有铁证。如第2546页述西历1869年,土山湾育婴堂中有三人拟往南洋滨浪屿修道的坎坷遭遇,文章结尾写道:"此三人事迹系陈克昌所述。振忆昔在徐家汇会院亲见此位老神父,亦闻见此事。"这不正是刘德斋(必振)亲笔撰文的口吻吗?再如第2553—2560页为《志翁寿祺相公病终始末》,文中多次出现"振卧在隔壁听之必明""振见势已不佳"等字样,显见文章出自刘德斋(必振)之笔。另外,第2604—2605页为《志于土山湾画馆近事录》,其中记录了载于《慈母堂亡孩观感录》或《圣心报》中死亡孤儿的信息,如杨德康、吴祥生等,而这些男孩都曾就学于画馆。当时医疗条件很差,木工部、印书馆等孤儿院其他部门都有孤儿病亡,有谁会饱含感情单单录下这些曾在画馆学习的死亡男孩的信息呢?答案应该不难猜测。综上所述,《江南育婴堂记》可推定就是当时教会在"刘德斋讣告"中所提到的,其晚年所写"土山湾的历史"之一部分。

《江南育婴堂记》共分为二十三章(原文错记为二十四章),涉及刘德斋1912年去世时的基本内容已完成,还有几篇《慈母堂亡孩观感录》仅有题目。其中排版有些混乱,时有建筑历史与人物小传交叉出现的情况,明显为底稿。另外行文中也有不少错别字,尤其是人名多有错

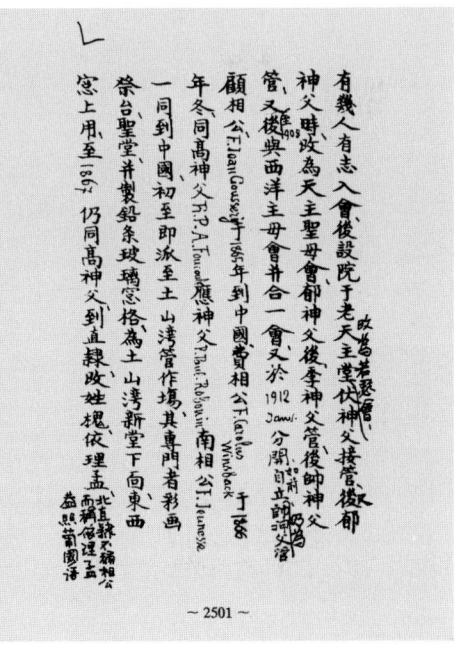

《江南育婴堂记》内文1

《江南育婴堂记》内文2

文化活动 | 193

处，显然还没有经过审校程序。该书内容涉及土山湾的历史，主要包括育婴堂从蔡家湾迁到土山湾的全过程，土山湾各工场间的演变过程，南楼改为神父住房的过程，教友村从无到有的历史等等。此外还有一些孤儿出身后来修道的孩子小传，以及土山湾历史上一些著名的院长/主任，如沈二神父（沈则宽，又名容斋）、翁寿祺、石可贞等人的事迹，甚至还有土山湾孤儿排的话剧剧目脚本。

该书原计划与史式徽的《土山湾孤儿院：历史与现状》一起献礼土山湾孤儿院五十周年"金庆"，但由于中途刘德斋修士去世只能作罢。1949年耶稣会撤离大陆时，将包括《江南育婴堂记》在内的一系列手抄本带出大陆，现原稿藏于台湾利玛窦图书馆。从文章内容看，这正是一份比较完整的"土山湾史"，其中蕴含史料非常丰富，并且有大量的亲历叙述，现已成为我们研究土山湾的资料宝库。

《圣教杂志》

1878年，徐家汇出版了中国天主教近代第一份中文刊物《益闻录》。由耶稣会中国神父李问渔主持的这份刊物，延续至1911年，李问渔去世后停刊。天主教需要一份能够接替《益闻录》，承担以中文对外宣传天主教、扩大教会影响力的报刊。因此，在1912年，《圣教杂志》正式创刊，创办人兼主编为耶稣会中国神父潘谷声。

与李问渔主编《益闻录》注意科学方面报道的特色不同，潘谷声创刊的《圣教杂志》，削减了科学、时事新闻的内容，突出与教会有关的"近事"以及教宗通谕、各圣部文件以及教会相关的传记掌故、历史信息等。随后也增加了一部分经济、社会以及学术方面的信息。这份刊物也继承了《益闻录》的主要订户群体，长期保持在3 000份左右的订数，1936年时达到3 600份。

1922年，法国神父孔明道担任主编，次年改为中国神父杨维时主持，1924年起，由徐光启后裔中国神父徐宗泽接任主编，长达14年之久。

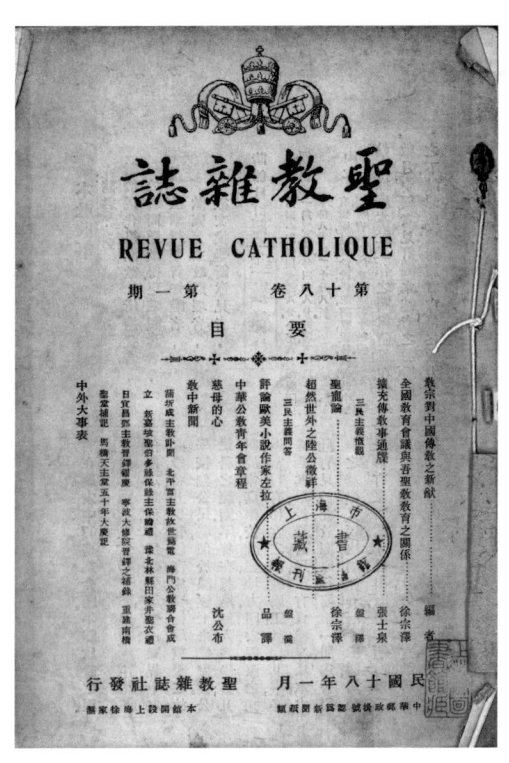

《圣教杂志》

1912年的《圣教杂志》社

在徐宗泽担任《圣教杂志》主编期间,他花费了大量心力在这份刊物上,他开辟了"文化""妇女""文学""游记""文艺""随笔""信箱"等栏目,扩大了报道面。他还在1933年编订了《徐上海特刊》,在圣教杂志社出版了《徐文定公墨迹》《增补徐文定公集》等出版物,纪念上海先贤徐光启。

当时兼任徐家汇藏书楼中文部主管的徐宗泽,还利用《圣教杂志》,多次在杂志上刊登布告,面向全国各地征集地方志以及与天主教历史相关的文献。通过这一渠道,为徐家汇藏书楼的图书收藏增添了不少有特色的品种,在战乱时局下,为中国地方文献资料的保存做出了不少贡献,徐家汇藏书楼收藏的3万余册地方志文献中,有不少就是通过《圣教杂志》征集而来。

在担任主编的同时,徐宗泽还为《圣教杂志》撰写了大量文章,大约占了当时《圣教杂志》署名文章的五分之一。这些文章大量集中在时事政治与青年教育领域,体现了他关注现实,对于世俗问题的参与意识,也表现了他希望改变天主教的刊物以往对世俗、特别是现实问题比较隔绝的想法。

在徐宗泽的努力下,《圣教杂志》逐渐在上海的新闻出版业中赢得了较高的评价与声望;同时,圣教杂志社也出版了不少其他出版物,包括《高等小学国文新课本》等与基础教育有关的图书。这让圣教杂志社与社会的距离也日益拉近。进入1930年代,徐宗泽还在《圣教杂志》上积极宣传爱国思想,针对咄咄逼人的日本侵略者做反击,圣教杂志社专门出版了陆徵祥的《在天主教道理下评判之"满洲国"》等文,向教徒们宣传爱国的道理。到1938年8月,受到上海沦陷的影响,地处华界徐家汇的《圣教杂志》被迫停刊。抗日战争胜利后,徐宗泽一直试图复刊,直至1947年他去世,也未能成功。

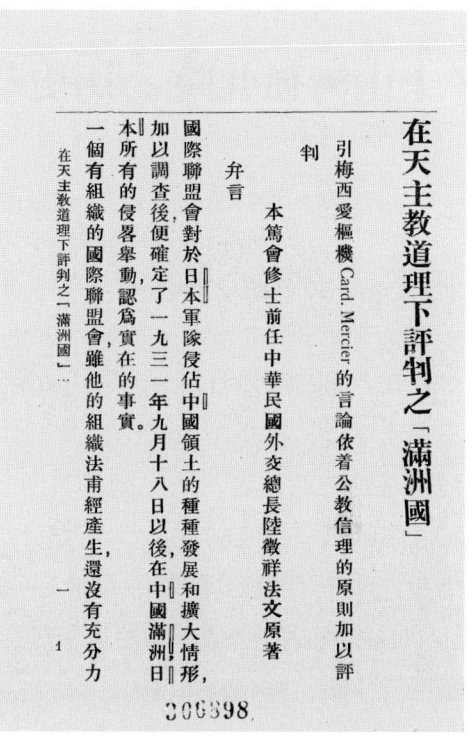

《在天主教道理下评判之"满洲国"》

文化活动 | 197

《土山湾孤儿院：历史与现状》

在上海的教会历史上，史式徽始终是一个重要人物。一方面他是专家，拥有博士学位，在多个大学担任教授，所使用的教材都是亲笔写就；另一方面他也是勤奋的作者，一生撰写著作15部，其中最为著名的是《江南传教史》和《中国概况》。我们在这里所要介绍的，则是他把目光投向当时的教会福利事业，为上海的孤儿所写的专著——《土山湾孤儿院：历史与现状》。

史式徽的这部著作用法语写就，1914年由土山湾印书馆出版。它只有薄薄的几十页，装帧朴实无华，看上去毫不起眼，但它却是唯一一本公开出版的、探寻揭示土山湾孤儿院历史渊源和生存现状的专著。它的影响近百年间绵延不断，以至于在任何一篇有关土山湾的论文中，你都不难发现对史式徽这部著作的参考和征引。

1914年春寒料峭的季节，由孤儿院负责摄影的安敬斋亲自操作，为后人留下了非常难得的一张清晰的土山湾孤儿院全家福。在这张合影上，大一点的孩子们腼腆地看着镜头，他们中有的人可能是第一次看见这来自西洋的神奇玩意，所以神情似乎有些紧张；而年龄略小的

《土山湾孤儿院：历史与现状》扉页

孩子们则直接笑开了花，甚至有几个小孩在镜头前闹得正欢，似乎全然忘记了正在拍照。正中端坐的是一袭黑衣的中外神父修士们，他们神情严肃地看着镜头——其中有几位后来把自己的一生都献给了土山湾的孤儿们。也许这是他们第一次和全体孤儿合影，也许这是他们最后一次留下身影，总之，在那一刻，在史式徽的建议下，安敬斋的镜头把他们、把土山湾孤儿院定格了下来。当时，是土山湾孤儿院成立五十周年纪念的日子，而史式徽此行正是带着为其立传的使命而来。在后来写成的著作中，史式徽以其一贯谨慎的著录风格，在开头部分就列出了该书所参考的内容。而正因为他的引用，才使我们得以看到现已散失但对土山湾来说却十分重要的著述，比如柏立德的《土山湾档案》，原件早已经散佚，若不是史式徽的引用，后人可能根本无法了解这些档案的内容。

《土山湾孤儿院：历史与现状》写作于史式徽第二次来华两年之际。接到写作任务时，他就十分清楚这是一部"献礼"作品：为了迎接土山湾孤儿院

1914年，土山湾孤儿演出《古圣若瑟》剧照

成立五十周年。

此书一共分为两部分：第一部分是历史，由于他并没有亲身经历那个时代，所以主要参考了各个时期的文献。他的贡献是将各种史料整理得非常明晰，并简明扼要地叙述清楚。第二部分是现状，为此他曾多次赴土山湾各个工场实地考察并进行采访。在他的笔下，"细木工场和雕花间""中西鞋作""五金工场""中西文印书馆""素描、油画及花玻璃工场"和"照相工场"等土山湾孤儿院的各主要部门，第一次被赋予较详尽的介绍，其中充满着生动的细节，如：早在1900年，孤儿们所创作的徐家汇地区的雕刻模型就在巴黎世博会上荣获奖牌；今天以收藏展示瓷器而驰名欧洲的比利时皇家历史与艺术博物馆分馆——中国宫，原来是孤儿院的孤儿们根据比利时国王利奥波德二世的订单，于1906年专门建造的；土山湾孤儿院最传奇的一项业绩是1911年为法国飞行员环龙修理飞机，而环龙在上海的飞行表演，是国人第一次目睹飞机在蓝天翱翔。

史式徽严谨的性格在这本书中发挥得淋漓尽致，每个数据、每个细节，他都小心翼翼，谨慎对待。在其著作的第一页就明确交代了所有12本参考文献的书名和出处，然后又写清楚所有中文译名的来源都是上海方言的发音。他在表述土山湾印书馆的历史和现状时，为了让读者有一个直观感受，在一段仅一百多字的叙述中一共用了八个精确的数字，把当时印刷车间中的每部机器以及使用文献的来源都展现给读者。史式徽这本专著还有一个很大贡献，即大量图片的使用，其中不少照片是专为此书所摄，时间、地点和相关背景均说明得清清楚楚。今天，人们在研究土山湾时之所以有很多珍贵图片可供参考，不应该忘记史式徽这位前人的"栽树"之劳。

在史式徽的书中，很少会有对人、对事的评论，即使是评论，也多半引用其他人的评论。更多的时候，他是直接展示所看到的事实，但是，你却能在他描述的字里行间觉察到他对土山湾孤儿院的感情，作为耶稣会巴黎省在江南教区的一员，他同样为土山湾孤儿院的发展感到自豪。在叙述当时新成立的"花玻璃工场"时，他写道："我们真心祝愿新生的花玻璃工场，它们出产的所有作品被订购一空。至今，中国最美丽的教堂都无须这些彩色玻璃的装饰，而恰

土山湾孤儿工艺院一景

恰是这些彩色玻璃使欧洲最普通的教堂拥有了魅力和虔诚。如果土山湾能够得到这一装饰技能，那土山湾将是远东提供最好宗教美术服务的处所之一。"在介绍"细木工场和雕花间"时，史式徽用充满骄傲的口吻写道："我们工人最好的作品是宗教家具、祭台、主教讲台、告解座、追思台、临时祭台、跪凳和贵宾座。他们的这类作品可以与欧洲最好的工场媲美。"

  关于土山湾孤儿院的很多事情，我们今天依然有很多材料可以利用，是因为有史式徽和他的这本书。1937年1月6日，笔耕一生的史式徽终于倒下了，手里还握着笔。也许，当时史式徽记述的那些孤儿们依然还在，也许，他的讣告正是由这些照片中的孤儿们用土山湾的机器印制而成，但不知他们是否知道，正是这位讣告的传主，使土山湾孤儿院的历史永远留存在了这个世界。

江南科学计划

《益闻录》书影

徐光启与利玛窦等合作翻译《几何原本》、修订天文历法的事迹，成为中西科学文化交流史上颇为成功的一次尝试。因而19世纪返华的新耶稣会士们，也有意恢复当年老耶稣会在科研方面的传统，从最初的南格禄、罗礼思等人开始，就在天文、气象观测等方面做了一定的尝试。

到1870年代，整个江南地区从太平天国运动中恢复平静后，耶稣会出身的天主教江南教区的郎怀仁主教以及耶稣会上海会长谷振生、副会长文成章等，于1872年8月召开新耶稣会"徐家汇会议"，会上提出"江南科学计划"，其中最核心的议题，便是成立"江南科学委员会"。该委员会以徐家汇为中心，由新耶稣会士担任要职，制定四项主要工作计划，这四项工作概括起来为：开展天文气象的科学研究和观察实践；开展动植物的生物学科学研究并建立相关机构；开展中国历史地理和国情方面的系统研究；创办教外受众为对象的介绍中国文化、宣传科学以及天主教信仰的杂志。会后，按照当时来华的耶稣会士们各自的专长，开始有针对性地推广实施各项计划。

高龙鞶负责气象台及科学杂志的编辑出版,并要在徐家汇建立一座"与耶稣会相称"的天文台,将相关观察记录编辑成册后发往欧洲;韩伯禄负责建设博物院,他从1868年来华起,就在收集这方面的动植物标本,并于1882年正式建成徐家汇博物院(即后来的"震旦博物院");晁德莅、费赖之则负责从事开展延续耶稣会的"汉学"传统,之后由夏鸣雷牵头,"徐家汇汉学研究所(光启社)"出版了法文的《汉学论丛》,收录了六十多种新耶稣会士汉学研究成果。而中国籍的耶稣会士马相伯、李问渔等人也参与了这一项目,其中李问渔主持的《益闻录》,创刊于1878年12月,是天主教在中国创设的第一份中文报刊,内容包含历史地理、物理化学、时事新闻等方方面面,不仅在上海地区,在其他各省也有不少订阅,产生了一定的影响力。

这次会议制定的"江南科学计划"的几项主要工作,对于上海的中西文化交流、对徐家汇地区的规划发展都产生了深远影响。保留到今天的,无论是有形的观象台、佘

谷振声

郎怀仁

震旦博物院内景

山天文台、徐家汇博物院的动植物标本,以及《汉学论丛》等众多图书,还是无形的科学思想对当时社会产生的积极推动,以及各类科学观测数据和中外汉学家的互动与讨论产生的学术渊源……都可以看成是这一计划产生的结果。

土山湾与世博会

土山湾历史上曾参加过七次世博会，分别是1900年巴黎世博会，1902年法兰西世界博览会，1904年圣路易斯世博会，1905年列日世博会，1915年巴拿马太平洋博览会，1933年芝加哥世博会，1939年纽约世博会。其中今天土山湾博物馆的镇馆之宝——中国牌楼曾是世博会的"三朝元老"。

土山湾参与世博会的主力是木工部。木工部设立的初衷本是在江南传教区内建造教堂等各种教会建筑，主任为学建筑设计出身的法籍耶稣会士马历耀。但随着时光进入20世纪，江南传教区内各个铎区逐渐都培养出了自己的

1915年美国巴拿马世博会上展出的土山湾制造的中国百塔模型（部分）

施工队伍，不再使用土山湾木工部的团队。1892年，德籍耶稣会士葛承亮修士来华担任木工部（当时名为建筑部门）主任之后，由于他原为巴黎歌剧院场务工，于是，在他的指导下木工部逐渐转产小型西式家具以及木雕作品，并对外销售，让世界领略了东方艺术魅力的同时，也为海派手工艺走向世界奠定了基础。

木工部曾雕刻徐家汇建筑模型参加1900年巴黎世博会，雕刻桌屏《中华圣母子》参加1904年圣路易斯世博会，雕刻中国牌楼先后参加旧金山、芝加哥和纽约三届世博会。此外，还雕刻了中国百塔模型参加旧金山世博会，这组百塔群雕至今还存留在美国。

除了木工部之外，土山湾画馆也参加过多届世博会，作品包括《中华圣母子》油画像，以及徐光启、利玛窦、汤若望、南怀仁四传教士水彩画像等等。

其中，桌屏《中华圣母子》是木工部与画馆合作的作品。先是由画馆主任刘德斋修士选定法国新古典主义画家让·奥古斯特·多米尼克·安格尔（Jean-Auguste-Dominique Ingres）绘制的《圣体之后圣母》（Vierge à l'hostie）和捷克布拉格圣婴像与慈禧照片结合，指定自己的得意门生、画馆教师范殷儒参照上述图像，创作绘制成《中华圣母子》像；之后又让木工部根据油画像进行雕刻，以后该像在略微修改之后被作为东闾圣母像送至1915年东闾圣母朝圣地。1915年，该像又参加了旧金山世博会。1926年，该像被正式命名为《中华圣母像》（Notre-Dame de Chine），成为中国圣母像的标志流传至今。

木雕百塔图则是由土山湾木工间主任葛承亮修士指导300名孤儿，花了数年时间完成的作品。百塔图共雕刻86座分布在全国各地（包括朝鲜半岛的两座）的宝塔，如今尚存82座依然在美国。这些百塔是从全国宝塔中精选的，包括北京白塔、云南三塔、上海龙华塔、佘山塔等。当时葛承亮修士为完成这个工程，从全国各地搜集宝塔的图纸和照片，然后对图像和各种数据进行详细考察和研究。葛修士挑选的300名孤儿都是接受过技术培养的木雕匠、画师、木匠，他们勤奋刻苦，精雕细刻，追求每一个细节的精确性。这些木雕群塔完整地保存了历史原貌，见证了中华文化的博大精深。在1915年美国巴拿马世博会上，这组木雕百塔荣获甲等大奖章（赛会最高奖）。当时负责土山湾展览的美方工作人员D.J. KAVANAGH S.J.曾写道："当参加巴拿马太平洋世界博览会的宾客们来到教育展厅的西北角，他们比往常逗留了更多的时间。在这里他们发现自己置身于很多中国宝塔的缩小模型群中，在这些模型的周围环绕着大量建筑、绘画、木质家具、柚木衣柜、樟木盒子、古老的漆器屏风和有一个世纪之久的寺庙铜锣，这些展品被艺术地摆放着，而且它们做工非常精细，在这个展览会上找不到能够与之匹敌的艺术品。"

与木雕百塔一起赴美国参展的还有土山湾的中国牌楼，牌楼高5.8米，宽5.2米，全柚木雕刻，牌楼中仅雕刻部件就多达数千件之多，可谓举世罕见。整个牌楼结构平衡，布局精巧，比例适宜，手工技艺高超，是一件珍贵的艺术品。牌楼的正面是功昭日月、背面是德并山河8个镀金大字，苍劲有力。在牌楼顶上，每一开间上都架有自己的屋檐，3片屋檐有机结合，成重檐之势。檐角伸展出精巧而栩栩如生的飞檐，上面依次饰有4只小狮子。屋顶由8根柱子支撑，每侧四根，柱子雕刻有枝繁叶茂的竹子。椽子和瓦片被巧妙地用木作表现，惟妙惟肖。16个圆雕人像造像立于屋顶之上，他们都是将领，8个骑在背上，8个步行，身披甲胄，手持矛、戟、棒等武器，还有一个仆役拿着旗帜。该牌楼雕刻完工之后，在工艺院内外曾引起不小的轰动，它曾先后参加1915年、1933年和1939年三届世博会。2009年，在外漂泊近一个世纪的牌楼终于回归土山湾博物馆，成为博物馆的"镇馆之宝"。

除了世博会之外，土山湾孤儿院还多次参加教会内外的专业博览会，如1891年法国鲁昂的宗教艺术博览会，1911年德累斯顿卫生博览会，1925年梵蒂冈传教区博览会，1931年的法国海外殖民地博览会等。

徐家汇天主堂保卫团

1891年，起源于湖南和湖北的秘密结社组织——哥老会在长江流域发动了"反洋教"斗争，先后在长江流域多地引发针对西方传教士以及教会的暴动和骚乱。面对每天听到的坏消息，徐家汇地区的公学和其他事业面临的危机似乎也迫在眉睫。5月底，当时的上海道台对神父们说，他们已接到正式命令，要保护徐家汇。他们在徐家汇南面、北面，之后又在圣衣院派兵站岗。不久，又在公学的四周驻扎了五队清朝卫兵。

徐家汇天主堂保卫团

然而，鉴于之前内地教案发生时官兵的无能为力，徐家汇的耶稣会士们对这些官兵并不完全信任。当时的法国领事就劝神父们雇佣几个马尼拉人（当时泛指上海租界内东南亚的混血人种，通常以给外国人打工为生）在公学内负责保卫工作。道台对这个措施也表示赞成，工部局则负责供给他们武器。1891年5月13日，这几个雇佣的马尼拉人开始站岗，他们的出现安定了担惊受怕的人们。这也是"徐家汇天主堂保卫团"的最早雏形。

由于大部分法国海军长期驻扎在黄浦江上，离他们最近的堂口其实是洋泾浜天主堂。因此相当长的一段时间内，驻扎在租界内的法国军队并没有涉足徐家汇。但事情在1900年前后出现了变化，出于对义和团运动的担心，在徐家汇耶稣会神父们的强烈要求下，法国驻上海领事最终同意派遣一支租界法国海军的小分队参与保卫徐家汇，这支小分队被称为"徐家汇天主堂保卫团"。

徐家汇天主堂保卫团主要来自海军部队，他们也是驻法租界的法国军队的一部分。除了天主堂之外，还负责保护圣母院、天文台等设施。徐家汇天主堂保卫团并非常驻徐家汇，只是在"暴动""骚乱"期间从法租界出发来到租界与华界交界的徐家汇地区，保卫这里的天主教设施。这个保卫团虽然是中国主权沦丧的产物，但历史却意外地让天主堂保卫团的士兵与土山湾孤儿院的乐队以及音乐教育联系在一起。

1901年的一天，时驻上海的法国军队号手卡尔雷夫（Carrereff）刚好利用休息时间来土山湾找好友、木工间主任、土生葡人笪光华（José-Maria Damazio）聊天，却因身着号手制服被孤儿们团团围住，盛情难却，卡尔雷夫便答应每周日来教孩子们军训。军训的时候，卡尔雷夫吹响军号，嘹亮的声音在整个土山湾孤儿院响起，从此以后吹军号便成了土山湾男孩子们的梦想。之后，卡尔雷夫把自己做鼓手的同事沙特尔（Sautel）也一起带来帮助土山湾的孩子们踏准步点。军鼓和军号的伴奏正是这些中国的孩子们第一次接触到的"西方音乐"。

1902年7月，卡尔雷夫与沙特尔服役期满离开上海。但是他们却在土山湾孤儿院留下了两个具有历史意义的传统：一个是土山湾孤儿院从此有了体育训练（体育课）的传统。在此之前，孩子们的体育运动只有踢足球，但是他们

文化活动 | 209

帮助土山湾孤儿院建立起了系统的体能训练课程；而另一个则是让土山湾的孩子们迷上了"西方的音乐"，他们很乐意学习西方的音乐，还想成为音乐家。正是由于这一基础，经过一年的筹备，1903年，叶肇昌在土山湾孤儿院正式成立了乐队。在这个乐队里，孩子们接受的是西洋音乐的教育，即使过了几十年说起这些乐器，这些耄耋之年的孤儿们头脑中依然反映出的是乐器的法语名字。

除了乐队之外，1924年前后，由于军阀混战，为保护徐家汇天主堂的周边设施，有一支法国海军部队负责保卫圣母院，在圣母院中，他们特别喜欢中国的孩子们，于是在圣母院的托儿所中每人"负责"一个孩子，这些大多未婚的法国士兵们整天把中国的孩子们抱在手里，而孩子们一点也不怕生，特别喜欢玩弄海军的蓝色领子，把他们当作是"大朋友"。以至于当年11月8日这支法国海军部队休假回国时，孩子们都哭着不愿意离开。

1937年八·一三淞沪抗战期间，来到这里的徐家汇天主堂保卫团同样也尽其所能，一方面协助神父救助涌入的难民，另一方面建筑工事，将徐家汇地区暂时保护下来免受日军侵扰。

1942年法租界的历史走向终结，徐家汇天主教保卫团也成为历史。

中华圣母像

1915年的美国巴拿马世博会上,一幅《中华圣母像》成为亮点,与土山湾同门所出的百塔、牌坊一样成为教育馆的耀眼"明星"。《巴拿马赛会直隶观会》中写道:"(土山湾孤儿院)其美术教授,成绩最优。"但是鲜有人知晓,出自土山湾画馆范殷儒画师之手的这幅《中华圣母像》其最早可追溯到十年之前。

范殷儒所绘作品存世很少,但这幅画则影响很大,甚至有众多版本流传,

文化活动 | 211

可谓名动中外。这幅《中华圣母像》最初其实是一幅外件委托定制。1904年春天,上海南洋公学会的一个职员来到土山湾,要求委托订制一件"家具",他拿出的样本是裕勋龄拍摄的慈禧照片和美国画家卡尔女士绘制的慈禧油画照片,要求以此画中的慈禧坐姿为样式,绘制一幅圣母子慈爱图,并最终制成木质模型的桌屏摆件。他并表示,这是要送到同年在美国举办的圣路易斯世博会上的"中国村"展览的,故希望既快又好地完成订制。土山湾孤儿院院长孔明道神父(Joseph de Lapparent)出面接受了这个订单,并将此转交给了画馆主任刘德斋。经过一番思索,刘德斋从徐家汇藏书楼的藏书中选定法国新古典主义画家安格尔(Jean-Auguste-Dominique Ingres)绘制的《圣体之后圣母》(Vierge à l'hostie),作为新画像中的圣母头部参照;又在徐汇中学图书馆的藏书中找到布拉格的圣婴耶稣像,作为新画像中的圣婴头部参照。毫无意外,这个订单刘德斋交给了他最信任的画馆大师兄范殷儒来绘制。范殷儒按照刘德斋的嘱咐绘制完成后,将样图先交给客户南洋公学会审看,经修改之后即成《圣母皇后》像。样图确定后交给木工间主任葛承亮分配工匠,雕刻成了"圣母皇后"的桌屏,再让金工间主任单蔼宓(Æmiliaus Liger)吩咐工人进行镀金,完工后交货,直送圣路易斯世博会上的"中国村"。

圣路易斯在历史上曾是法国的管辖地,为路易斯安那州的首府,它的名字也是以法国国王路易十五和他的保护人路易九世来命名的,时在18世纪中期。1804年,法国人将路易斯安娜北部转让给了美国,并于1812—1821年间成为美国密苏里领地的首府。1904年举办的圣路易斯世博会,就是为了纪念美国购入路易斯安娜100周年。当时,圣路易斯是美国

根据范殷儒绘《中华圣母像》制作的
刺绣画作,仝冰雪收藏

密苏里州和整个密西西比河谷区人口最多的城市,也是当地工商业和教育文化的中心。圣路易斯世博会的规模在当时为历届世博会之最,共有60个国家参加。中国政府也很关注这届世博会,世博会委员到北京传达邀请时,慈禧太后亲自召见了他,在详细询问了有关世博会的情况后,决定中国政府接受邀请参加此届世博会,任命溥伦贝子领衔负责相关事宜,并担任团长出席圣路易斯世博会。这是中国政府首次以官方形式率领商人出席的世博会,为此在圣路易斯建造了中国馆和中国村,总计花费了170万元。有意思的是,美国女画家凯瑟琳·卡尔绘制的那幅慈禧太后画像,也由外务部饬令总税务司寄圣路易斯参展,会展结束后,这幅画还作为中国政府的礼物,运往华盛顿,美国总统西奥多·罗斯福在白宫举行盛大典礼接受画像,并移交美国国家博物馆收藏。可以想象,正是在此背景下,才有了上海南洋公学会委托土山湾画馆订制《中华圣母像》之举,如果对比一下的话,慈禧太后的画像和桌屏有着太多的血缘关系和相像之处。最后结局自然是功德圆满:上海南洋公学会送展的这具"圣母皇太后桌屏"被世博会颁发赠以特别金色奖牌。据说,之后所有参与制作"圣母皇太后桌屏"的有关人员后来都如愿升了官发了财。

1908年法籍遣使会士雷孟诺神父(P. René Flament)调任直隶北境代牧区东闾(今河北东闾县)天主堂本堂后,觉得堂内原有的由贞女所绘圣母像"人物繁多,不够典雅庄重,不适宜祭台供奉",决定另外绘制一幅。他写信告诉土山湾孤儿院:想要一幅"穿着中国衣服的圣母像"。刘德斋觉得原来那幅"圣母皇后"桌屏底稿完全符合雷孟诺神父的要求,便略作修改,让范殷儒重绘后寄往东闾。这幅圣母子像后来被命名为《东闾圣母》像,在北方流传很广。1924年,又因得到参加第一届主教会议的宗座代表刚恒毅(Celso Costantini)主教的赞扬,并将之命名为《中华圣母像》而声名更隆。这幅画的各个版本先后参加过1915年的旧金山世博会、1925年的梵蒂冈传教区博览会等,在中国和欧美等地都有着广泛的影响,至今在旧金山圣依纳爵堂和梵蒂冈教堂,都还保存着这幅《中华圣母像》。虽然版本众多,但追根寻源,这幅画的母本则来自上海土山湾画馆的范殷儒绘本。

徐利汤南水彩四像

1915年美国巴拿马世博会上,除了今天矗立在土山湾博物馆内的牌坊之外,还有四幅来自土山湾画馆画师的水彩画同样漂洋过海来到旧金山。这四幅水彩画原作,至今仍保存在旧金山大学"友谊图书馆"的阅览室内。1987年6月,时任上海市市长的江泽民专程去旧金山主持"友谊图书馆"开幕,揭幕之前,众人在阅览室门厅逗留很久,望着这四幅来自上海的水彩画,思索良多。

这四幅水彩画像,画中的人物分别是:徐光启、利玛窦、汤若望和南怀仁。除了大名鼎鼎的徐光启和利玛窦之外,汤、南两位也是明清之间来华的老耶稣会士。其中,德国传教士汤若望曾被顺治帝尊为"玛法"(爷爷),汤若望曾在日记中记录顺治帝生前多次咳血之事,引发史学界对顺治帝本就扑朔迷离死因的猜测;而来自比利时的南怀仁也长期担任康熙皇帝的科学老师,曾经在一段长达五个月的时间里,抽空就给皇帝讲授几何学和天文学,还将《几何原本》译成满文,并陪同皇帝出巡,沿途为皇帝观天测地。这四人可以说是明清之间老耶稣会士与中国士大夫进行文化

翁俊才绘利玛窦像

翁俊才绘汤若望像　　　　　　　翁俊才绘徐光启像

交流的代表。这种中西文化交流是在平等的条件下进行的一种双向交流，不仅对中国社会的发展产生十分深刻的影响，而且也促进欧洲人全面认识中国，并留下东西方文化交流的一段佳话。

这四幅水彩画像分别由土山湾的两位画师所绘。根据水彩画右下角的姓名以及 T. S. W.（土山湾）字样，可以判断其中南怀仁像为画馆教师夏升堂（Ou Zeng Tun，疑误写为 Ou Zeng Sun）所作，而徐光启、利玛窦和汤若望像则为画馆另一个教师翁俊才（On Tsing Zé）所绘。

四幅水彩画像各具特色。其中，利玛窦的服装为"西儒"装束，身边为浑天仪，象征利玛窦参与绘制的《坤舆万国全图》，地球仪边则是三角尺和圆规一副，象征其译作《几何原本》。在其身后，还有一架古钢琴，象征利玛窦曾在《中国札记》提到的献给明神宗的"西琴"（manicordio，即击弦古钢琴）。

文化活动 | 215

夏升堂绘南怀仁像

而他身后四副对联中的话以及圣母像，简述了他向明朝万历皇帝进献圣母像的故事及对天主教的意义，身边的书象征其著作等身。

像中的南怀仁则身穿清朝五品（钦天监正）官服，手持望远镜，他身后是地球仪以及他所制造的经纬仪等天文仪器，象征其天文学专业的身份，桌上的圆规和纸张则象征其几何学老师的身份。

汤若望身着清朝服装，但却将清朝的官帽放在一边，象征其生前与刚入关的清朝政权合作，但死前曾被革职。画像中的汤若望在浑天仪边用圆规测算，桌上也放着很多测算用的仪器，象征其曾引进西法。

徐光启则身着明朝官服，身边放着和汤若望同样的浑天仪，象征其曾与汤若望合作编制《崇祯历法》，身后则是和利玛窦像中一样的圣像加对联的样式，象征历史上两人的友谊。徐光启手持手卷，桌上放着笔墨以及书籍，象征其一生著书立学的功绩。值得注意的是，桌上的三本书与利玛窦像中的三本书大小，颜色均相同。而两人的桌子也是颜色接近但款式迥异。

这四幅画作都采用了中国水彩原料，画作的载体是中国画通用的宣纸，装裱形式也是中国画的立式卷轴式样。画作中，都是人物居中，周围放置着浑仪、西琴等道具。画作顶端都有一篇人物小传，是民国时期的重要人物马相伯所撰，书法家夏鼎彝书写，这也是中国画通行的做法。

四幅水彩画创作于1914年前后，于1915年漂洋过海参展巴拿马世博会，原件至今悬挂于旧金山大学"友谊图书馆"，而复制品则悬挂于徐光启纪念馆，纪念历史上曾有的中西文化交流的故事。

徐光启逝世三百周年纪念活动

自1641年徐光启归葬今天徐家汇的墓地之后，徐氏子孙多有祭扫。1903年徐光启逝世270年之际，当时天主教江南教区对徐光启的墓地进行了修葺，以此纪念这位中西文化交流的先驱。

1933年徐光启逝世三百周年的前夕，徐光启的后裔徐宗泽当时正担任天主教官方刊物《圣教杂志》的主编，他于1932年1月和1933年1月，在《圣教杂志》上两次发文，倡议纪念。此事后得到南京教区主教惠济良的支持，"议决于徐子逝世日开一追祷大会，柬请中西政商学界参与典礼"（《〈徐文定公逝世三百年纪念文汇编〉绪言》）。教会方面对

1933年11月24日纪念仪式上发放的宣传图片

徐光启墓再次做了修缮，纪念活动的提议同时也受到当时上海社会各界的支持，一场盛大的纪念活动就此拉开帷幕。

1933年11月24日，是徐光启逝世三百周年纪念日。纪念活动从这日开始正式展开。蒋介石、林森、孔祥熙、宋子文、吴佩孚、徐世昌、蔡元培、于右任、叶恭绰、张元济、张伯苓、唐文治等政界、学界头面人物六十余人寄来题咏，表示敬仰；《申报》《新闻报》《大公报》《东方杂志》《新中华》《科学杂志》等几十家报刊或出专号，或刊论文，以表纪念；黄节、竺可桢、向达、潘光旦、牟润孙、徐景贤等学者撰文从各个方面对徐光启的贡献作了阐述。11

1933年徐光启墓地前的石牌坊

月24日的追祷大会非常隆重，内容也十分丰富。上午8点30分在徐家汇大堂举行追思大礼弥撒，由桑黻翰会长主祭，惠济良主教行大礼追思，神父、修士皆站两旁。法、比两国驻沪领事出席。10点15分，在徐汇大修院开演讲会，参与者仅限司铎与修士，会上由丁宗杰、陈秋棠和张登儒三位修士作了演讲，题目分别是《徐文定与利玛窦》《徐文定公与圣教会》和《大著作家徐文定公》。午后三点，在徐光启墓开追祷大会。在此之前，已对墓地作了整修，并修筑了水泥路。自圣母院经过徐汇大堂，沿天文台路至阁老坟，沿途还搭建牌楼三座，分别位于圣母院桥、天文台路和徐光启墓前。追祷大会的到场人数超过万人，除男、女修院外，主要是徐汇中学、启明女中、类思小学及上海公教各校学生和附近百姓。到会嘉宾有吴铁城市长代表罗参事、上海公安局局长文鸿恩、燕京大学教授刘廷芳等。惠济良主教主持并行追思大礼，董家渡院长张伯大司铎演讲，罗参事致辞。整个纪念活动一直延续到1934年初。

次年，徐宗泽主持编订了《徐文定公逝世三百年纪念文汇编》，收录各类

徐宗泽撰纪念文

徐光启的传记、纪念文章、纪念活动演说词及题咏等，其中收录了四十多件当日收到的政学各界名流的题咏。另有三十多件题咏尚未及收录，这些题咏后被装订成册，现收藏于上海图书馆，包括蒋介石、林森、孔祥熙、宋子文、孙科、张学良、居正、冯玉祥、段祺瑞、柳亚子、蔡元培、于右任、叶

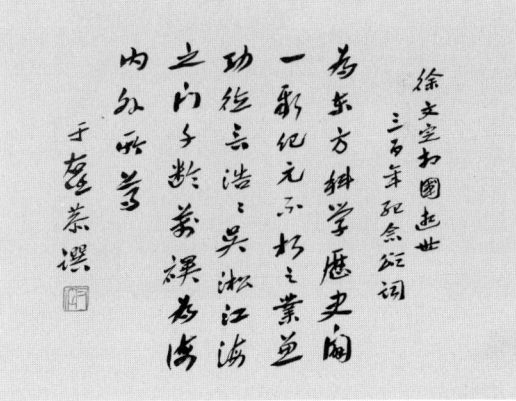

于右任题咏

恭绰、张元济、张伯苓、陈陶遗、唐文治、马相伯等人的手迹，蔡元培作"吾人不能忘徐文定介绍科学之功"，于右任在颂词中称赞徐光启"为东方科学历史开一新纪元"，对徐光启的功绩与贡献作出了高度评价。

上海黄杨木雕

潘国磬修士在指导徐宝庆

黄杨木雕,顾名思义就是一种用黄杨木作为原料进行雕刻的艺术品。黄杨木质地坚韧,表面光洁,纹理细密,硬度适中,色彩黄亮,是理想的雕刻材料,随着年代的推移,颜色也会由浅入深,颇有古朴之美,别具特色。由黄杨木雕刻而成的艺术作品,可与质地光滑、细腻的象牙雕相媲美。

黄杨木雕起源于浙江温州的乐清市,今藏于故宫的元代黄杨木雕《铁拐李》是目前发现的最早的黄杨木雕。作为一门艺术,黄杨木雕最早始于民间元宵节时盛行的"龙灯会"上木雕龙灯装饰的小佛像。至清末发展成为以精细见长的优美工艺品,供人们案头摆设欣赏。受清末文人画的造型风格和线条影响,作品具有刀法纯朴圆润、细密流畅、刻画人物形神兼备、结构虚实相间和诗情画意等特色。内容题材大多表现中国民间神话传说中的人物,如:八仙、寿星、关公、弥勒佛、观音等。至今温州乐清的黄杨木雕依然是支柱产业之一,闻名海内外。

然而当时光进行到20世纪30年代,传统的黄杨木雕逐渐产生了新的分支——上海黄杨木雕,而这个分支则与上海的一个地名有关——土山湾。

早在19世纪中期徐家汇美术学校时期,出身于雕塑世家的范廷佐修士便在学校中设置了雕刻课程,以后即使在范廷佐修士去世之后,该雕塑课程依然被保留下来。学校在并入土山湾孤儿院之后,其雕塑部分因其"在木头上直接雕刻"为特色,被并入木工部称为"雕花间",但因与美术关系密切,故在实际课程中,也会由画馆的老师来上一些与绘画相关的课程。

1933年,来自浙江台州的徐宝庆进入土山湾孤儿院学习,不久之后被分配到木工部的"雕花间"学习雕塑技艺。在他的学徒生涯中,慈云小学校长田中德相公和画馆主任、西班牙籍那彦英相公都使他对西方雕塑有了深刻了解,并逐渐成长为一名兼容中西方雕塑特色的雕塑家。也正是在土山湾,上海黄杨木雕作为一个新的流派初步形成:它是在中国传统黄杨雕刻技法的基础上,吸取西洋雕塑的解剖、比例、结构等创作手法而形成的一种雕刻艺术形式,具有中西融合、题材广泛、富于创新、灵活多变、写实性强等艺术特点,在各种雕刻艺术中可谓独树一帜,别具一格,体现了海派艺术特有的气质。

土山湾黄杨木雕打麻将——日本天理大学参考馆收藏

1949年新中国成立后，徐宝庆离开土山湾，1964年，轻工业部授予徐宝庆"雕刻工艺师"称号的同时，也标志着源自徐家汇土山湾地区的上海黄杨木雕作为一个独立分支，正式获得认可。

与传统的黄杨木雕相比，上海黄杨木雕具有如下几个特色：

1）技法上追求严谨的写实。这也是与传统黄杨木雕相比的最大特色，也是西方雕塑技法在上海黄杨木雕上的具体表现之一。

2）创作题材上更注重现代题材，更注重其中的故事性。与传统黄杨木雕以神话传说人像为主要特色不同，上海黄杨木雕题材广泛，尤其喜欢将生活中的小朋友、琐事作为材料，通过静态的雕塑讲述一个个充满情趣的小故事，这种"以静说动"的技法也起源于西方宗教艺术。

3）用材上极力扩张材料的体积感。与乐清的黄杨木雕不同，上海的黄杨木雕因其只使用整块的木料进行雕刻（这也是土山湾雕花间最引以为豪的特色），拒绝拼接、组装等常用的大型作品制作手法，所以其作品只能以小件为

主。但由于其在雕塑时努力扩张体积感，上海的黄杨木雕在单体拍摄时，会给人以大件的错觉，这也是西方雕塑中常用的技法之一。

早在20世纪40年代末，徐宝庆就已在土山湾的工作室收徒。1960年，上海市工艺美术学校正式揭牌，次年便开设黄杨木雕专业班，徐宝庆和林翊是当时黄杨木雕班的专业老师。之后的1971年，上海工艺美术厂又开办了黄杨木雕培训班。如今，木雕班的学生遍布全国各地，即使有人转学雕塑或是其他艺术门类，上海黄杨木雕的技法依然在他们的作品中得到了融会贯通，一脉

相承的技艺清晰可见。黄杨木雕班的严格训练，培养了一大批后来成为大师的雕刻人才。

2008年，"上海黄杨木雕"被作为补充名录入选第一批国家级非物质文化遗产名录，项目保护地为上海市徐汇区。如今，黄杨木雕已在徐汇扎下根来，项目保护单位长桥街道在其文化中心内常年开设木雕培训班，目前除了徐宝庆的弟子侯志飞、陈华明之外，近年来还涌现了常俊杰、吴贵等新一代黄杨木雕传承人。

2015年，上海黄杨木雕在土山湾博物馆举办了与浙江乐清黄杨木雕的交流展，展览期间，两地的黄杨木雕传承人还进行了交流。2016年，浙江乐清黄杨木雕大师高公博在上海黄杨木雕的诞生地举办个人黄杨木雕作品展。伴随着更多的交流，诞生于上海徐汇土山湾的上海黄杨木雕，将更好地走向全国，走向世界。

《义勇军进行曲》

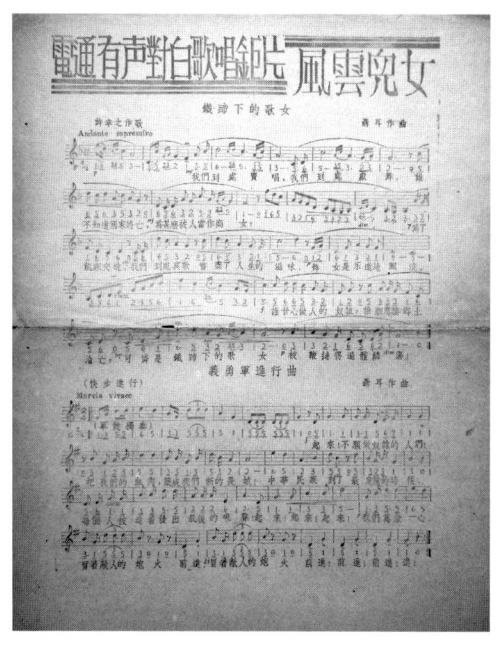

音乐是一门特殊的艺术形式。五线律动的音符打破了语言的隔阂、国族的边界。音乐又具有鲜明的个性,是不同国家、不同民族历史与文化凝聚的瑰宝。20世纪30年代起,以《义勇军进行曲》为代表的一系列优秀音乐作品,是在风起云涌的时代浪潮下,用旋律书写的史诗长卷。

《义勇军进行曲》诞生于九一八事变后的上海,是1935年的电影《风云儿女》的主题曲,由田汉作词、聂耳作曲。聂耳是我国著名音乐家,是继黄自用音乐开创抗日歌曲先河后最重要的创作者之一。他充分运用电影戏剧,进一步扩大了其中抗日歌曲的感染力与传播力,他所创作的《毕业歌》(电影《桃李劫》主题曲)、《前进歌》(独幕歌剧《扬子江暴风雨》)、《自卫歌》《义勇军进行曲》(电影《风云儿女》,田汉作词)等塑造了一系列鲜明的音乐形象,为动员四万万同胞奋起抗战作出了伟大贡献。在日本帝国主义加紧侵略中国,中华民族到了生死存亡的紧急关头,《义勇军进行曲》以铿锵有力的词句伴着雄壮激昂的旋律,唱出了中国人民反帝爱国的强烈心声,激励着中华儿女挺起脊梁、以血肉之躯

《义勇军进行曲》二版唱片金属模板

筑起拯救民族危亡的钢铁长城。

1935年5月9日，时任上海百代唱片公司音乐部主任的任光在今天徐家汇百代小楼的录音棚内，为电通公司七人合唱队（郑君里、顾梦鹤、司徒慧敏、施超、袁牧之、盛家伦、金山）演唱的《义勇军进行曲》灌制唱片。唱片上的录音后被转录到影片《风云儿女》的胶片上。同年5月24日，《风云儿女》在金城大戏院首映，同年7月，首版《义勇军进行曲》唱片由百代唱片公司出版。

歌曲一经问世，就在大江南北、长城内外广为传唱，并在世界很多国家传播。同时，《义勇军进行曲》的诞生也拉开了上海抗日救亡歌咏运动的序幕，任光、吕骥等一大批优秀的中国左翼音乐家纷纷创作出《打回老家去》《新编九一八小调》等抗日歌曲，1935年一二九运动将这场用旋律作为炮火的民族救亡运动推向了新的高潮，逐渐形成凡有群众性集会，必唱抗日救亡歌曲的时尚与传统。

1939年9月，百代唱片公司将当时销路较好的唱片模板运到英国统治下的印度，继续在加尔各答压制生产。这批唱片模板包含大量的抗战救亡歌曲，《义勇军进行曲》就是其中之一。再版《义勇军进行曲》的唱片，唱片片芯与第一版原版唱片保持一致，只是字体大小略有不同，且下方用英文注明印度制造。

《义勇军进行曲》第三版唱片名为《起来》,1941年灌录出版于纽约,由美国黑人歌唱家保罗·罗伯逊用中英文两种语言演唱。保罗·罗伯逊是美国著名的黑人歌唱家、社会活动家。保罗·罗伯逊虽远在美国,但始终关注日本对中国的侵略,并在不同场合公开声讨日本的侵华战争,同情和支持中国抗日斗争。

1935年百代灌制的《义勇军进行曲》初版唱片

1949年9月21日,中国人民政治协商会议第一届全体会议召开,会议于9月27日通过《关于中华人民共和国国都、纪年、国歌、国旗的决议》,规定在

聂耳作曲《义勇军进行曲》手稿

中华人民共和国的国歌未正式确定前，以《义勇军进行曲》为国歌。

1978年3月5日，第五届全国人民代表大会第一次会议在北京举行。会议决定国歌曲子仍然采用聂耳谱写的原曲，而歌词由集体重新填写。1982年11月26日至12月10日，第五届全国人民代表大会第五次会议在北京举行。会议通过了《关于中华人民共和国国歌的决议》，决定恢复国歌原词。

2004年3月14日，第十届全国人民代表大会第二次会议通过了《中华人民共和国宪法修正案》，正式将《义勇军进行曲》作为国歌写入宪法。

胜迹寻踪

徐光启墓

徐光启墓，位于今南丹路17号光启公园内，占地面积约18亩。1641年，徐光启在此落葬。1959年，徐光启墓被上海市人民委员会公布为上海市文物保护单位。1988年，徐光启墓被国务院公布为全国重点文物保护单位。

徐光启字子先，号玄扈。上海人，明末进士，天主教徒，教名保禄。官至太子太保、礼部尚书兼文渊阁大学士。在数学、天文、历法和农业等领域都作出了重大贡献，是我国近代科学的先驱，也是中西文化交流的先驱之一。他所著的《农政全书》是中国古典农业科学史上的一部总结性巨著。另有译著《几何原本》《崇祯历书》《测量法义》等十余部。

徐光启墓共有五个墓室，分葬十一具棺椁，葬着徐光启及夫人吴氏和尔觉、尔爵、尔斗、尔默四孙夫妇。墓区既有传统中式墓葬的牌坊、墓道，又有

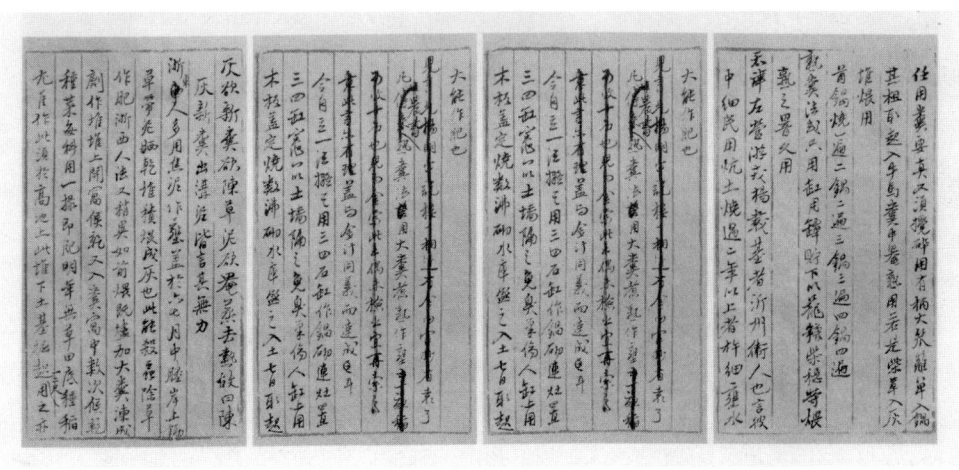

《农政全书》手稿

1930年代的徐光启墓

拉丁碑文、十字架表明他天主教徒身份。墓道上的石牌坊为四柱三楼冲天式,浮雕装饰多为仙鹤、云朵,正中匾额曰"文武元勋",两侧有石翁仲、石马、石虎、石羊各一对。墓地为椭圆形封土堆,墓碑上有著名数学家苏步青手书的"明徐光启墓"五个大字,前方竖立着高达5米的十字架,横刻"十字圣架,

1930年代徐光启墓航拍

1933年纪念徐光启逝世300周年活动场景

百世瞻依"。清光绪二十九年（1903），江南天主教会为纪念徐光启入教300周年及逝世270周年，对光启墓地进行了重新修葺。1933年徐光启逝世300周年时，上海举行了隆重的纪念活动，有六十余位各方面的头面人物为纪念活动题了词，事后并出版了《徐文定公逝世三百年纪念文汇编》。在此之前，上海方面已对墓地作了整修，并修筑了水泥路；自圣母院经过徐汇大堂，沿天文台路至阁老坟，沿途还搭建牌楼三座，分别位于圣母院桥、天文台路和徐光启墓前。追祷大会的到场人数超过万人，除男、女修院外，主要是徐汇中学、启明女中、类思小学及上海公教各校学生和附近百姓。这是当时为止规模最大，影响也最为深远的徐光启纪念活动。

20世纪中期，徐光启十二世孙徐海林先生将徐光启墓和祠堂交给国家管理。1957年，上海市文化局修复了徐光启墓。2003年，有关部门按照清光绪二十九年墓地规制还原徐光启墓地。墓地南面依次有华表、小桥流水、牌坊、神道、石人、石像等。恢复高达5米的十字架上横刻着"十字圣架，百世瞻依"八字。在光启公园正门巨大的勒石上雕刻有徐光启的头像。2007年，徐

修复后的徐光启墓前牌坊

汇区文化局比照原文,重新复刻了在抗日战争期间不幸遗失的由天主教耶稣会潘国光神父撰写并刻在十字架基座上的拉丁碑文,这段碑文的中文译文为"徐公保禄,中国文宗,弼辅天子,弁冕臣工;笃信圣道,坚守至终,宣教播化,百世褒崇;嗟我小会,痛失良从,作此片铭,永纪丰功"。

徐光启纪念馆利用徐光启墓区和明代建筑"南春华堂"组建而成,2005年1月正式对外开放。陈列室展览内容分世界眼光、科学精神、爱国情怀、高尚情操四个部分。展示了徐光启画像、家书手稿、农业试验"手札"、明刻本《农政全书》、清刻本《几何原本》、最早传入中国的世界地图——《坤舆万国全图》,以及现藏于美国旧金山大学的上海土山湾画馆所作之徐光启、利玛窦、汤若望、南怀仁四幅人物水彩画像复制品等一大批珍贵资料。

徐家汇赵巷

北宋年间，金兵频频入侵中原。北宋亡，宋皇室家族纷纷南渡。南宋灭后，赵氏皇室后裔散居江南。至明代，有一支脉迁居浦东三林塘。清顺治年间，又有"赵老太太祖荣"从浦东三林塘"始迁到浦西徐家汇东首肇嘉浜水南上海县二十七保四图羊字圩二百五十二号阳宅基地，计三亩有零并建造房屋一所"。这就是徐家汇赵巷的源头。今赵巷主要范围为辛耕路以北至肇家浜路，西至天钥桥路，东至宛平南路。

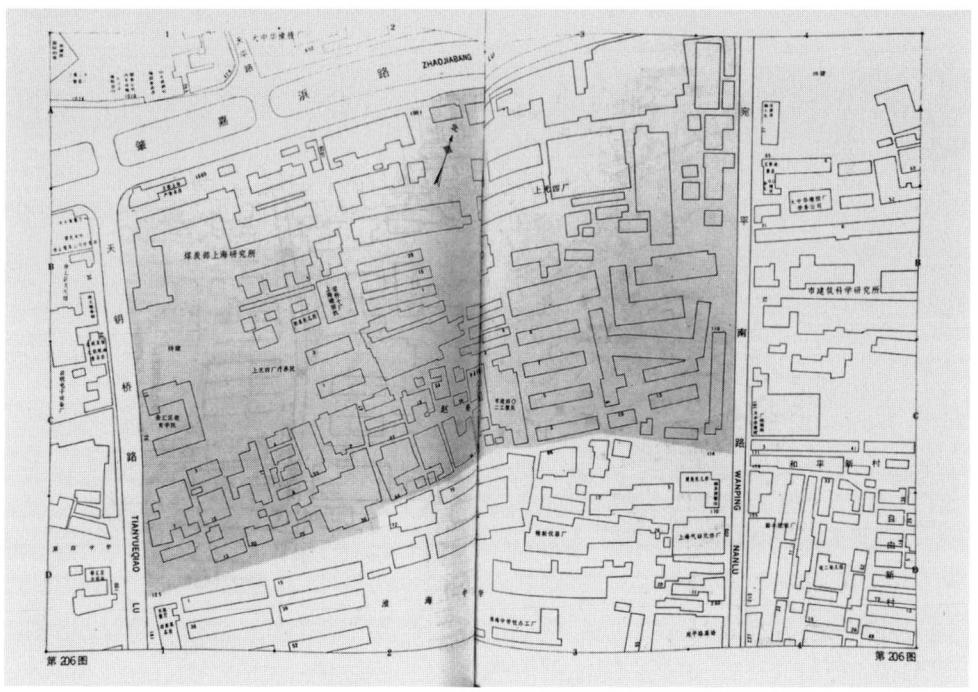

20世纪80年代地图上的赵巷（红色部分）（1）

也许这里土地肥沃，水草丰茂，此后这脉赵氏就在这块土地上以农为业，生活繁衍，生生不息。至宪章生三子荣发、荣德、荣庆三弟兄，各自建房自立门户后，逐渐组成了后来以7号、5号（大房）、10号（二房）、18号、19号乙（三房）为主体的赵氏群落。后来本地籍潘姓、侯姓也迁来赵巷定居，就此赵巷形成以赵氏为首的三个主要居住群落。

赵巷之赵姓，自清顺治年间至20世纪90年代，历时三百余年，已繁衍集聚百来号人。在这漫漫的三个多世纪，这里的赵姓仍保留着浦东三林塘地区的乡音。他们长期以农耕为生，自给自足；他们信奉佛教，勤劳节俭；不论贫富，都友好相待；对于公益事业，均乐善好施。

太平军进军上海时，这里就热情接待过他们，赵氏老宅特别是7号后面一长排房子里住满了太平军战士。10号二房的赵芷塘因初通文字，被太平军请去做军中管理，记录粮草军饷的工作，后随太平军北征，病死于潼关，年仅25岁。

民国初期，近代工业在徐家汇地区兴起，诸如五洲固本肥皂厂、大中华橡

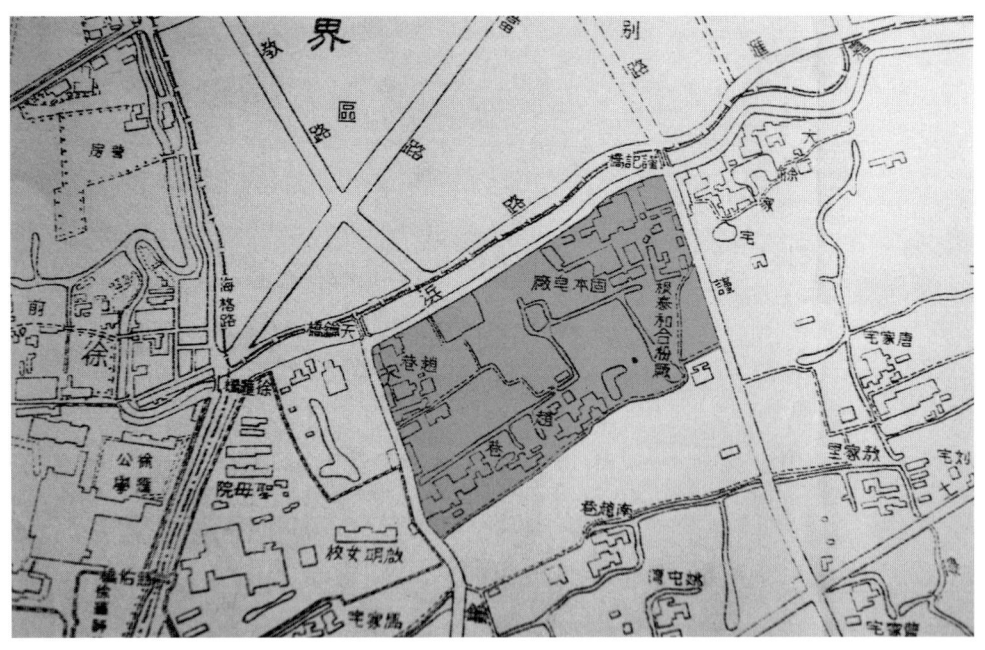

1949年前地图上的赵巷位置（红色部分）

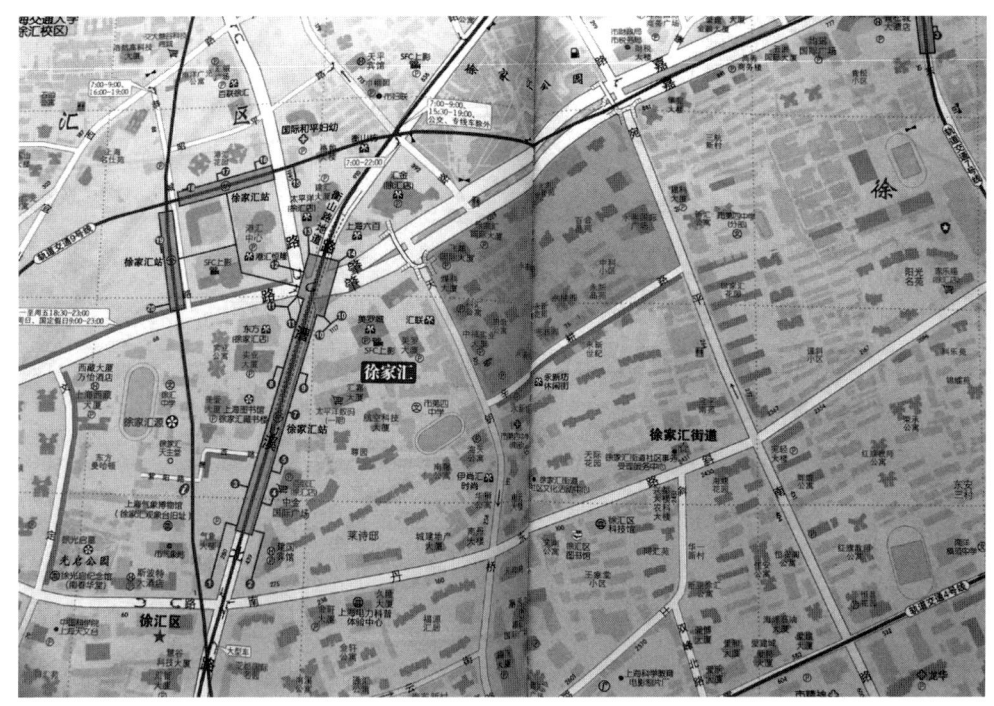

今日地图上的赵巷（红色部分）

胶厂、百代公司、可的牛奶公司、瀛洲织造厂、美亚织布厂，还有造纸厂、味精厂等纷纷在徐家汇肇嘉浜两岸建立起来。赵巷中人不少成为徐家汇地区的第一代产业工人，这里的人们在逐渐觉醒。在民族矛盾深重、面临国破家亡的时刻，坐落在徐家汇肇嘉浜浜南、位于赵巷东北角五洲固本肥皂厂的老板项松茂（他时任赵巷的保长），组织工友奋起抗日，是我国抗战中第一个被日本鬼子残杀的爱国实业家。

徐家汇赵巷是红色种子的生长繁茂之地，革命的星星之火，在这里燃烧起熊熊火焰。从20世纪20年代至1949年上海解放，党在这方热土开展了惊心动魄的红色文化活动。有15位革命者（其中10位是中共党员）曾在这里生活和战斗。这中间有两航起义的主要策划者、著名古琴大师查阜西，有1928年入党的社会活动家、抗日救亡运动负责人之一柳湜，有1932年入党的革命女作家关露，有引发"新生事件"的《闲话皇帝》作者、后为中共上海组织市文委委员的艾寒松，有上海中共组织徐龙区委徐家汇分区委委员、在上海新中国

今日徐汇区辛耕路（原赵巷地块）

成立前夕英勇牺牲的穆汉祥……更有出生和生活在这里，后接受革命思想教育走上红色征途的徐鸿、刘大明（赵子诚）、赵子云、赵敬耕（赵金根）、赵金秀、赵维龙、赵维南、赵钰龙等。他们中有的千辛万苦长途跋涉，奔赴革命圣地延安（徐鸿）；有的越过日寇重重封锁线，将文化火种带上太行山（刘大明）；有的在地下交通员护送下，在苏北革命根据地浴血奋战（赵敬耕、赵金秀）；有的在原地坚持革命斗争，直到迎接上海解放（赵子云、赵维龙、赵维南、赵钰龙等）。而因革命在赵巷喜结良缘的有查阜西与徐问铮、柳湜与徐鸿、艾寒松与赵金秀。解放战争期间，7号的"密室"和5号"木行"曾是中共组织市文委艾寒松的秘密活动据点、掩护场所和进步刊物地下编辑部，梅益、陈其襄、郑振铎、唐守愚、丁之翔、周建人、王蕴如等文化名人也曾在这里活动过；19号的"小阁楼"及屋后"水下暗堤"又是穆汉祥、赵维龙等交大民众夜校支部秘密活动、编印《民众报》场所及危急时撤退的秘密通道。

赵巷这片红色文化土壤时间之长、人员之多、事迹之丰、足迹之广，实为党的隐蔽战线所罕见。从一个侧面生动反映了党的革命火种从播种到传承、从扩大到收获的艰巨又辉煌的历程!

20世纪中叶起,上海人口剧增,城区扩大。原是市郊结合部的赵巷小村成为市区的一条弄堂。这里粉墙黛瓦、自然村落、水乡环境渐渐消失,代之而起的是搭建成风,居室隔小,农作园地越来越少。1993年因城市配套建设,越巷西段含赵姓之5号、7号、10号和18号首批动迁;1999年,19号乙之赵姓也随赵巷整弄动迁了。从此赵巷地名在徐家汇版图上消逝。这里的赵姓居民搬迁到三江路、康健新村及南站附近等处。

动迁后的原赵巷地块借助徐家汇城市副中心的腾飞和辐射,现代化高层商品房拔地而起,街面网红店铺鳞次栉比,原赵巷的那条弯弯曲曲的小弄也被拓宽改名为辛耕路,实现了从民国时期的乡村、新中国成立后的旧式里弄到如今网红打卡之地和高档住宅区的华丽转身。这是时代的进步,历史的必然。当年在此奋斗过或从这里走向革命的先辈们若获知当年赵巷这方热土今天所发生的翻天覆地的巨变,也一定会倍感欣慰。

徐家汇藏书楼

在徐家汇教堂的东北侧,两座现代化的商务大楼夹着一幢红瓦白墙的西洋老建筑。建筑的西南部分为四层坡顶,东北部为两层小楼。每天行色匆匆的都市客们,很多可能未曾注意到这座建筑:徐家汇藏书楼(Bibliotheca Zi-Ka-Wei),它是上海最早的近代图书馆。无论在上海近代史上,还是在今天,这座藏书楼都是盛名在外的。

1847年,耶稣会神父梅德尔(Matharin le Maitre)在上海寻求新的活动基地,最后选中徐家汇地区,一是因为此地有徐光启坟茔及奉教的徐氏后人,有一定的宗教基础;二是徐家汇靠近法租界,能够获得当时持有天主教在华保教权的法国政府的支持。

购得地皮后,由西班牙籍耶稣会修士范廷佐(Joannes Ferrer)设计,建成耶稣会教堂、会院、修士居所等。此后经过五十多年的经营,徐家汇地区拥有由教会主持的天文台、博物院、藏书楼、孤儿院、学校、教堂等科学、文化、教育事业,成为上海天主教活动的一大中心。在徐家汇地区众多的教会建

筑中,号称"远东第一堂"的徐家汇天主教堂是最为抢眼夺目的。而位于教堂东北侧的耶稣会住院与藏书楼,其建筑虽不起眼,却是当时耶稣会活动的一个中心。

1847年,徐家汇地区的小教堂、耶稣会会院落成后,耶稣会士将原藏于青浦的各类藏书数百册转移至会院的"修士室"内,是为徐家汇藏书楼之肇始。随着耶稣会在徐家汇地区的发展,藏书楼的建筑历经数次翻修,由平房而楼房,至1897年,形成西楼为四层的耶稣会会院,东楼为二层大书房(图书馆)的格局。

其中的耶稣会会院,在1931年经过较大改造,设有松木百叶门窗。朝南的小房间设有烟道与壁炉,为耶稣会士们住宿之所。朝东的大房间连通配有雕花铁栏杆的外阳台,为集体活动、办公场所。

大书房为贮藏图书及阅览所在,两层楼分别收藏中文、西文图书,其结构迥然不同,反映了耶稣会这个修会的文化素养与品味。

底层为中文书库,整个空间分割成北部一条大走廊与南部六间小隔间的格局,以"天一生水,地六成之"的隐喻来辟火。环墙而立的木质书架施以紫红

1949年的徐家汇藏书楼大书房

广漆，每架十二格，上九下三，下部较宽，以放置报纸。每个书架的第一格搁板处有铁杆相连，以挂靠带钩的竹梯取书。室内有数张书桌，还有抄写台、装订修补工作台等设施。

二层为西文书库，采取的则是传统欧式图书室的设计，同样顶天立地的十二格书架，在书架半腰处有木制栏杆围起形成上部走道，走道以铁制撑架加固，由三架扶梯可登上上部走道取书。书架与走道将整个空间隔成回廊状，回廊中有数张阅览台与座椅。

此外，在耶稣会会院内的休息室，也可以阅览当期的报纸、杂志及图书。

由于当时的徐家汇藏书楼并非对外开放的图书馆，也未公开挂牌，所以当时人们对其称呼未完全统一，也有人将同属天主教会的其他徐家汇地区存在过的其他设施的图书馆（如神学院图书馆、徐汇公学图书馆、天文台图书馆、土山湾孤儿院图书馆等）误认为也是徐家汇藏书楼的一部分。

从南格禄起，历代耶稣会上海教区负责人均十分重视徐家汇藏书楼的建设，南格禄即规定凡耶稣会士均有义务为藏书楼收集和贡献藏书。在1874年前，藏书楼的事务不设专人负责，而由资深会士兼职管理；1874年起，设立藏书楼主管神父一职，改为专人负责。截至1875年为止，徐家汇藏书楼的负责人均为外籍人士，其中，意大利籍耶稣会士晁德莅（Angelo Zottoli）、法国耶稣会士费赖之（Louis Pfister）、夏鸣雷（Henri Havret）三位建树最多。晁德莅是徐汇公学的创始人，长期担任公学校长，将欧洲古典语言教育引入公学，同时致力于中国古典文化的西传，编写了拉丁文的《中国文献讲义》，收录各类基础中文古典文献。在扩充藏书楼的西文古典藏书资源上，晁德莅颇

今日徐家汇藏书楼外景照

有贡献。夏鸣雷主持藏书楼时间不长，但由于他同时在神学院教授哲学与神学，并主编汉学刊物《汉学杂编》，所以在收集相关图书上贡献不少。费赖之所著的《在华耶稣会士传略与书目提要》是大家所熟悉的名著，正是在利用徐家汇藏书楼的文献资源基础上所完成的。此外，费氏还有不少关于在华耶稣会传教士的历史、信札的研究，可以说，在这一时期，徐家汇藏书楼的馆藏资源已经成为一笔珍贵的宝藏，而费氏则是以历史学者的眼光来发掘这座宝库的第一人。

此时虽然藏书楼的负责人均为外籍，但中国籍的耶稣会士如马相伯、李问渔等也参与其事，为徐家汇藏书楼的发展壮大作出了自己的贡献。从1876年起，包括张若虞、张渔珊等9位中国籍神父出任藏书楼主管，其中任职时间最长、最有影响力的就是徐光启的十二世孙——徐宗泽。

徐宗泽字润农，教名若瑟，1886年出生。他自幼接受传统儒家教育，参加过童试，后入徐汇公学读书。21岁加入耶稣会，先后在法国、加拿大、英

今日徐家汇藏书楼之内景

国等处留学，获哲学和神学博士学位。1921年回国后，先在南汇县实习传教工作，两年后回到徐家汇，先后在徐汇公学、徐家汇藏书楼任职，并主编《圣教杂志》，直至1947年去世。除了大家耳熟能详的《明清间耶稣会士译著提要》《中国天主教传教史概论》外，还有神学、哲学、社会时政、历史等方面著作二十余种。在徐家汇藏书楼主管一职任上，徐宗泽可谓是呕心沥血、鞠躬尽瘁。在藏书建设上，一方面，着重于各类方志文献的收集，这批有2 700余种三万多卷规模的方志文献，在当时可谓是独步海内。同时，与耶稣会在华活动相关的各类中文文献的收藏建设与文献研究是徐宗泽关注的另一领域，徐氏本人发掘、整理《名理探》的故事至今为学界所熟，但从当时的记录来看，这不过是徐宗泽本人经手的大量类似工作之一。当时去欧洲游学的教内人士，大多与徐家汇藏书楼，与徐宗泽保持有通信关系，如张伯达、高思谦等均曾受托，或主动在欧洲各地为徐家汇藏书楼收罗、查阅各类与来华耶稣会士活动相关的文献。此外，徐宗泽也注重西文文献的建设，在二战刚刚结束的1946年，就从欧洲收购了大批流散的神学、哲学书籍回国。藏书楼使用规定的松动，也是在徐宗泽上任不久后完成的。胡道静等中国学者都曾在徐宗泽的支持下，得以进入徐家汇藏书楼查阅文献。将徐家汇藏书楼从一所教会图书馆变成现代化图书馆，是徐宗泽一直孜孜不倦致力的又一目标，然而这一目标由于教会方面的反对，始终未能完全实现。1947年，徐宗泽患疟疾（一说伤寒）去世。

徐家汇藏书楼主要针对耶稣会本会人士开放，1920年后，变通为凡教会内人士或有教会内人士介绍、担保之人，经藏书楼主管神父认可后均可入内阅览。如戈公振就经马相伯引荐，在藏书楼内为撰写《中国报学史》查阅资料。

经过历任负责人近百年的藏书建设，截至1947年，徐家汇藏书楼形成了中文图书12万册、西文图书9万余册的馆藏规模。在中文藏书中，除了前文述及的明末清初的耶稣会士与中国教徒的著作最为抢眼，在明清天主教中文文献的收藏上，堪与梵蒂冈图书馆、法国国家图书馆东方部鼎足而三。

1956年，徐家汇藏书楼并入上海图书馆，成为上海图书馆的一个组成部分。藏书楼的建筑本身成为市级文物保护建筑。经过60年的建设，目前徐家汇藏书楼收藏有外文文献五十余万册，包括七十多种外文报纸。而像原东亚同文书院收藏在内的8万多册日文书刊，原尚贤堂、亚洲文会等机构收藏的各类汉学书刊，原工部局图书馆的馆藏等均各有特色，为学界所重视。

2002年，针对年久失修及图书保管条件不甚理想的状况，上海图书馆启动徐家汇藏书楼的大修，近一年的时间里，按照修旧如旧的原则，在保留藏书楼大书房历史风貌的同时，针对房屋的沉降、开裂等问题进行了补强，并完成了书库的现代化改装，增加了现代化的温度、湿度控制手段。

徐家汇藏书楼作为上海图书馆的组成部分，从2003年起，凡是持上海图书馆有效的参考阅览证件的读者均可在藏书楼内查阅文献。2010年，徐家汇藏书楼有幸入藏了瑞典藏书家罗闻达（Bjorn Lowendahl）收藏的1 500多种西文汉学书籍，其中包括2种3册摇篮本图书，为藏书楼又添一笔珍贵馆藏。2015年，上海图书馆成立了"中西文化交流研究资料中心"，进一步加大对馆藏文献的揭示、开放与利用，以便捷社会各界的需要。

今天在徐家汇藏书楼开放阅览的，是各类外文文献。原耶稣会时代收藏的外文文献，以欧洲语言为主，涉及拉丁文、古希腊文、法文、英文、德文等共十余种文字；分为《圣经》学、教父学、天主教会法典、礼仪、历史、汉学、语言、自然科学等37大类。其中有1800年前出版的西文珍本图书2 000余种。这其中既有最早的较完整的《论语》拉丁文译本这样的早期"东学西传"的稀世精品，也有《大中华帝国史》（Dell' Historia della Chine）、《中华帝国志》（Relacao da Grande Monarquia da China）等经典汉学著作。而像高龙鞶（Augustinus M. Colombel）的《江南传教史》（Mission du Kiang-nan）手稿、南怀仁（Ferdinand Verbiest）运用西方近代科技绘制的《坤舆全图》等则堪称海内孤本。

今日徐家汇藏书楼作为公共图书馆，每年接待数千位海内外学者的情景，想来是实现了徐宗泽生前的愿望：将徐家汇藏书楼变为一座能为公众广泛利用的现代化图书馆。

徐汇公学

徐汇公学，初名圣依纳爵公学，1849年由法国耶稣会会长南格禄筹建，1850年正式创办后，由法籍耶稣会士晁德莅担任主事，校址在今漕溪北路徐镇路，是上海最早的新式教会学校。

徐汇公学创办之初衷，是为了收容难民子弟。1849年，江南水灾，各地难民涌至上海，露宿街头，处境堪怜。徐家汇的天主教友以及许多教外难民纷纷恳请司铎收养、抚育他们的孩子。于是传教士设法收容难民子弟，"若是者

20世纪30年代徐汇中学大门

20世纪30年代徐汇中学校门远景

得十二人云",施以教育,于1850年正式建校,命名为圣依纳爵公学。

初创时,学舍仅茅屋数间,学生12名。此后学生人数逐年增多,1851年,学生增至31人,教员4员,马相伯即为此年入学,第二年,即1852年,其弟马建忠也入校学习,年仅7岁。这些学生中,既有教内子弟,也有教外子弟,多为贫寒家庭出身,自上海、松江、川沙、崇明、海门、苏州、常熟、江阴、丹阳等地而来。据对1853—1873年徐汇公学圣母会149名会员的年龄统计,这些学生入校的年龄多在14岁至19岁之间。至1875年,徐汇公学的学生已累计达600名,这些学生大部分后来成为神职人员,主要在江南教区从事传教事业。

学生的增多,使得徐汇公学原有的校舍规模不堪容纳。于是,在1878年增建了一幢三层西式大楼,之后又加高一层。1880年,建西校舍二层。1905年,学校在校舍西侧开辟了一个广场,供学生锻炼,即公学大操场。1918年又建成一幢四层楼新校舍。

徐汇公学初创时以学国文为主，兼学数学等其他课程。1900年始课程作较大更动，除国文外，将法文及数学、物理、史地等加入。1904年，学生可在英、法两文中选择一种来学习其他课程，即接受外语授课。

在课程的设置上，徐汇公学有自己所编的课本，被称为"汇学课本"或"汇学读本"，涵盖各个学科，如国文有《古文拾级》；世界历史方面，有翟彬甫司铎原著、李问渔重译的《通史辑览》，和徐汇公学印行的《世界历史课本》；自然科学方面，编有天文、物理、数学、化学、生物、地质诸科课本，如《透视学撮要》《地理撮要》；哲学宗教方面，编有《辩护真教课本》《天主实义》《修身西学》《圣教鉴略》《明末清初灌输西学之伟人》等；外语方面，英文有《英文捷诀》（1899年版）、《分类英语》（1905年版）；法文有《法文初范》（土山湾印书馆1909年版）等；拉丁文有《拉丁文入门》《汇学辣丁读本》（1927年版）等；音乐课有《徐汇公学音乐课本》《风琴小谱》《徐汇公学唱歌集》等。

1880年建造的徐汇公学校舍

1930年徐汇公学学生足球队合影

在学校管理上，徐汇公学分上、中、下三个院，上院是指教徒的住宿生院，中院是非教徒的住宿生院，下院则是走读生院。上院的学生都是优等生，作为将来的传教士而培养的，所以"上院"又叫作经学院，学生不但要学习中文、法文，还要学习拉丁文，马相伯、沈容斋、沈礼门、李问渔等均是徐汇公学上院的毕业生。

徐汇公学是当时最早实行西洋音乐教育的学校之一。1860年，兰廷玉神父建议在徐汇公学设立一个演出班，随即派人从法国购买铜鼓、洋号等乐器，成立汇学西洋乐队，由兰廷玉神父教导学生。1864年11月22日圣女则济利亚瞻礼，汇学乐队在洋泾浜天主堂演奏《晨曲》，引起轰动。至1889年，西洋音乐教育已成为徐汇公学之特色教育，1891年又开设汇学特有的"游艺演剧会"，亦为当时最早有音乐话剧演出的学校之一。据1914年出版的朱双云《新剧史》记载，1902年徐汇公学演出了法语五幕剧《脱难记》，系根据法国大革命历史编演。

徐汇公学不仅重视学生的德行和智识教育，亦重视体育教育，法语教员松晚青擅长足球，以球艺教导学生，开创了学校足球运动之风，并于1902年前后组建了徐汇公学足球队。当时沪上球队寥寥无几，徐汇公学足球队无同年龄段的对手，只能年年与南洋公学等大学足球队比赛。1925年，徐汇中学足球队首次参加"上海中华足球会"乙组联赛，获该组冠军，后与暨南大学决赛而荣获冠军。当时很多知名的足球健儿都出自徐汇公学足球队，如饶惠生、郑海泉、董世祚、杨祖藩等。除足球外，学校的羽毛球、游泳等常规运动也应有尽有，就连网球、竞走、自行车、国际象棋等当时比较稀见的一些运动项目，它也开展得有声有色。徐汇公学当年的大操场曾为很多局促于都市一隅的学校羡慕不已。

1931年，教会向中国政府教育部门办理立案登记，易名徐汇中学。并依教育部颁布的学制规定，将原中学四年制改为初、高中三三制。张家树神父任徐汇中学第一任校长。

1937年淞沪会战，各地避乱难民纷纷涌至租界，或迁居，或投奔难民收容所，不下数十万。徐家汇天主教会遂组织难民收容所多处，广为救济，包括徐汇中学，亦辟出部分校舍，收容难民。8月18日，即开战后第四天，徐汇中学难民已在四百人以上，8月25日夜，竟收至千人以上，徐汇中学几尽为难民所挤满。

1945年，日军为预防空袭，要求占用徐汇中学的校舍，包括厨房、浴室、教师办公室、校工宿舍。为了保证师生的人身安全，徐汇中学迅速迁校，全校师生在很短的时间几乎清空了学校所有设施，如书架、椅子、方桌、窗帘、试验台，甚至将大礼堂的台阶也拆走，以此反抗日军的横暴征用。

1949年上海解放后，实行学校教育和宗教分离的政策，1951年，人民政府接收徐汇中学，委派震旦大学杨士达担任校长，1953年6月改为市立，并开始招收女生。20世纪90年代后，因徐家汇改建工程，学校布局有所改变，改校址为虹桥路68号。海峡对岸，现仍有由校友创建的台湾徐汇中学。

徐汇公学培养了众多优秀人才，如马相伯、李问渔、蒋邑虚、徐宗泽、沈礼门、沈容斋、潘谷声等，这些人毕业后亦在徐汇公学担任教员，培养更多的杰出士子，如地质学家翁文灏、著名翻译家傅雷等。就教育体制和学科设置而言，徐汇公学的创立在上海近代教育史上是一个光辉的里程碑。

徐家汇的桥

作为江南水乡的一部分,徐家汇地区曾是河网密布,其中徐家汇的"汇"字便是指肇嘉浜与法华浜这两条河流的交汇,在这两条河流之上也曾有无数的桥梁。由于城市的建设,现在这些桥梁随着河流已全部淹没于历史的长河中,主要有天钥桥、慈云桥、东生桥、圣母院桥(原名徐家木桥)、徐汇桥等等。这些桥梁,与徐家汇的历史变迁都有着千丝万缕的联系。

一、天钥桥

这五座桥中,天钥桥名声最大。因天钥桥得名的天钥桥路如今也是徐家汇

20世纪初的土山湾,青砖粉墙,小桥流水,令人充满遐想

民国初年明信片上的土山湾,河道纵横,桥梁遍布

附近的次干道:多条公交线路和地铁四号线都在这条路上设站。

这条路的得名,便是源自路北端的"天钥桥":这座桥坐落于肇嘉浜两侧,连接今天的肇嘉浜路南北两侧,南侧与今天的天钥桥路相连。这座桥始建于1905年(光绪三十一年),当时为一座宽约3米的木桥。由于当时肇嘉浜路南侧主要为徐家汇圣母院(今上海老站)、育婴堂(原址今为美罗城)、启明女校(今市四中学)等众多教会建筑,比喻过此桥犹如走向天堂的钥匙,故得名"天钥桥"。抗日战争期间,该桥改建为水泥桥。1954年填没肇嘉浜时拆除此桥,但保留了"天钥桥路"的地名。1997年,天钥桥路又向南建成了天钥桥南路,直通徐汇滨江新地标。

二、慈云桥

对于土山湾的老人们来说,这座又名土山湾桥的桥梁具有特殊意义:桥

清末土山湾圣母院桥

的一边是工作场所，桥的另一边则是他们生活的地方，一座桥，连接了他们的人生。

  这座桥始建于1863年（同治二年），当时为方便即将建成的土山湾孤儿院所建，材质为石桥，两边围有铁栏杆。这座桥横跨蒲汇塘两岸，桥的一头是土山湾孤儿院，另一头则是土山湾孤儿的"教友村"住宅区（包括五垛头和底田里）。成年之后的孤儿们，在结婚时可以向孤儿院申请那里的住房作为婚房使用。之后，那里又建起了圣衣院，以及圣若瑟院（为拯亡会修女的初学院，其曾创办"圣若瑟院小学"，后改名汇南街小学，即今光启小学）等宗教设施。该地块（当时被称为三角地）也逐渐繁盛，各类小饭馆林立，生活设施齐全。

  随着时代的变迁，蒲汇塘虽经多次疏浚，仍由于年久淤塞，被逐段填没。慈云桥也于1946年拆除，只留下1910年所筑，原来桥东堍的"慈云街"地名。

三、东生桥

在徐家汇的历史上,这座桥同样有着特殊的意义,它曾是徐家汇地区与租界连接的主要桥梁之一。太平天国战争期间,英法军官曾部署兵力保卫上海,为使西面的岗哨与设立在上海县城的岗哨之间便于联络起见,便要求上海道台筑路。于是在1861年2月,道台以军用马路的名义开辟了两条通往徐家汇的道路,即今天的徐家汇路(肇嘉浜路)和华山路,分别由法租界和英租界市政局负责保养。从此,徐家汇地区与市区正式连接在了一起。这座东生桥在当时几乎是从租界到徐家汇的必经之路。这里也曾是西郊虹桥、七宝民众来往上海县城的交通要道。

这座桥又名"东升桥",俗称大石桥,坐落于法华浜上,桥址西端位于今虹桥路东方商厦西侧后部,东端大致位置则在今天港汇广场后部西侧。该桥为东西走向。宽约4米。据民国《法华乡志》记载:"按是桥之始莫知其由,惟重建则在乾隆五十八年(1793),道光三十年(1850)重修。"1914年法华乡人余炳文等募捐重建,重建时将桥放宽,并立石碑《重建东生桥记》以记其事,

清末徐家汇圣母院景色:左为圣母院,中为肇嘉浜和圣母院桥,
右为天文台(远处)、博物院、徐汇公学

可知该桥已有约200年历史。

由于法华浜河道狭窄、弯曲，水流不畅，泥沙沉积，加之两岸民众随意倾倒垃圾，20世纪40年代已经逐渐淤塞湮没。该桥于1949年前已倒塌，法华浜填没之后原址不存。

四、圣母院桥（徐家木桥）

一百五十多年前，徐家汇天主堂门口，曾有一条河流穿流而过，后世对这条河流，有叫蒲肇河的，也有叫肇嘉浜的，还有叫新蒲汇塘的。当时在徐家汇天主堂（老堂，今址为圣爱广场）门口有一座桥，被称为徐家木桥，顾名思义是一座简单的木桥。这座桥连通了天钥桥路一侧位于王家堂的圣母院、育婴堂等宗教设施。

1861年太平天国战争期间，法国军队曾在徐家汇设立岗哨布防。由于缺少炮兵训练的场地，法国方面便要求道台稍稍改变肇嘉浜原来的河道，将它东移，才有了今天漕溪北路的走向，今天徐家汇天主堂门口的广场也由此而来。

而在重新改道的肇嘉浜上，1863年又建立起一座"圣母院桥"代替原来的徐家木桥。这座圣母院桥也为木桥，1895年（光绪二十一年）重建，跨东西两岸，桥上有铁栏杆。抗日战争胜利之后，该段河道被逐段填没，该桥也于1946年拆除。

桥另一边的徐家汇圣母院，也改成现在的"上海老站"饭店。只有原来的圣母院建筑，依然部分留存。

五、徐汇桥

这座桥同样始于那次历史上著名的肇嘉浜改道。该桥桥址位于今天东方商厦门口与太平洋百货之间，同样始建于1863年（同治二年），南北走向，横跨肇嘉浜两岸。这座桥在当时是很有特色的，因使用西式的水泥浇筑而被称为"水门汀（英文水泥音译）桥"，1905年该桥由教会出资改建。抗日战争胜利之后，该段肇嘉浜填没，该桥于1947年拆除。

这些不同材质、大小不一的桥，虽然今天都不再存在，但它们连接了徐家汇的历史。

土山湾孤儿工艺院

土山湾是一个历史地名,位于今天徐家汇以南约半里。1832年至1837年,民族英雄林则徐出任江苏巡抚,府衙在苏州,他率领官员民众,全力治理太湖水系河流,疏浚河道,促进漕运与经济繁荣。在疏浚肇嘉浜、蒲汇塘时,用挖出的淤泥堆积出一高地,当地人称之为土山湾,其名一直沿用。

这个地名在1864年具有了新的含义,今天,我们说起土山湾,首先想起的是土山湾孤儿院(20世纪40年代改称土山湾孤儿工艺院)。

教会建立孤儿院的历史,最早可以追溯到1849—1850年前后的小东圩孤

1901年土山湾部分孤儿合影

胜迹寻踪 | 257

儿院，十多年间，教会的孤儿院又先后在横塘、蔡家湾等地选址建院。太平天国战争爆发之后，蔡家湾孤儿院院长马理师（Louis MASSA，又名马五神父）被杀，孤儿院的传教先生老郭相公带着幸存的孤儿连夜逃往徐家汇，又跟随徐家汇师生一起逃到上海县城，并将孤儿们安置在一个废弃当铺内，条件十分艰苦，孤儿们感染瘟疫死亡很多。

太平天国战争结束之后，教会决定将孤儿院正式迁址于土山湾，成为江南传教区内最大的孤儿工艺院，时为1864年。

早在蔡家湾时期，教会就开始在孤儿院内教授各种工艺，让孤儿们学会一门赖以生存的技术。孤儿院迁入土山湾之后，原先在徐家汇由范廷佐（Joan FERRER）修士创立的徐家汇美术学校也一并迁入，成为孤儿院部门的一部分。在近百年的发展中，至30年代中期，土山湾孤儿院逐步形成四大部门：即位于南楼的印刷间（印书馆）、图画间（画馆）、位于北楼的五金间和木工间。

1914年土山湾孤儿工艺院成立五十周年时的孤儿欢庆场面

1940年3月19日土山湾孤儿工艺院全院合影

一般而言，土山湾孤儿工艺院只收6岁以上的男性孤儿，其招收的对象既有从徐家汇圣母院或其他孤儿院转来的适龄男性孤儿，也有土山湾周围形成的"教友村"（土山湾孤儿婚后形成的社区）后代，还有部分是由于种种原因失去父亲或母亲的单亲孤儿。孤儿们进入土山湾之后先读小学，学中国传统的四书五经，也学习《圣经》教理，小学六年毕业之后，孤儿约13岁学习各种技艺，开始半工半读的学徒生活。

学徒期限约为6～7年，学费、食宿以及衣物等用品全免，期间亲人可以随时探望，接回自己的孩子，也可以给自己的孩子零花钱并捎带物品等。孤儿学习期间实行师徒制度，每个阶段都有考试，设淘汰制，也会根据孤儿学习情况进行调整。学徒期间，根据孤儿院经济情况，通常会有津贴。毕业之后，孤儿们既可以出去工作，也可以继续留在孤儿院的工场里做工。

除工场外，根据男孩的身心特点，孤儿院内还设有两个课外社团：一个是军乐队，另一个是足球队。

这两个社团在教会内都很有名，其中军乐队于1903年由葡萄牙籍神父叶肇昌（Francisco-Xavier DINIZ）正式创立，命名为"圣若瑟军乐队"。乐队通

土山湾孤儿工艺院一景

常会出现在教会的各个庆祝场合,例如佘山新堂落成典礼、每年春节的庆祝典礼等。

足球队起源于法籍神父顾洪义(Joseph DUCOUX)的倡议,当时他和双国英(Louis HERMAND)神父一起在土山湾"出试"(耶稣会神父培养制度:神学第三年会被派到教会的设施中实习,名曰"出试")期间,由于刚到中国语言不熟练,便用踢足球的方式跟孤儿建立感情,自此将足球这项运动带到孤儿院,并迅速引起中国孤儿们的巨大兴趣。土山湾孤儿组成的足球队以"汇南足球队"之名曾在上海教会学校的足球比赛中拔得头筹。在孤儿院内,除了有孤儿足球队外,还有工人足球队、相公神父足球队等。可以说足球是孤儿院内最受欢迎的体育运动。

土山湾孤儿工艺院培养了众多有才华的名家,在近代中西文化交流史上颇有贡献,影响深远。从土山湾孤儿院曾走出徐咏青、张充仁、徐宝庆等工艺美术大师,而土山湾印书馆的西文出版事业直到20世纪70年代在全国都有一定优势。土山湾孤儿工艺院在历史上曾七次参加世博会,木工间所作的土山湾牌楼留存至今,百塔模型曾在1915年巴拿马世博会上获得金质大奖章;由画馆画师同时期原创的《中华圣母像》多次代表中国参加展览。

此外，著名爱国老人马相伯晚年也曾居住于土山湾孤儿院内。

1914年，教会史学家、法国籍史式徽（Joseph de la SERVIERE）神父著有《土山湾孤儿院：历史与现状》（L'Orphelinat de T'ou-Sè-Wè: L'Histoire et l'État Actuel）一书，全面记录了截至1913年，土山湾孤儿院的情况。另有《江南育婴堂记》一稿，当为土山湾画馆主任刘德斋修士所著，为该孤儿院的中文传记。

1953年，土山湾孤儿院由民政局接管，停止招收孤儿。之后土山湾孤儿院各部门逐渐解散或合并。1958年，土山湾孤儿工艺院五金间搬离原址，土山湾孤儿工艺院正式成为历史。

2010年，土山湾博物馆在土山湾原址（今蒲汇塘路55号）建成，向参观者全面展示回顾土山湾孤儿工艺院的百年历史。

土山湾孤儿工艺院指路牌

土山湾画馆

土山湾画馆历史悠远，其前身为1852年由西班牙籍耶稣会士范廷佐（Jean Ferrer）在徐家汇创办的艺术学校（L'École de Beaux-Arts）。范廷佐，字尽臣，西文名叫Jean Ferrer。他1817年出生于西班牙巴塞罗那一个艺术世家，父亲是一位曾经参加过装修艾斯柯里亚王宫的著名雕塑家。范廷佐继承了父亲的基因，自幼喜欢艺术，在雕塑、装饰画等方面有较高造诣。为了获得更好的教

1915年土山湾画馆合影，头排右五为当时的画馆主任潘国磐

育，他后来到罗马就读一所由耶稣会士创办的艺术学校，后进入耶稣会拿波里修道院成为一名辅理修士。1847年，他被耶稣会派往中国，在当时耶稣会中国总部所在的徐家汇任职，任务是在教区设计教堂。短短几年的时间里，范廷佐设计了董家渡和徐家汇的教堂（老堂）。在从事教堂建筑设计的同时，他还绘制、雕塑圣像，并指导工匠制作祭坛等宗教用品，其中董家渡教堂中祭台前的两组雕塑作品：圆雕作品《哀悼基督》和浮雕作品《墓中基督》被收入高龙鞶的《江南传教史》；他的另一件木雕作品《耶稣会

画馆老师王安德清末所绘
《匝加利亚在堂焚香》彩色图

的圣人与真福》与泥雕作品《依纳爵临终图》尺寸宏大，至今依然保存在上海图书馆下属徐家汇藏书楼的阅览室中。但是，范廷佐并不仅仅满足于自己的艺术创作，在他心目中，始终有一个梦想：即希望在中国开办一所专门培养绘画和雕塑人才的学校，从而培养出一批和他一样热爱艺术的学生。范廷佐最初在董家渡设立个人工作室，1851年，他把工作室搬到徐家汇，并在郎怀仁神父（后任江南教区主教）的支持下，准备扩展工作室，兼作艺术教室，招收中国学生。1852年，在教区经费的支持下，徐家汇的"艺术学校"（L'École de Beaux-Arts）终于开张了，作为校长的范廷佐修士自然当仁不让地负责教授雕塑和版画。当时在范廷佐工作室任教授艺的还有一个叫马义谷（Nicolas Massa, 1815—1876）的神父，他是意大利拿波里人，1846年到达上海，在横塘修道院教授拉丁文。范廷佐主持设计董家渡教堂时，他曾帮助绘制过圣像。1852年，范廷佐在徐家汇收徒授艺，特请擅长绘艺的马义谷来讲授油画，马义谷神父也因此成为在上海向中国学生传授西方油画技法的第一位外国人。

画馆培养的水彩画大师徐咏青民国初年所绘水彩画《岸草溪蘋绿未匀》

范廷佐的这所艺术学校,从今天来看类似进修学校的培训班,规模很小,只有不多的几位中国学徒成为他的学生,但那里却是上海最早进行西方艺术教育的机构。范廷佐向他们传授素描技艺,并在雕塑的实际制作中训练学生,而这些学生也成为他制作雕塑不可缺少的助手。据说当时在沪的西方人中也曾有人向他学习过雕塑,其中就有英国驻上海领事阿礼国。范廷佐留下来的作品很少,1856年他因病在上海去世,年仅39岁。但他的艺术薪火却后传有人,他的大弟子、中国人陆伯都继任学校领导,和意大利人马义谷、法国人艾而梅一起教授学生。1864年,土山湾孤儿工艺院成立,应院方邀请,陆伯都每月固定从徐家汇到土山湾,向那些孤儿们传授西洋美术技巧。从1870年开始,由于陆伯都体弱多病,这项工作由他的得意门生刘德斋接任。1872年,陆伯都和刘德斋将徐家汇的美术学校正式搬到土山湾,成为土山湾孤儿工艺院下属的一个部门——图画部(间),俗称土山湾画馆。

土山湾画馆的诞生,意味着中国最早的传授西洋美术的学校在19世纪中期已经出现,而这个学校中的新、老学生,也成为第一批系统掌握西方绘画技术的中国人。上海的第一代西画家，如陆伯都、刘德斋、王安德、范应儒、徐咏青、张充仁等均在那里学习过，任伯年、周湘、张聿光、丁悚、徐悲鸿、刘海粟、陈抱一、杭稚英等艺术大家也曾间接受到过画馆的影响。1943年，徐悲鸿在重庆撰写《中国新艺术运动的回顾与前瞻》，回顾中国西画运动，他对土山湾画馆作了这样的评价："至天主教之入中国，上海徐家汇亦其根据地之一。中西文化之沟通，该处曾有极其珍贵之贡献。土山湾亦有习画之所，盖中国西洋画之摇篮也。"

土山湾画馆，是目前所知最早以学徒方式培养中国西洋画人才的场所，百多年间，大约有三百余名

刘德斋19世纪末绘画作品《垂询家庭》

学生在这里接受素描、写生、水彩和油画的严格训练，其培养人数之众，是中国历史上所未有的，画馆的作品和影响也遍及中国和世界。

在土山湾画馆一百多年的历史上，前后有很多人负责管理画馆的教学和行政工作，按时间前后他们依次为：

1. 范廷佐、马义谷时期（1852—1859）

1852年，西班牙传教士范廷佐在教区经费的支持下，在徐家汇创办"艺术学校"（L'École de Beaux-Arts），招收中国学生。此为土山湾画馆的前身。范廷佐自己负责教授雕塑和版画，意大利人马义谷讲授油画。1856年12月31日范廷佐逝世，马义谷在过渡时期成为这个"艺术学校"业务方面的实际主持人。

民国初年土山湾画馆的学生正在临摹石膏像

2. 艾而梅时期（1860—1862）

范廷佐去世之后，学校的校务由中国修士陆伯都负责，而教学依然由马义谷神父负责。但是后来由于马义谷调往常熟、长兴、海门等地传教，教授油画的任务就落到了另一个法籍耶稣会神父艾而梅的身上。

艾而梅，字羹才，法籍耶稣会士，西文名Faustin Laimé，1825年出生于法国南部小镇勒东（Rédon）。艾而梅小时候非常喜欢艺术，曾在巴黎美术学校进修过油画和雕塑。艾而梅全心投入到培养中国的宗教画家这项事业中，他对美术学校的课程进行了大手笔的改革，并为学生们设置各种各样的油画基础理论课程。虽然由于种种原因，艾而梅的计划未能全部实现，但经他管理之后的学校，不论从艺术档次还是绘画技巧上都有了一个不小的飞跃。1862年，艾而梅在上海病逝。

3. 陆伯都时期（1862—1880）

艾而梅去世后，教授美术的任务再次落到陆伯都身上。虽然，范廷佐并没有培养出多少学生，而陆伯都正是这为数不多的学生中的一名佼佼者。

陆伯都，字省三，浦东人，圣名伯多禄，1836年6月26日出生于浦东川沙。陆伯都是范廷佐美术学校里的第一个学生，他在那里用了8年时间学习素描、雕塑、油画。由于马义谷和艾而梅两位都是神父，按照教会的规定，神父负责传教而不负责管理具体事务。虽然陆伯都在美术上并不是很有天赋，但却勤奋好学，再加上性格也十分温顺，对他人十分体贴，因此，陆伯都这个大弟子很自然地在范廷佐去世之后接管了学校的教务。1862年，艾而梅去世，陆伯都开始全面负责画馆的教学与教务。

1872年，陆伯都在获得上级允许之后，将范廷佐创建的美术学校从徐家

清末土山湾画馆内景

汇搬往土山湾，从此，土山湾孤儿工艺院里便多了一个图画部（后人多称土山湾画馆），主任便是陆伯都，副主任是他的学生刘德斋。

4. 刘德斋时期（1880—1912）

陆伯都在范氏过世后担负起收徒传艺的重任，土山湾画馆正式成立后他是这个画馆的第一任主持。陆氏为画馆的发展付出了巨大热情，但他一直身虚体弱，长期患病，遂委托自己的学生兼助手刘德斋代理主持画馆的日常事务。1880年6月，陆伯都因肺结核病恶化而逝世，刘德斋正式上任，执掌馆务直到1912年。这30年间也正是土山湾画馆发展最辉煌的时期，目前所知出自土山湾画馆的名人，几乎都是刘德斋担任主任期间在画馆学习的。

刘德斋，名必振，号竹梧书屋侍者，以字行。1843年3月31日出生于常熟古里。刘家世代皆为天主教徒，19世纪50年代末太平军进军江南，刘德斋随逃难的天主教徒来到上海，不久即进入圣·依纳爵公学，毕业后随陆伯都学画。1867年加入耶稣会。刘德斋先学中国画，后改学西画，以画水彩风景而知名。据《江南育婴堂记》记载："同治九年（即1870年），刘相公始每日至土山湾代替陆相公教画。"1872年，画馆从徐家汇迁到土山湾后，刘德斋除代陆管理教务外，还具体分管水彩画的教学。

刘德斋从1880年到1912年长期执掌画馆，既亲自教学，又管理协调，作了大量开创性的工作，为画馆的稳定发展作出了很大贡献。1912年7月31日晚，刘德斋在洋泾浜的医务室去世，终年69岁。

5. 潘国磐及那彦英时期（1913—1951）

潘国磐，法籍耶稣会士，1886年出生于法国，1913年来华，主要管理画馆和印书馆。

也许是前任刘德斋修士的光芒太耀眼，再加上潘国磐并不懂油画和水彩画，只是以谦逊和善的态度为大家服务，故虽然获得了众多工人学徒的爱戴，但在他管理期间，画馆并没有什么大的发展，他是一个守成型的管家。可能是教会方面发现，"门外汉"式的管理效果并不理想，1936年，画馆和印书馆分家，画馆再次成为一个独立管理的部门，与印书馆平级。潘国磐修士专职管理印书馆，负责画馆的则是教会派来的西班牙雕塑家那彦英。1955年，潘国磐修士由于签证到期被迫离开大陆前往台湾，1971年逝世。

那彦英，字蒙珠，1910年出生，西文名Marianus Navascués，西班牙籍耶稣会士。曾在西班牙本土学过雕塑和油画。那彦英1924年来华，原在西班牙耶稣会所在的安徽传教，后来才被调到上海。他性格内向，不像前任潘修士那么开朗、豁达，这也使学生们普遍感到他"难以接近"。频频被人诟病的他，却意外地对本来并不属于他管理的木工间学生徐宝庆倾注了很大精力。他是徐宝庆的启蒙老师，也是他最早教会徐宝庆基本的雕塑技巧。在他担任画馆主任期间，土山湾画馆于1945年在大上海电影院二楼的宁波同乡会举办第一次公开画展："宗教艺术展览会"。正是在这次展览上，徐宝庆的作品被精印出版，其作品开始走俏。

那彦英修士1951年离开大陆后去了台湾，不久又去了菲律宾，1979年在马尼拉去世。

6. 画馆的尾声（1951—1958）

1949年后，由于外国教士大量离开，土山湾画馆的业务和其他工场一样迅速萎缩。画馆的最后一任主任是中国修士余凯。他本是安徽人，对绘画颇有造诣，加入耶稣会之后才被教会派来上海。余凯擅长水彩画，他当年的朋友和学生还保存有一些他的作品。余凯执掌期间，正处社会急剧转型期，画馆业务实际上已不可能有所作为，他也成了土山湾画馆的最后一抹斜阳。1958年，画馆并入上海五华伞厂，土山湾画馆正式退出历史舞台。

土山湾印书馆

土山湾印书馆位于土山湾孤儿院的东南角,曾经是上海最大的出版机构之一,也是天主教江南代牧区以及后来的上海教区唯一的出版机构,同时,它也是土山湾孤儿工艺院的四大部门(木工部、五金部、图画间、印书馆)之一。在出版史上,它曾经作出过不可磨灭的贡献。

土山湾印书馆起源于1850—1856年蔡家湾孤儿院内的"印刷工场",该

1876年,石印术由传教士传入徐家汇。几年后,这种先进的印刷技术始从土山湾引进并推广到上海印刷界。图为民国初年土山湾印刷所的石印车间

土山湾印书馆的排字房

工场由意大利籍耶稣会士夏显德（Francisco Giaquinto）设立。一方面出于当时传教的需要，另一方面也为了解决孤儿们长大后技能的问题，以及孤儿院资金缺乏的问题（当时孤儿院的经费来源主要是来自法国的圣婴善会）。"印刷工场"当时主要是用雕版再版北京老教会神父著作，提供给传教士们、修生们以及徐汇公学学生们使用。

19世纪中期太平天国运动爆发后，夏显德在董家渡附近小南门的一处废弃当铺改造的"孤儿院"内

1945年，土山湾印书馆的西文打字、排字机

土山湾印书馆的摄影制版技师

又重新开办包括印刷工场在内的各个工场,所印的书籍与蔡家湾时期基本一致,直到其1864年4月感染伤寒去世。在迁入土山湾之前,其印刷工场始终没有中断。

1864年孤儿院迁入土山湾后,印刷工场随即迁入,各个工场职能开始渐渐细化。截至1941年,其印书馆(Imprimerie)部分分为排字间、印刷工场、照相间、发行所、装订间、石印间等部门,并具有同时印刷中文和西文书刊的能力。

19世纪70年代,土山湾开印第一本非老耶稣会士著作《周年瞻礼经》。之后,孤儿院院长严思愠(Stanislas Bernier,法籍)从香港拍卖得来一批西文字模,同时合并了在沪的一个西文印刷厂,获得一批西文印刷设备,在此基础上,土山湾印书馆开始印制西文书籍,印刷的第一本西文书籍是《日历》(Calendrier),西文书籍内容除了一些常用宗教礼仪用书之外,绝大部分为徐家汇耶稣会士的汉学研究成果。之后土山湾印书馆还相继引进石印、活字印刷、照相制版等先进印刷技术，成为当时上海最先进的印刷机构之一。

在印书馆发展的过程中，涌现了娄良材（Léopard Deleuze，比利时籍）、严思愠、翁寿祺（Casimir Hersant，法籍）、安敬斋（Henri Eu，中英混血）、董正衢（Joannes Dorronsoro，西班牙籍）、荣亚纳（Gregorio Inarra，西班牙籍）等一批技术专业、思想先进的管理者，他们为土山湾印书馆的发展不断注入活力。经过近百年的发展，在结构上，土山湾印书馆逐渐从单一的印刷工场向集印刷、发行为一体的现代出版机构转变，而且还添加了独具特色的照相间，专职拍摄、印制照片、插图。在设备上，土山湾印书馆始终注重添置欧洲先进设备，引进欧洲先进技术，在很长一段时间内，其西文印刷设备始终在上海乃至全国处于领先地位。

根据德礼贤的《中国天主教传教史》记载：截至1933年，土山湾印书馆共出版了五十三万种文献，为东西方的文化交流作出了巨大贡献。在印刷品的种类上，土山湾印书馆逐步突破了单纯宗教作品的范畴，开始逐渐向为公共服务和中西文化交流转变，其中土山湾印书馆出版的《汉学丛书》（Variétés Sinologiques）、《益闻录》（后改名《圣教杂志》）以及音乐、美术教材在天主教内外都影响巨大，其长期承印的徐家汇天文台的观测记录具有相当的科学研究价值。正如日后史式徽在其作品《中国概况》中所说："土山湾印书馆远东闻名……（它出版的）所有的书铺就了一条黄皮肤的人们与其他肤色的人们之间的道路。"

除了印刷出版大量中西文献之外，土山湾印书馆还培养了大量印

土山湾印书馆所出版书之广告

刷与出版人才，除需学习印刷相关的排字、印刷等技术之外，印书馆的孤儿还会学习基础的绘画，并且在孤儿院中提供外语课程，其中不少人在之后的工作中，凭借自身学得的技术和外语优势，在工人中脱颖而出。新中国成立后，有关方面曾邀请土山湾出身的老技师赴京参与《毛泽东选集》西文本的印刷。

新中国成立后，土山湾印书馆社会印务的比重随之加大，印书馆为维持运作，大量承接社会订单，如医院处方、信纸、产品包装等。1958年，土山湾印书馆正式并入中华印刷厂，其历史至此结束。

土山湾木工间

今天存留的土山湾作品中,木工间制作的西式家具占了相当多的部分。在1949年之前相当长的一段时间里,土山湾木工间在上海的西式家具界十分出名。

土山湾孤儿工艺院的木工间主要由细木工场与雕花间组成。雕花间最早起源于范廷佐修士在徐家汇创办的美术学校,主要负责雕刻,而细木工场起源于

民国初年土山湾孤儿院木工间出品的黄杨木雕,现收藏于日本天理大学博物馆

清末土山湾孤儿工艺院木工间一景

蔡家湾孤儿院由夏显德创办的木工间，主要负责木工制作。在土山湾孤儿院于1864年建成的时候，它们一起并入了土山湾。此外，还有油漆间、成品仓库、木材仓库、家具木器陈列室等辅助设施。

这些工场最早的目的是为远东各大教堂提供圣像、祭台和其他木质宗教用品，这也一直是工人和学徒的主业，新中国成立前上海几乎所有教堂内的宗教用品均出自土山湾。后来逐渐转为制造中西木器，雕刻人物、鸟兽，金银彩书，油漆器具，样样俱全。

建筑师马历耀担任木工间主任期间，由于其专业背景是建筑设计，故木工间主要以建造大型建筑为主，那些年中，江南传教区所有的教堂全部都由土山湾木工间负责设计和建造，其中包括佘山老堂、虹口耶稣圣心堂、圣衣院、土山湾慈母堂等等。由于土山湾的师傅设计和建造的教堂价格比较昂贵，外地很多堂口在觉得自己堂口的木匠能够胜任之后，就不再邀请土山湾的木工师傅们去造教堂。

土山湾出品的宗教用品

因此葛成亮接任木工间主任之后，不得不寻找新的盈利点：就是制作西式家具。土山湾制作的家具中，有一些家具是欧美流行款式的翻版，而另一些则是创意于中国，并根据客户对家具的要求，把中国古代雕刻与现代化的舒适相结合。椅子、橱、写字台、柚木长沙发、仿古家具等是土山湾木工间的主打产品，尤其是有一种樟木碗橱广受欢迎，这种碗橱的盖子和板壁上全部雕有战争、狩猎场面、田园风景或者装饰图案，既实用又美观。土山湾木工间最好的家具作品是宗教家具、祭台、主教讲台、告解座、追思台、临时祭台、跪凳和贵宾座。他们的这类作品可以与欧洲最好的工场作品相媲美。

1919年冬天，由于木工间学徒违规操作，土山湾木工间遭遇大火，损失巨大，其中对于土山湾孤儿院颇具象征意义的慈母堂付之一炬，长期倾心于中国古代文化的木工间主任葛成亮的个人藏品也大多被毁。其后的建筑重建中，更加注重消防设施建设和使用防火材料。

土山湾木工间的作品在当时不仅在中国销售，而且在日本、韩国、印度以

土山湾孤儿工艺院出品的祭台

及远东各大教堂都可以看到他们的装饰品和陈设。当时在上海的欧洲人，尤其是英国人、德国人以及美国人都非常喜欢由土山湾制作的家具，他们是购买的主力军。

土山湾木工间在历史上曾经七次参加世博会，四次获奖。另外还参加过在河内、列日和德累斯顿举办的专项博览会。今天土山湾博物馆的镇馆之宝——大型牌坊，便是由土山湾木工间负责雕刻的。

1949年后，木工间由于宗教用品和西式家具生意逐渐清淡，加上五金间后来改作继电器产品需要干净的空间，木工间最终由五金间兼并。

慈云小学

慈云小学为土山湾孤儿院内所附设小学。土山湾孤儿院于1849年初创于松江横塘，当时江南水灾，灾民中有大批孤儿和弃儿流落街头，耶稣会传教士见此凄惨景状，遂开设孤儿院，收养孤儿。1850年，孤儿院由横塘迁至青浦蔡家湾，由法国传教士夏显德负责。当时孤儿院一共收留了男女孤儿66人，夏神父将女孩送到浦东唐墓桥郎怀仁神父所创办的育婴堂。此后，蔡家湾的孤儿院只收养男孩。

咸丰十年，即1860年，因太平军之乱，蔡家湾孤儿院迁至上海董家渡。

20世纪30年代土山湾航拍照，画面中部左侧即慈云小学所在地

慈云小学使用的课本

1864年,又迁到徐家汇土山湾蒲西路,称土山湾孤儿院。20世纪40年代起,土山湾印书馆、绘画馆、工厂间和孤儿院对外统称土山湾孤儿工艺院。

土山湾孤儿院占地面积六十三亩,院舍西部辟为慈云小学。当时土山湾孤儿院的负责人沈则宽神父,和马相伯是同班同学,他希望能在孤儿院中建立一座设施俱全的现代化小学,供孤儿们学习。于是马相伯便出资在土山湾孤儿院西侧造了一幢带有阁楼的三层楼房,上下各有十六间教室,取名慈云小学。

慈云小学校舍的一二层为教室,第三层作为寝室。校舍西南有两块草地,划为大小球场,西面是菜圃,四周栽植树木,环境幽静。除了教室、寝室之外,还设有病房、浴室、雨操场、洗衣室、西乐室、大礼堂和三个游息场。

在慈云小学就读的均为孤儿,一部分为圣母院育婴堂所抚养长大者,其余的是教内外的孤儿。考虑到教育的效率,慈云小学仅收年龄较幼的七岁至九岁的孤儿,教以手艺。凡是孤儿六岁以上入院,无论其为聋哑残疾,按程度编入各级肄业。

慈云小学共分六年级,此外还有初中一级,学徒补习班一级,聋哑生复式编制一级。学生所有衣食住以及书籍等生活所需,都由孤儿院供给。学生的日常伙食为每日一饭二粥,每星期肉食二次,保证营养,亦注重健康,每位学生除了防疫种痘之外,生病有院内神父医治,病症较重即送广慈医院治疗。

学生除完成六年小学教育外,成绩较好的,可继续升学至徐汇公学,成绩差一点的则分派在自设的各工场习艺,满师后或留院工作,或出外谋生。1937年,慈云小学改组,设有初级小学四年,高级小学一年,实习班三年,采用学年升级秋季始的单轨制。初小四年的学科,和普通学校一样。每年还选送四十

课本扉页

名成绩名列前茅的学生,前往汇师小学就读,学费由孤儿院支付。

学生升入高级小学后,除了普通学科之外,每天还须到孤儿院各工场学习工艺,称为学徒,以备将来毕业后进入社会。高级小学毕业以后,升入实习班,早晚仍继续学习各科基本知识,如公民、经济、史地、簿计、外国语等,以使学生在毕业后能具备一定的国民常识与道德基础。早晚以外的时间,到土山湾孤儿院各工艺训练所去实习,学习雕刻、油画、木工、铁工、油漆、镀金、机械等工艺,实习期为二年。

慈云小学除了高初实习(即特别班)之外,还为残疾孤儿设立了一所聋哑学校,进行特别教育,首先教授聋哑学生学习手势、口势、发音,进而学习一些基本课程;接下来让这些具备基本知识的聋哑学生到土山湾孤儿院各工场学习工艺。与普通学生相比,这些聋哑学生更能专心向学,成绩优秀,有不少佼佼者,土山湾所出品的最佳工艺品,往往都是出于聋哑学生之手。

据统计,至1867年,孤儿院所收养的孤儿已达342人,其中133人分配在各个工场,80人从事农业,20人从事园艺,其余109人在慈云小学读书。据

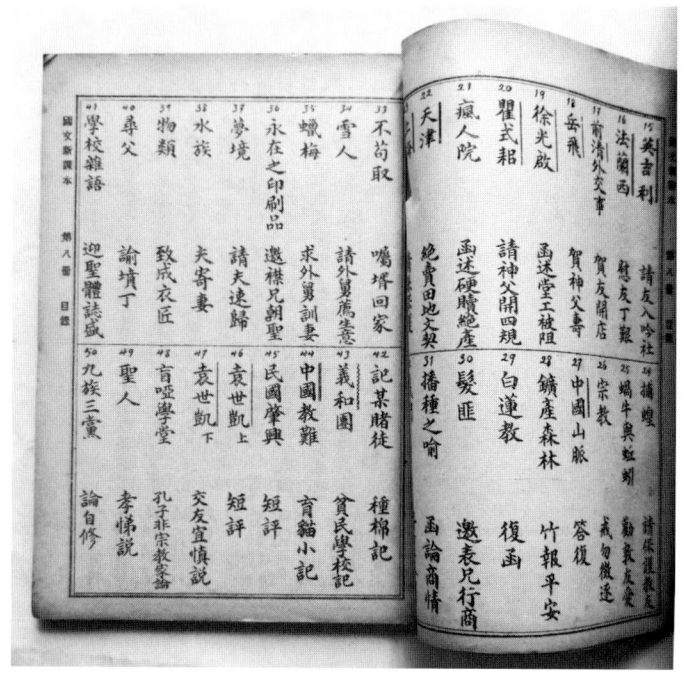

课本目录

1920年第9卷第1期《圣教杂志》载,当时土山湾孤儿院已有工人上千人,学生四百多人,可见其发展规模。

学生毕业后有两条出路:一是留在土山湾孤儿院工作,取得"老司务"即正式工人的资格;另一是由土山湾孤儿院代为介绍职业,出外谋生。土山湾孤儿院所培养的学生,很多成为印刷、教育、美术等领域的杰出人才,如土山湾画馆的名画家王安德、范殷儒;在摄影和印刷领域取得优异成绩的安敬斋;中国第一代水彩画大师徐咏青;著名雕塑家张充仁;著名黄杨木雕大师徐宝庆等人。

1953年,土山湾孤儿院由上海市民政局接管,分批遣散孤儿,安置出路。至1956年各工场归并到各行各业。

徐家汇圣母院女工工场

徐家汇的土山湾孤儿院声名远扬,被认为是中国早期职业教育的代表之一。其实在同一时期的徐家汇地区,还有另一座职业教育机构:徐家汇圣母院。早在19世纪中叶,这座圣母院内的女工工场就率先开风气之先,在长大的孤女中开展系统的职业教育和培训,让那些失去父母的女孩们获得一技之长能够立足于社会。

徐家汇圣母院的女工工场起源于徐家汇圣母院的孤女院。晚清中国,由于连年战争以及天灾人祸,造成了大量孤儿。土山湾孤儿院院长柏立德(Gabriel

留在圣母院中的女孩子正在刺绣

民国初年徐家汇的圣母院

Palatre）曾在他写的《通讯》中提到：在当时以农业为主的社会条件下，一旦遇到灾荒，这些无法成长为"壮劳力"的女婴，往往更容易被父母遗弃，甚至典卖。在当时简陋的医疗条件下，大部分的孩子都夭折了，侥幸活下来的女孩们便留在了孤儿院里。

1867年，在当时总部设在上海徐家汇的耶稣会士们的邀请下，两个法国拯亡会的修女们怀揣着对神秘中国的向往来到上海，她们也顺理成章地从中国修女这边接管了王家堂（今徐汇区南丹东路天钥桥路附近）的育婴堂以及教授孤女们文化的任务。

1869年，徐家汇圣母院建筑落成，不久便在这里建立刺绣车间，车间里的工人是已婚的孤女们。不久之后，花边车间也随之建立。建立这两个车间的初衷有两个：

1. 随着时间的推移，之前收留的一些孤女逐渐长大。和传统的中国女性不同，这些女性从小学习全新的西方文化，会读书认字，已经很难再适应中国传统的女性完全依附于男性的生活。

2. 随着中国教会的发展，对于绣品的需求逐渐增大，为了传教需要，教会内部需要一批既有圣教特色，又有中国风的装饰品，应用于教堂建筑以及仪式上的饰品、堂旗等。

一开始，圣母院的女工工场仅接受教会内部订单，专作教会用品，工人也大多是已婚的孤女。到19世纪末期，情况发生了很大变化，一方面教会女校招生对象变为富家女，对这些"手工活"不感兴趣；另一方面将孤儿们置身于"外教人"之中可能威胁到她们的信仰。因此，圣母院的女工工场便正式成立并对外接受订单，甚至还在工场内树立了布拉格耶稣圣婴像以求得更多订单。

按照当时规定，男女孤儿全部进入圣母院内的育婴堂，一起经过"小毛头间"和"大毛头间"之后，大约在六岁左右，男孩送临近的土山湾孤儿院，而女孩则进入圣母院孤女院的"小班"读书。和土山湾一样，圣母院孤女们的食宿费用全部由法国的圣婴善会承担。

"小班"通常为40至60个女孩，她们开始读一些书。除了教理课之外，还有国文课，由献堂会修女教她们读书认字，使她们能写书信和叙述一篇讲道的摘要，同时也按照她们的年龄作些工作。将近13岁的时候，她们会进"大班"，即同样位于圣母院内的女工工场，修女们会根据她们的天分安排到不同的车间，在车间里她们学习一些技艺，如纺纱、织布、裁剪、洗衣、做饭、种花、除草等。有的也学刺绣、作花边等。之后根据她们的志愿，可以去外面工作，也可以继续留在圣母院的工场里做工。

圣母院的学习安排大致如下：

1）刺绣间：学制为三年。

（1）第一年：学习是免费的，工作也是无偿的。学习的科目除了中国传统的"大带小"之外，管理修女们也会根据当时国内外流行的款式开发一些新的产品教授给女工们。

（2）第二年：没有正式的工资，但是有一些奖金和补贴。

（3）第三年：有正式的工资。

2）花边间：学制仅两周。最初的两周内没有任何报酬，之后至两个月没有正式工资，之后为正常工资。一些资格老的女工会做带教老师，这些带教老

圣母院出品的宗教用品

师也会得到两个月的带教经费。花边间的女工大多为13～18岁的年轻女孩。

3）对于被分配进其他车间的女工,从一开始就有报酬。

随着女工工场的发展,女工们的作品也逐渐丰富起来,除了最初的宗教用品之外,刺绣工场逐渐能够生产各种中式和西式的刺绣品,例如刺绣的手帕、假花、扇子,甚至裙子上的刺绣装饰等等都可以生产。绒绣、包花绣等新式绣品也相继引进了圣母院。圣母院女工的作品获得了上海县城那些太太们的青睐,在沪的英国妇女也同样喜欢圣母院女工的作品,经常给工场下各种来样订做的订单,觉得比商场中买来的更有价值。

女工工场的产品不仅行销中国,还出口越南、菲律宾等国,甚至法国、奥地利、意大利等欧洲国家也来样订做她们的堂旗。

管理花边间的修女们,也始终在不断地进行产品创新,看似简单的花边,修女们相继引进了针点花边、爱尔兰凸花花边、威尼斯点状花边等不同的类型,以供客户选择。

值得一提的是"绒绣",由于其既有着西方绒绣作品浑厚的庄重质感,又吸收了中国传统刺绣的优点,在表现细节部分时有着中国传统刺绣的精致细腻。早在刺绣车间时期,就迅速从徐家汇辐射到各个堂口,又从教会扩大到民间的工场,成为中西合璧的成功典范,有着无可替代的工艺价值和收藏价值。

1949年之后,圣母院业务迅速萎缩,女工逐渐进入其他相关的刺绣、花边等工场、合作社。1952年,圣母院的育婴堂停办,按照当时政策,圣母院工场同时停办,员工全部归口相关单位安置。

20世纪90年代末,在徐家汇建设发展的过程中,圣母院女工工场的房子被拆除,这座曾经承载"海派绒绣"摇篮的工场完成了历史使命。

徐家汇观象台

徐家汇观象台（又称天文台、气象台）创立于同治十一年（1872），是中国境内沿海的第一座观象台，首任台长是瑞士籍耶稣会士能恩斯。光绪二十七年（1901）建新台，现为上海市气象局使用。2014年，徐家汇观象台旧址被上海市人民政府公布为上海市文物保护单位，归入徐家汇天主教历史建筑群。

1872年，郎怀仁主教和耶稣会江南传教会会长谷振声在徐家汇主持举行

1930年代的观象台

徐家汇观象台——1901年

了一次重要会议，创设了雄心勃勃的"江南科学委员会"，徐家汇观象台的设立成为其中重要的一环。观象台下设三个分支机构，涉及天文、气象、地磁、授时、地震、重力和大气物理等科研领域。

气象观测是该台最早开始活动的部门，自从咸丰十年（1860）起，上海的传教士开始进行一些早期气象观测活动，其中以董家渡气象观测最为活跃，耶稣会士刘德耀于1865年来到上海，在董家渡进行一日3次的气压、气温、湿度、降水及风向等要素的气象观测，开启了上海近代气象仪器观测的先河。徐家汇观象台设立后，气象观测活动逐渐以徐家汇为中心，并自1874年起发布连续不间断的每日观察数据。1874年，地磁部也建立起来，并开始一系列早期的地磁观测工作。

光绪五年（1879），上海遭到强台风袭击，船只损失巨大，徐家汇观象台能恩斯台长成功预测了本次台风的移动方向。这次预报作为首次较为准确的台风预报，拉开了中国天气预报的序幕。事后，在法租界公董局和外商轮船公司

徐家汇观象台——1912年

一致要求下，观象台筹设了航海服务部。

光绪二十六年（1900），由于业务发展需要，徐家汇观象台在徐光启墓东，天主堂南，原台址西侧百米处建成一座新台（今蒲西路166号）。翌年1月1日，观象台迁入新址工作。这是一座仿古典式的罗马风格建筑，总体建筑面积3 000平方米。正立面分为三段布置，中间三层，底层圆拱大门贯通二层，三层有玫瑰窗，平顶露天阳台；左边至二层退为阳台；右边二层，复折式屋顶。全楼灰色清水砖墙、红砖窗框、圆拱形窗户、宝瓶状栏杆装饰，十分气派。中央建有砖木结构的测风塔，供测量之用。

光绪二十七年（1901），徐家汇观象台为扩展科研业务，在上海西南的佘山山顶，原天主教圣母堂东侧建立一座圆顶的佘山天文台，配备有双式赤道仪，负责制星表、观星和天体力学的研究等。还装备了当年被誉为"远东第一"的40厘米双筒折射望远镜，百年来拍下了7 000多张珍贵的天文照片。从光绪二十九年（1903）起，徐家汇观象台在科研内容上又增加了地震观测和科研工作。地震记录开始于光绪三十年（1904），所有地震记录都与法国斯特拉斯堡国际地震局合作。后因徐家汇开通有轨电车，为避免电车运行对地磁观测工作带来的干扰，将原设立在徐家汇的地测部迁往昆山的陆家浜，成立新的地磁台。至此，作为整体的徐家汇观象台，及外滩、佘山、陆家浜三个附属台的组织结构建立完成。

徐家汇观象台在七十余年的发展历程中，成为西方科学界位于远东的一个不可或缺的观测点。其对公众影响最大的是徐家汇的气象与授时服务。授时

徐家汇观象台的神父在测试研究

服务始于光绪七年（1881），当时仅仅在中午报时。光绪十年（1884）起，观象台开始用巴黎高梯尔小中星仪测时，通过观察经过子午线的运动，以及各种测时仪器的使用，来确定精确的时间，并与各国气象站交换气象情报。气象预报则是每天根据观测及收集到的各地气象信息绘制两张天气图表，分别于清晨和下午张贴在位于法租界的外滩信号台，并且在外滩信号台以旗语发布天气状况。

  作为综合性研究机构，徐家汇观象台积累了大量的气象历史及其他科学资料。该台收集和保存了自同治十二年（1873）以来上海最早的气象历史资料，发表了第一部关于上海气候的专著《上海气候之要素》，发起并组织了上海历史上最早的气象学会，出版了我国第一部近代气象学的中文普及著作《气象同诠》。其中《徐家汇天文台观测公报》（Bulletins des Observations de Zi-Ka-Wei）、《佘山天文年刊》（Annales de l'Observatoire astronomique de Zo-Se）是与当时各国天文学家交流、共享的国际性刊物，徐家汇观象台直至现在仍是世界三大测量基准点之一。

徐家汇观象台的神父正利用仪器在分析气象数据

1937年,日本发动全面侵华战争,至1940年,日军占领徐家汇周边地区,观象台的预报业务被迫中止,原有的刊物也停止出版,但观象台的观测工作依旧坚持进行。

到1950年,中国科学院和军委气象局共同派员接管了徐家汇观象台,徐家汇观象台的气象部分由军委气象局接管,徐家汇观象台分别改组为上海气象台和上海天文台。2016年,观象台旧址被辟为上海气象博物馆,公众可以通过预约的方式入内参观,了解这座建筑与上海气象、天文、地磁观测的历史渊源。

五埭头（堂街西）

徐家汇的五埭头和底田里均为土山湾孤儿院成年孤儿的生活区（又名"教徒村"，教会中曾用名"汇南小筑"），分别位于圣衣院（今电影博物馆）的西南角和东北角一带。

该地块的建设起源于1874年，当时那批来自蔡家湾的孤儿们已陆续长大成人，到了成家立业的年龄；另一方面，孤儿租住外教人家的房子也容易造成宗教生活习惯上的不和谐。因此，教会便在当年采纳了孤儿院院长沈则宽的提议，决定分别在位于距孤儿院一河之隔的圣衣院西南角的"三角地"和东北角的"底田里"，建造中式小平房，以低价出租给土山湾出身的孤儿工人以及相关工作人员居住。这些房屋由当时的土山湾木工间主任马历耀负责建设，先

30年代初的徐家汇堂街西俯瞰照

1914年，土山湾孤儿工艺院成立五十周年时教友村村友在孤儿院合影

后分两批建造，共计五排，是为徐家汇地区教友村的肇始，被称为"五埭头"（"埭"音dai，本义是土坝之意，在吴语中，有几趟、几排之意）。

光绪十八年（1892），第二次担任土山湾孤儿院院长的沈则宽再次主持了在圣依纳爵教堂后方建造第三批房屋的工程，这便是"堂街西"。在"五埭头"和"堂街西"的带动下，当地迅速繁荣起来："三角地"地区（今上海体育馆一带）一带形成了比较热闹的小型集市。

除了五埭头和堂街西之外，教会还曾在今肇嘉浜路以南、中山南二路以北、漕溪北路东西两侧的区域内，陆续兴建了一批带有阁楼的砖木结构平房，形成了天福里、王家堂、新五埭头、海星光里等新教友村。

这些兴建的生活区，都由教会以非常低廉的价格租给土山湾的成年孤儿，供他们成家立业后独立居住，高峰时，这里曾有1万多名教徒居住。教会对这里的居民按户进行管理，该地的房屋产权则由徐家汇天主堂中负责房产的神父进行统一管理。一般情况下，土山湾的孤儿在18岁成年之后，在需要成家时提出申请，再由土山湾院长神父和管理房产的神父综合考虑进行会商，认为符合条件的，则由神父从空余的房屋中分配一间给未来的孤儿夫妇居住。除了居住区域之外，在圣衣院西北中心区域还设有"叙伦堂"，用于居民婚丧聚会使用。在该区域成长的教徒后代，不少人再次进入土山湾孤儿院学习、工作，成为"土山湾二代"，张充仁便是其中的佼佼者。

20世纪30年代，该区域陆续住满，之后的土山湾孤儿只能蜗居在孤儿院的厂房中，或是挤在原来的临时住房中。80年代末起，徐家汇地区开始启动改造，教友村地区的居民陆续动迁到东安路、梅陇等地，"五埭头""堂街西"这些地名逐渐从地图上消失，徐家汇的教友村区域也在上海城市建设的新陈代谢中失去了踪迹。

圣依纳爵堂后面的堂街西居民点

圣衣院

2009年年初的一天,上海电影制片厂的一个角落里推土机轰鸣,几十分钟后,一幢老楼成为一片瓦砾。其实,这幢老楼的完结,也是一个时代的结束:马历耀的时代从此只能在老照片上回忆了。

2004年时的圣衣院建筑

1869年2月19日，黄浦江边响起了一声汽笛，一艘从法国拉瓦尔驶来的轮船经过长途航行，终于抵达上海港。从船上走下五个面容严肃、身穿黑袍的法国修女，她们来自天主教中教规最严格的修会——圣衣会。她们这次来沪，是受当时法国耶稣会士、江南代牧区代牧郎怀仁的邀请。

与之前来沪的拯亡会修女不同，圣衣会又称加尔默罗会，是天主教四大托钵修会之一，其会规非常严格，修女们过着与世隔绝的生活。修女各有一间简陋的小卧室，一年四季穿粗制呢料会衣，严冬酷暑，只有厚薄之分，而件数不变；饮食

上海电影博物馆电影会所（原圣衣院旧址）

非常简单，且经常守斋，一年中只有几个大的天主教节日吃得稍好一些。她们不办教育，而是整日祈祷。不仅如此，她们每周三个晚上还"打苦鞭"，即自己打肉体，以"代人做补赎"，同时也是为了使自己能"克制肉欲"。除此之外，连"公散心"时间外的交谈都不被允许，即使亲戚来探望，也只能隔着木格子见面。由于其会规严格，修女数也较少，截至1950年，仅有修女14人，其中包括外籍修女6人。

这些修女刚来上海时，开始一直住在王家堂的拯亡会和献堂会修女的房子里，但是一方面因为王家堂地区有多条小河围绕修院，环境十分潮湿，而圣衣会会规又规定不能像其他修会的修女那样开大窗或经常出门通风，于是这些刚从法国来的修女无法适应天气而相继有修女得重病去世；再加上王家堂的修院离耶稣会神父住院太远，宗教生活很是不便。所以耶稣会的会长决定在稍近的地方建立一个更加私密的、更加符合圣衣会会规的修女住舍，更重要的是，

圣衣院小堂

这个建筑能由圣衣会修女们自行支配。

这个工程再次交给担任土山湾木工间主任的马历耀。

马历耀,西文名Leo Mariot,字慈良,法籍耶稣会修士,1830年3月2日出生,1853年9月27日入修院,1863年2月12日来华,1860年8月15日晋修士品,1902年12月2日去世于上海县城。

根据《江南育婴堂记》记载:以"精晓营造学"著名的马历耀是在1865年由直隶调来江南的,原因是当时的土山湾育婴堂初建,马历耀的任务便是"经管'木、漆、雕花等作场',并负责营造土山湾圣堂"。从此直到1894年,马历耀都是土山湾营造部门的主要负责人。

1873年12月8日,朗怀仁主教为圣衣院建筑祝圣了第一块奠基石,新的建筑位置就选择在土山湾孤儿院的对面。马历耀带领的孤儿工程队负责建造这座会院,仅仅一年时间便宣告完工。此外,马历耀结合会规和上海气候的实际情况,别出心裁地为修院建筑添加了一排转经筒和一排木格子。1874年12月,当时的七位圣衣会法国修女搬进了新会院,自此直到1948年,圣衣院始终驻扎在这里。与会院比邻的,是拯亡会的初学院"圣若瑟院"以及该会院所办的"若瑟院"小学(今光启小学)。

从外面来看,那是一幢很普通的房子,比较简陋,也说不清那是什么风格,似乎有点像20世纪50年代大量建造的工人新村。也许就是这个原因,这幢房子在经历了135年的风风雨雨之后,还是遭到了拆毁的命运。

这幢楼是一座假四层的砖木结构建筑,正门朝南,楼内过道贯通东西,过

早期圣衣院

道两边是两个相对开门的房间。整个楼没有任何花饰，验证了圣衣会苦修、禁欲的思想。楼梯设在楼房两端，栏杆简洁朴素，走廊两旁布置着小房间，面积狭小且两两相对，既是修女们的卧室，也可作为独立的小礼拜堂。二层过道与西侧的大礼拜堂相连。屋顶开有一排天窗。会院周围的围墙要求高过附近最高的房屋，因此，会院在建好的后几年，会院的围墙曾加高过一次。

1948年前后，圣衣院修女开始逐渐离开上海，1950年之后，其大楼归上海电影制片厂所有。

2009年1月，圣衣会的会院建筑因为建造上海电影博物馆和相关建筑而被拆除。2013年，上海电影博物馆对外开放，北侧建造的电影会所仿佛缩小版的圣衣院建筑，并镶贴有"天主教圣衣院旧址简介"的牌子，以纪念这块土地上曾经的历史。

土山湾五金间

土山湾的各个工场里，五金间是最年轻的一个，但是在土山湾历史的几个重大节点上，都能看见五金间的闪光。

五金工场一共由以下几个车间组成：1. 金银细作，即1880年成立的冶铁工场，专门制作镀金镀银的小型器具，也有人从国外寄来圣器、圣爵等器皿，要求土山湾给他们加工镀金，也有人把损坏磨损的器皿送来要求修补。2. 冶

民国初年土山湾五金工场一景，右侧一为笪光华主任

炼工场，即翻砂间，1901年成立。3. 铸铁工场，1907年成立，专门铸造大型铁器，如钟、铁架子等，甚至还可以生产黄包车。4. 机械部，成立于1923年，加工一些机械部件，甚至可以生产大型仪表、机床等。

1913年，二次革命失败，战争的后遗症也令刚刚成立不久的华界警察部门头痛：成千上万的空弹壳沿着河道被抛弃在从江南制造局到徐家汇一带的旷野里，这些已经无用的废金属应该如何处理？在当时确实是个难题。此时，地处华界的土山湾五金工场正好处于发展阶段，

土山湾五金工场出品的烛台灯架

正需要包括铜在内的贵金属。当时土山湾孤儿院五金工场（铸铁工场与金银细作）负责人、葡萄牙籍耶稣会士笪光华（José DAMAZIO）修士从偶然的渠道了解了这个事情，就向华界警察局提出，由土山湾孤儿院来负责收购这些铜，但是"由于孤儿院为慈善机构"，价格必须要压低。

一听有人主动提出出面处理这些令他们头痛的炮弹，华界警察局求之不得。最后双方协定，这些空弹壳根据其中含铜的重量全部卖给土山湾孤儿院。这样一方面解决了华界警察的燃眉之急，另一方面也给土山湾孤儿院的五金工场提供了一批低成本的原料。后来徐家汇天主堂的两个大烛台的铜原料便是出自这些空弹壳。之后笪相公多次向租界和华界购买废旧铜弹壳，为五金间的生产提供了廉价的原料。

早在五金工场成立之前，它就开始制造世俗的各类精致器皿。1901年，土山湾的五金工场与木工间一起代表上海参加了在越南河内举行的法亚博览会。送展的五金作品除了宗教器具外，也包括一些家用的烛台。

1915年的《善导报》上，就刊载了一篇土山湾翻砂厂（即五金工场别名）

的广告，那也是现存最早的土山湾孤儿院对社会发放的广告。在广告中，也提到土山湾工艺院生产的"日用器具""久为中西人士欢迎"，还备有对外出售的价目表。

1911年12月，法国著名飞行家环龙来到上海做飞行表演，当环龙驾驶飞机来到上海的时候，突然发现由于长期飞行，有几个部件损坏。飞机在当时还属于稀罕的东西，大部分普通人连见都是第一次见到，更别说修理了。驾驶飞机来上海进行空中表演，却偏偏遇到机械故障，眼看表演的日子一天天临近，环龙急得像热锅上的蚂蚁团团转……

正在此时，法国驻沪领事慰问环龙，并询问其对即将到来的飞行表演的准备情况。环龙只得将机械故障的情况和盘托出。法国驻沪领事立即向他推荐土山湾孤儿院的五金工场，这个工场以制作精细的五金用品闻名，能够制作钟表，也许飞机上精密的机械零件也可以在那里铸造。环龙将信将疑地接受了建议，把飞机送到了土山湾的五金工艺场。

几天后，这位飞行家诧异地看到，不仅几个损坏的部件被修整一新，整个飞机还被擦得锃亮。环龙试了下，发现完全可以使用，于是兴奋地说道："这里的条件与巴黎的条件一样好。"土山湾五金间也有幸成为上海第一个能够铸造飞机零件的车间。

一直以来，土山湾的五金工场还承担了一个特殊的任务：为新婚教友们打制特殊的婚戒。

新中国成立前，教会曾经规定教友结婚必须使用特殊材质的婚戒：银制镀金的圣教图案对戒，以示对于天主所定姻缘的规诫。而在老上海，生产这种特殊婚戒的，仅有土山湾一家。因此上海教友的结婚戒指，都在土山湾购买；甚至因为独家经营，而且做工精致，供不应求，五金工场还在今天瑞金路的位置设立了销售分部以满足广大教友们的需要。由于婚戒的实用性，甚至到了土山湾后期的1958年，教友们依然还执着地要买土山湾生产的婚戒。

1955年，民政局接管土山湾孤儿院，中国教友董贵民担任院长。当时唯一转型成功的就是五金工场。五金工场本来是作西式用品和教会用品的，而当时不论是西式家具，还是教会用品，均失去了市场。土山湾孤儿院院长董贵民看在眼里，急在心里，几经奔走，终于通过自己侄女婿的关系联系到土山湾的新业务——继电器。

当时的中国正处于建设大潮之中，国家提出工业要实现"电气化"，而这个小小的继电器却是当时上海工业实现电气化的绊脚石——在偌大一个中国，竟然只有黑龙江的一个工厂能生产继电器。因此土山湾开始生产继电器之后，获得了工业企业的热烈欢迎，甚至当时华东开关厂厂长在市里的会议上大力呼吁："继电器只有东北在生产，远远不能满足全国的需要，我们要不到，我的任务完不成，现在上海土山湾在生产继电器，市里一定要重视起来，把它扶植起来，由点带面，全面开花。"

于是土山湾孤儿院的五金工场再次成为全市工业关注的焦点。同样处于困难中的上海市政府对于土山湾五金工场的继电器生产十分重视，甚至特地因继电器生产的环境要求把周围的工厂都搬迁。五金工场后来在公私合营中与合众电器厂合并成立上海继电器厂。

上海继电器厂成立后不久的60年代初，机电一局为了照顾继电器的生产，决定把整幢大楼都让出来给继电器厂使用。于是上海继电器厂整体迁入位于黄浦区的大楼中，而原来土山湾的工厂用地则让给了原先与土山湾五金工场的业务有来往的交通电器厂。至此，土山湾五金间为土山湾百年历史画上了完美的休止符。

徐家汇博物院

年轻时的韩伯禄

一百多年前,在徐家汇这块土地上,曾有过一个博物院,它是上海第一家博物院,"为中国最早自然博物馆",开创了中国近代博物馆之先河。它就是徐家汇博物院。

建立博物馆的想法最早开始于1872年8月的"江南科学计划",其具体内容便是:"在韩伯禄神父领导下研究自然科学工作,在徐家汇珍藏并展览他陆续收集的材料,逐步形成一个博物院……"

早在徐家汇博物院创建前,徐家汇天主堂内已收藏少量生物标本,教会中有这样的记载:"徐家汇之天主堂广庭中,蓄动物一二种,楼下贮鱼鸟兽类之枯骨,楼上陈列有虫蛇等类之皮骨数种。蛇类中有四足蛇,长六尺余,全身作灰色,其卵酷似鸟卵,浸于酒精中。又有一鸟自湖北飞来,被教会中人猎获者,羽毛淡黄,灿烂有光,首小身修,而尾可长三尺许。"除了徐家汇天主堂以外,土山湾孤儿院木工部主任葛相公也有收集中国古玩的爱好,他曾收藏有约3 500件自商周至明清的鼎、瓶、爵、香炉、文房清玩等中国艺术品与古物,藏于孤儿院空室中。

韩伯禄是教会内著名的生物学家,1868年来华之后,韩伯禄始终致力于江南地区生物学的研究和标本收集。经过多年的考察,韩伯禄搜集了无数鱼类、龟类和甲壳类标本,此外还有许多哺乳类、鸟类、蛇类的标本以及关于植

徐家汇博物院

物及地质的标本。

经过韩伯禄十多年的努力,1883年徐家汇博物院建成开放,韩伯禄的心中始终有一个梦想,就是将徐家汇博物院建成远东级的博物馆,也就是说"从马六甲到远东,从新几内亚到贝加尔湖"地区最大的博物馆。

为达到这个目标,之后他又相继去了菲律宾、印尼(当时名为爪哇)、越南、日本等国考察,深入当地丛林,收集当地标本做研究,同时参观当地博物馆。1900年7月8日他在老挝考察时病倒,后被紧急送往河内的医院。虽然之后被侥幸救回并回到徐家汇,但是身体大不如前,于1902年1月去世。

除了韩伯禄之外,教区医生庄其仪也参与博物馆的创建。

庄其仪,字敬斋,原名夏乐·拉图伊(Charles Rathouis),1834年出生于法国南特,在入耶稣会之前,他是医学博士,同时也是南特当地的名医,31岁那年决定为天主献身,不久之后加入耶稣会。

1877年底,年逾四十的他自愿前往中国传教,上级给他的职务是做代牧区内的医生,同时,他也在博物院中绘制各种标本,还在业余时间对当时徐家汇地区的一种新的昆虫种类:白蜡虫进行研究,还发表过关于白蜡虫的研究报告。除此之外,庄其仪还有研究山东地区野桑蚕的文章和研究华中地区短吻

庄其仪神父讣告

鳄的文章发表于耶稣会内部杂志——1878和1879年《研究》（l'Etude）上。1890年，由于心脏病加剧，庄其仪在洋泾浜去世，留下的是无数关于生物的素描画。

除了庄其仪之外，当时担任土山湾孤儿院副院长、同样具有艺术天赋的方殿华（Louis Gaillard）也曾参与过博物院生物标本的绘制。之后接替方神父绘图工作的，是后来成为土山湾照相制版部主任的安敬斋，他也同样参与过博物院生物标本的绘制工作。除了教会中的神父和相公之外，土山湾画馆中的画师宋德林、温桂生、杨达明等也曾参与过动植物标本绘制。

博物院在研究动植物的同时，还将院中藏品整理成册，编成了《中华帝国自然史》一书，相继出版六册。

1902年韩伯禄去世之后，留下了许多哺乳动物标本。一年之后，教会指派柏永年神父接替韩伯禄的工作，他决定将韩伯禄之前编撰《中华帝国自然史》的工作继续下去。从此，柏永年将他每年的工作分成两部分：每年的春季和秋季，他会去江苏和安徽考察，重点采集植物的标本；而每年的冬季和夏季，他就会留在徐家汇，将他的考察结果分类、整理，并继续邀请土山湾画馆的宋德林担任博物馆标本的绘制工作。

1914年，以博物馆动物标本藏品为插图的《中华帝国自然史》第五册第3卷图册出版。该册的最大特点是印制黑白照片，然后手工着色。这一工作为土山湾孤儿院属下的照相制版部制作，其主任安敬斋相公曾参与第二册插图的绘制，属下的学生负责着色。第五册第3卷"鸟类2"的图册一共分为五本，历时13年才出完，当时这是土山湾照相制版部最大的任务，包括当时的画馆学徒张充仁在内，几乎全部参与了这项繁重的工作。

在照相制版部负责鸟类标本照片的拍摄、修图、着色工作的同时，土山湾画馆正着手参与《中华帝国自然史》的第六册出版工作。1920年，《中华帝国自然史》的第六册"植物"出版,该册中的17幅插图由土山湾画馆的素描教师杨达明绘制。值得一提的是,该册正是柏永年的研究成果。

就在《中华帝国自然史》最后一本出版一年之后,柏永年因在海州云台山(今花果山所在地)考察期间身患恶性痢疾去世。这本《中华帝国自然史》是徐家汇博物院历史上最经典的出版物,同时也是土山湾印书馆出版的最著名的自然科学出版物。凭着这本图文并茂的学术刊物以及对徐家汇博物院的贡献,柏永年被提名为巴黎自然科学博物馆学会会员。

徐家汇博物院院长在此之后由耶稣会士松梁才(Auguste Savio)接任,由于松梁才当时在震旦大学担任教师,发现震旦大学有大量研究人员对于这些标本有研究的需要,加上徐家汇的馆舍狭小,于是,徐家汇博物院于1930年在震旦大学(今交通大学医学院)内建设新院,改名震旦博物院(为纪念韩伯禄神父,法语名至1948年一直为Musée Heude)。1931年土山湾木工间主任葛承亮相公去世后,将其生前收集的古玩与徐家汇博物院的藏品一并迁往新院。震旦博物院于1933年正式对外开放,成为当时上海最著名的博物馆之一。

庄其仪神父与土山湾画馆画师宋德林合作完成的《群鹿彩图》

之后，郑壁尔（Octave Piel）、浦君南（Albert Bourgeois）等人先后负责震旦博物院。但柏永年之后的负责人职位——除出版过多部昆虫学研究著作的郑壁尔神父，和在任仅一年的白于珩（Henri Belval）外——都只是单纯的"管理者"而非"研究者"，他们除了管理震旦博物院之外还有许多繁杂的其他事务，不可能把重点仅仅放在研究上。最重要的是，由于震旦博物院1933年之后对外开放，若有意研究标本可以直接来馆参观，加上摄影技术的发展，若想展示馆藏精品，完全可以使用摄影的手段，没有必要将馆藏再费时费力地绘图出版，因此这本《中华帝国自然史》也成了博物院和土山湾合作历史上的绝唱。

1939年，郑壁尔出版了震旦博物院的70周年纪念册，将当时震旦博物院所存的标本拍照出版，这本书也是对于震旦博物院最完整的记录。

震旦博物院一直存在到1953年人民政府接管，之后其藏品分别归属于上海自然博物馆和昆虫博物馆。

南洋公学

南洋公学即今上海交通大学的前身,创办于1896年,与北洋大学堂同为中国近代历史上中国人自己最早创办的大学。

1896年,时任铁路督办大臣的盛宣怀向清朝政府正式上奏《条陈自强大计折》,附奏《请设学堂片》,禀明两江总督刘坤一,拟在上海捐地办一所专门培养商务、行政和法律等方面人才的学堂——南洋公学。经费由轮电两局捐输,聘请何嗣焜出任总理(校长)。奏折建议"各省先设省学堂一所,教以天

1930年代,位于徐家汇北首的交通大学校园

算、舆地、格致、制造、汽机、矿冶制学，而以法律、政治、商税为要"。同时，盛宣怀还在上海徐家汇捐购基地，作为南洋公学的校址，即今上海交通大学徐汇校区所在地。此提议得到光绪皇帝准允。至此，标志南洋公学正式创立。

所谓"南洋"，泛指华东沿海一带。清末民初，称江苏、浙江、福建、广东等沿海各省为"南洋"，称江苏以北沿海各省为"北洋"。所谓"公学"，以《南洋公学章程》中所言，"西国以学堂经费，半由商民所捐，半由官助者为公学。今上海学堂之设，常费皆招商、电报两局众商所捐，故定名曰南洋公学"。

南洋公学的设学宗旨为："公学所教，以通达中国经史大义厚植根柢为基础，以西国政治家、日本法部文部为指归，略仿法国国政学堂之意。而工艺、机器、制造、矿冶诸学，则于公学内已通算、化、格致诸生中，各就质性相近者，令其各认专门，略通门径，即挑出归专门学堂肄习。其在公学始终产业者，则以专学政治家之学为断。"

1897年1月，南洋公学建成，盛宣怀自任督办，聘武进人何嗣焜为校

南洋公学

长。盛宣怀首先设立了四个学院，分层设学，把师范和小学放在学堂的首要地位。1897年，南洋公学首先招收师范生，设立师范院，这是中国近代最早的新型师范学校，标志着中国师范教育的开始。师范生的招生考试以"不取修膳""资送出洋""择优奖赏""优予出身"为条件，张榜招贤，与科举竞争人才。通告发出后，各省前来应试者数千人，经严格挑选，录取师范生40名，所招学生均为学有所成的人，如陈懋治，是1894年甲午科的举人。

盛宣怀后又仿照日本师范学校有附属小学校的做法，挑选了120名10～18岁的聪明幼童建立了小学堂，即外院，由师范生分班教学，这是中国最早的公立新式小学。

1898年，南洋公学开办二等学堂中院，这是南洋的主体，是为进一步设立上院而创办的。1900年起规定学习期限为五年，分中院三年，高等预科二年，必须修完高等预科后方可毕业。1901年，时任南洋公学校长的劳乃宣向盛宣怀建议将中院首届毕业生择优选送出国学习。盛宣怀出于办洋务急需人才的目的，资送中院毕业生出国学习。从1897年至1906年，南洋公学学生被派往日本、美国、英国、比利时等国留学的计五十八名，相当于中院和师范院毕业生的半数。

南洋公学是我国最早兼有师范、小学、中学、大学的完整教育体制的学校。执教南洋公学的教授均为当时赫赫有名的学者，如马相伯、李枞、蔡元培、李维格、张相文、丁日昌等人，就读于南洋公学的学生亦为此后佼佼者，如蔡元培所教学生中，有邵力子、洪允祥、王世澂、胡仁源、殷祖同、谢沈（即无量）、李叔同、黄炎培、项骧、贝寿同等人。

用华语演话剧也是始于南洋公学，据1914年出版的朱双云《新剧史》记载，1900年底，上海南洋公学中院二班学生就取"戊戌变法六君子"编为新剧，名为《戊戌政变纪事》，在课堂上演出，虽道具服装极为简陋，但观者踊跃。受此鼓励，此班学生又编排了新剧《经国美谈》和关于义和团的戏。以后每年的孔子诞辰日，编演新剧成为南洋公学的惯例。

南洋公学曾几经更名，1911年至1912年，唐文治掌校期间，曾把邮传部高等实业学堂改名为南洋大学堂。之后又改为上海工业专门学校。1920年12

月，北洋政府交通总长叶恭绰以交通部所属上海工业专门学校、北平铁路管理学校、北平邮电学校、唐山工业专门学校四校散居各地，不便管理，于1921年统一学制，统称交通大学。而分称各校为交通大学上海学校（沪校）、北京学校（平校）、唐山学校（唐校），其中交通大学上海学校为总校。交通即"通八达"意。1956年，交通大学分立，分别成立上海交通大学、西安交通大学。

南洋公学以及后来的交通大学为国家培养了众多的杰出人才。理工科方面的人才，如科学家钱学森、土木工程学家茅以升、计算机专家王安、数学家吴文俊、医学家王振义等人皆出自于此。南洋公学也培养出了众多的政治、行政人才，比如著名将领蔡锷、社会活动家黄炎培、近代政治家邵力子、新闻出版家邹韬奋等。

叙伦堂

叙伦堂是徐家汇土山湾教友社区（教徒村）的议事中心，也是该社区中举办中式婚丧嫁娶的地方。这是一个与中国传统社区不同的新型活动中心，因为这里的居民不靠血缘关系维系，而更多的依赖信仰和亲友邻里关系。因此，这里的议事中心叙伦堂，有其鲜明的特色。

该堂在1897年与汇南小筑等土山湾分配给孤儿们婚后的住房一同建立，位于圣衣院北面（今电影博物馆附近）。当时，由于以五埭头为代表的教友社

《中国通讯》所刊的《孤女出嫁图》

沈则宽

区已经形成，而各家房屋都比较狭小，遇到红白喜事尤显局促，"六礼之行，无以尚也"。因此，当时的土山湾孤儿院院长、华籍耶稣会士沈二神父（沈泽宽，字容斋）感同身受，经请示上级同意，决定将徐家汇天主堂周围旧屋拆除之后的材料用来建造一座新的房屋，在让居住在此的土山湾工人将房屋略加装饰之后，沈二神父便将这幢房屋起名为叙伦堂，意为五伦攸叙。为突出"五伦"的象征意义，他让当时在土山湾画馆中水平最高的教师范应儒率领学生在屋外绘制各种飞禽走兽，在屋内则绘制"五伦图"。"五伦图"也称"五翎图"，即以五种鸟类象

五埭头南面的叙伦堂，后被改造成漕北文化中心

土山湾叙伦堂中的婚礼场景

征五种伦理道德：以凤凰象征君臣、仙鹤象征父子、鸳鸯象征夫妻、白头翁象征兄弟、燕子象征朋友。古人以"君臣、父子、夫妻、兄弟、朋友为五伦"，要求"君臣有义，父子有亲，夫妻有别，兄弟有叙，朋友有信"，这也正代表了中国固有的传统文化在这个特殊的社区中依然在强有力地延续。

房屋建成之后，这里的土山湾居民自发集资购买茶炉、酒爵、轿子、布幔、碗筷等物品，主要供在这里举办的红白喜事使用。丁酉年农历十月初十（公历1897年11月4日），叙伦堂正式对广大居民开放，当天，土山湾孤儿院院长沈二神父还特地赠送十四幅字画道贺。

叙伦堂和传统中式建筑一样是前厅后房的结构，聚会、议事、操办活动的场所在前厅，后房主要供烹食、煮茶等后勤工作使用。

根据规定，居民们遇喜事可免费使用叙伦堂三日，遇丧事可免费使用叙伦堂一昼夜，如欲借用其中的轿子、茶担等公物，仅需支付少量付费，以备充作日后修理换新的经费。除红白喜事之外，每年议事聚会六次（四大瞻礼日，即复活、圣神降临、圣母升天、圣诞，以及土山湾慈母堂主保瞻礼和正月初一至初三），议事期间叙伦堂在上午八点半至下午五点供应茶水，聚会的参与者，每人需要交一笔很小的费用（五文/月，周年为六十文），主要用于六次议事时的茶水、煤等费用。

除了红白喜事和议事之外，叙伦堂平时还办学塾，并特别邀请一位圣母院的女老师教授孩子经文，八岁以下的孩子均可以在此学经。

叙伦堂的红白喜事也有与众不同之处，例如在婚礼时明令不得使用礼炮和传统音乐，丧礼时规定白布孝巾使用范围仅限至亲。另外，即使在议事时也规定不得大声喧哗。贵重的公物平时存在土山湾孤儿院内，只有办事时才能借出。叙伦堂在1949年后和当时的土山湾教友社区房子一同拆除。

叙伦堂是一个富有意义的尝试，我们看到，这些并非因为血缘关系和家族姻亲关系而住在一起的人，努力通过建立统一的规则条文来有序运行一个社区——而这也是我们今天依然在努力的。

土山湾军乐队

一百多年前,在徐家汇这片土地上,就已经有一批孩子,拿起西洋乐器,像模像样地吹奏起来。

早在19世纪70年代,法籍耶稣会士兰廷玉神父(Franciscus RAVARY)在徐家汇组建了管弦乐队,乐队成员包括徐汇公学学生和土山湾孤儿。1871年,土山湾的四个孤儿在一个中国神父带领下,为奥地利驻沪总领事于布内表演海顿的交响乐。后来兰廷玉神父调离徐家汇,这支管弦乐队的踪迹就再也寻觅不到了。

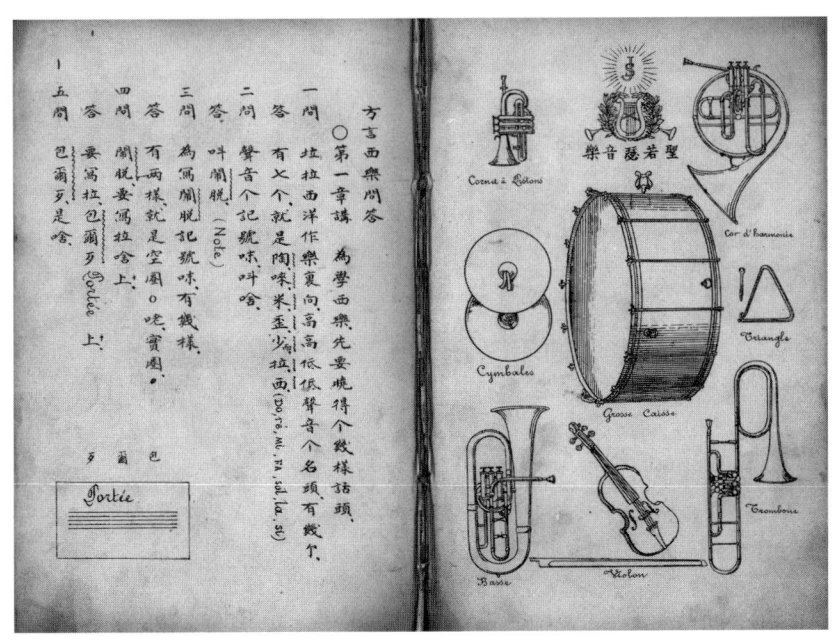

1903年出版的《方言西乐问答》内页

民国初年土山湾乐队合影,中排右五持指挥棒者为葛承亮,
后排右一拿大号者为笪光华,乐队中甚至有了低音大提琴之类的弦乐器

  1901年的一天,驻在上海的法国军队号手卡尔雷夫(CARREREFF)来土山湾,因身着制服被好奇的孤儿们团团围住,卡尔雷夫答应每周日来教孩子们军训。军训时卡尔雷夫吹响军号,还把自己做鼓手的同事沙特尔(SAUTEL)也一起带来帮助土山湾的孩子们踏准步点。军鼓和军号的伴奏正是这些中国的孩子们第一次接触到的"西方音乐"。

  卡尔雷夫离开上海后,土山湾乐队训练工作主要由木工间副主任笪光华(José-Maria DAMAZIO)与当时的读书相公叶肇昌两位土生葡人负责。叶肇昌会演奏小提琴、小号、单簧管等多种乐器,因此就他的水平来说,教这些小朋友绰绰有余。

  首先,叶肇昌从虹口天主教社团(以葡萄牙人为主)募集到了最早的一批乐器,之后又有国内外人士赠送了很多乐器和相关辅助设施给乐队,例如一个中国太太送给土山湾军乐队一个大的共鸣箱,而法国各地为土山湾的孤儿们募捐了服装,后来土山湾又从法国进口了不少乐器。

  经过一年的筹备,1903年,叶肇昌在土山湾孤儿院正式成立军乐队,第一批乐队成员有25人。叶肇昌给这个乐队取名"圣若瑟"（Fanfare de Satin-Joseph）。他组建乐队的目的，只是希望"在这些孩子现在以及他们长大之后，能够在业余和散心时间找到一项健康而快乐的娱乐活动，并由此感受到天主的荣耀"。

圣母院的姆姆们则为乐队缝制了旗帜。土山湾乐队的这面旗帜底色为红色，一面绣着劳工主保圣若瑟像和法语"Fanfare Saint-Joseph"（圣若瑟军乐队）字样，另一面则绣着音乐主保圣则济利亚像和法语"Orphelinat de T'ou-sè-wè"（土山湾孤儿院）字样。乐队对于这面旗帜十分重视，每一次演出之前，都会提前把它送到演出地，以保证演出的时候在现场亮出这面旗帜。

对于这些毫无西洋音乐基础的中国孩子来说，至少必须先学会识谱。为此叶肇昌写了一本大约70页的教材《方言西乐问答》，其中用浅显易懂的上海方言和图片对西乐知识做了讲解。在识谱的同时，孤儿们也开始练习西洋乐器的使用技法。

清末土山湾孤儿院军乐队合影，第二排左四为叶肇昌，后排右五为笪光华

至于乐队唱经班，叶肇昌则找来了当时刚来中国、正在学习中文的法籍耶稣会士舒德惠（Achilles DURAND）帮助训练，之后他根据在土山湾孤儿院唱经班的教授经验编成一本小册子——《学校音乐基础与歌曲集》（Élément musique et chants de college），1907年由土山湾印书馆出版，后来成为各校音乐课程的蓝本。

有一天，一个法国海军部队的长号手来到土山湾军乐队的排练现场，当他拿起一把长号吹奏起来时，一个乐手立刻拿起铜管一起吹奏，之后其他铜管乐手都参与了进来，共同演绎了当时法国的流行音乐《火车》。这个海军士兵回国后写信告诉双国英（Louis Hermand）神父："神父，你看，当我告诉我在巴黎的同事，我和中国人一起合奏歌曲的时候，他们根本不相信。"

土山湾军乐队的第一次亮相是在1903年慈云桥落成仪式上，从此以后土山湾军乐队便开始走进公众的视野。

1904年"齐业工业学堂"成立，土山湾军乐队也被邀请在仪式上表演。从仪式开始之前到仪式之后的小型音乐会，土山湾军乐队的表演贯穿全场，无疑是那天最令人瞩目的明星。对于这一天乐队的表现，当天在场的舒德惠神父这样评价："这是巨大的成功！"

1909年，土山湾孤儿院乐队赴常熟参加迎圣母仪式，乐队"一路唱经奏乐"，并"应常熟县署之请，登大堂，环奏西乐数章，祝其上寿高升"。

1910年无锡总铎区总铎、意大利籍耶稣会士萧子云神父（Séraphin SPERANZA）的追思礼上，土山湾军乐队演奏肖邦的《葬礼进行曲》。下葬当天，土山湾乐队的表演被安排在一个中国民乐队之前，中西音乐的鲜明对比吸引了附近许多外教人前来观看。

1910年徐家汇天主堂新堂开堂仪式上，土山湾乐队演奏了Deneuflourg的《祈祷》和Filliard的《圣母》。在当时法租界内的主要媒体《中法新汇报》上，该报主编孟烈士特（Alphonse Monestier）对于土山湾军乐队进行了高度评价："谁能相信这些音乐家们的服装都是普通的土山湾孤儿院工人制服！"

法国飞行家环龙飞行表演，广慈医院（今瑞金医院）春节期间的演出，法商电车公司的演出，徐汇中学的各类迎来送往，甚至教友家里的喜庆大事，都会邀请土山湾军乐队出马"撑场面"。每当中外贵宾莅临徐家汇，土山湾军乐队就会站在最醒目的位置为他们表演助兴。

1919年12月，法国公董局将一把象征性的指挥棒交给叶肇昌神父，以表彰叶神父多年来对土山湾孤儿院乐队的贡献。当天，土山湾乐队还演奏了其保留曲目《马赛曲》，以及几首法国的快板和进行曲。

在1937年笪光华去世后，土山湾军乐队由潘国磐（Xavier COUPE）代管，潘国磐虽然也会弹风琴，但由于其一人身兼多职，分身乏术，乐队从此风光不再，1947年徐汇中学那场授勋仪式成了绝唱。之后乐器被扔在仓库里，直至60年代初期正式回炉。

双国英神父曾引用《圣经·旧约》"圣咏集"中的话来概括土山湾成立军乐队的意义："请众以声洪的铙钹赞美上主。""请众吹起号角赞美上主。"但意外的是，土山湾军乐队的影响却不仅限于教会和孤儿个人身心健康发展，其对于现代音乐教育的影响都不容小觑。

震旦学院

震旦学院创办于1903年,校址在徐家汇老天文台内,由马相伯一手创办,是中国第一所私立大学。

马相伯游历欧美回国之后,认识到唯有教育才能强国,于是决心办一所新式的中国大学,和欧美大学教育并驾齐驱。于是捐出家产3 000亩土地,以此办学。1902年,蔡元培介绍南洋公学的24名学生,跟随马相伯学习拉丁文,成绩斐然,声名远扬,于是各省青年慕名而来,不远千里,跋涉求学,由此,马相伯创办了震旦学院。

"震旦"校名,由马相伯先生所题,取自梵文,意思就是"中国",又有"东方旦明"的含义,喻指中华的振兴。马相伯考虑到以一己之力建设,势不能久,故请托耶稣会团体,以期长久;又因师资缺乏,故聘请耶稣会教士,以襄其成。校址初设徐文定公葬地徐家汇天文台旁,于1903年2月27日举行开学典礼,3月1日正式上课。

因学生日众,原天文台余屋已不敷用,于是马相伯又在老天文台北面空地建三层楼房一所,上层为宿舍,中层为教室,下层为饭厅。最初开设英、法文各三班,除法文班、英文头两班和数学等课系由神父任教外,英文三班即由头班学生张元济和沈步洲两人任教。另有头班学生邵力子、项骧、叶仲裕等分任校务干事。

以"广延通儒,培养译才"为宗旨的震旦学院,倡导学术民主、思想自由,并采用"挈举纲领,开示门径"的启发式教学方法;注重文艺、崇尚科学、不谈教理,更是马相伯一再强调的办学方针。马相伯认为,"欲革命救国,必自研究近代科学始;欲研究近代科学,必自通其语言文字始"。

1912年,马相伯与震旦学院毕业生合影

震旦学院首先注重养成译学人才,招收学生二十余人,研究哲学、拉丁语、英语、法语,其中有不少是长于国学科举出身的士子,所以在课程方面,一共分设四科:语文学、数学、格物学及致知学,而以外国语列为必修课程。教学目标为"应世用、能译书、阅报章、不求舌",所以教学方法很特别,不注重辩语音认生字,而是用速成方法教以英、法、拉丁文,从事翻译欧美科学书籍,取其精华,作为借镜。其余各科目也是仅教授学习方法,以启发学生自由研究的风气。马相伯担任监院(校长),并自任哲学教职,兼授拉丁语。

震旦学院对于军训、体育也很注意,每星期上兵式操三课,请法国军官教授,有时由军官率领到法国军营,荷枪实弹练习打靶。

然而,耶稣会反对马相伯的一系列教学主张,要把震旦变为教会学校。1905年3月,马相伯收到法籍神父南从周(Perrin)信函,须"将头二班英文裁去,如不愿者听之",并强令马相伯入院养病,由南从周神父住在学院中管理一切。震旦学生们认为裁去英文课而专上法文课,且各学科都是以法文所教授,意味着震旦已变为教会学堂。何况马相伯无病而被迫入院,实际上等于被教会所驱逐而夺去校权。在于右任等人带领下,学生们摘下"震旦学院"校牌,搬走全部图书和教具,宣布集体退学离校。震旦学潮引起清政府的注目,上海道署与租界巡捕房意欲逮捕震旦学生,外籍教士借此要挟马相伯,若想保全这批学生,则必须交出震旦。由此,马相伯写下捐献校产的字据,离开震旦学院,另办复旦公学(即复旦大学的前身)。

1908年,震旦学院迁校址至上海近郊卢家湾(即今重庆南路)。同年8月,震旦学院重新开办,由李杕任校长,南从周神父任总教习,首批学生六十余人。1911年,震旦学院增设法科,1912年设立医科,以介绍西医学为特色,自成一派,为震旦学院最具代表性与知名度的学科。1932年设政治经济系,由震旦学院改名为震旦大学。1933年又设牙医系。

至1949年,震旦学院有学生一千一百余人,其中天主教徒学生为320人,培养了大批医学及各类人才,如曾任国民政府教育部长的地质学家翁文灏,和胡文耀、孙文耀被称为"震旦三文";曾任比利时公使的朱鹤翔;曾任司法行政院秘书长兼中央大学法院院长的谢冠生;上海名律师顾守熙、袁家骐;曾任国际律师协会中国代表的凌其翰;教育家胡敦复;政治家于右任、徐季龙;上海市医师公会主席宋国宾等。

1951年初,新中国政府接收震旦学院。1952年,震旦学院的文学院和法学院并入复旦大学,理工学院并入交通大学,医学院则有其他两所医学院并入,改名上海第二医学院(即上海第二医科大学)。

启明女校与崇德女校

在徐家汇的历史上,有一个非常有趣的现象,几乎所有的历史建筑,无论是功能本身还是其建筑风格,都根据使用者的性别做了划分。例如徐家汇的天主堂巍峨挺拔,犹如男性的阳刚之美,而肇嘉浜对岸的徐家汇圣母院则圆润可人,犹如女性的阴柔之美。同样,虹桥路上徐汇中学内的崇思楼雄浑壮丽,相对的,却是天钥桥路上市四中学内启明楼的温婉大气。今天的故事,便从启明楼说起。

启明楼建于1916年,至今其底层门廊中间柱子的基石上东边用中文刻有"民国五年六月十四日奠石",西边则用法语写着"14 JUIN 1916",记载着这座启明楼的百年风雨。2014年,启明楼以"启明女校旧址"的名字被上海市人民政府公布为上海市文物保护单位,归入徐家汇天主教历史建筑群。在翻译家、

1929年启明女校全体学生合影

文学家、戏剧家杨绛先生的笔下,更是记录了早年在启明女校学习的美好岁月。

其实早在启明女校之前,徐家汇便有女子学校。早在1867年,耶稣会苏念澄(Hippolyte Basuiau)神父就把所创办的经言小学从横塘迁到徐家汇的王家堂地区(今南丹东路天钥桥路),当时有学生五六十人。该校专收教内的女生,也是至今发现天主教会在上海开办最早的女子学校,该校打破了女子教育的禁区,让中国的女子与男子一样有平等享受教育的机会。同年,郎怀仁主教邀请拯亡会修女来华,和很多初来华的神父修士选择在徐汇公学以及土山湾孤儿院教学一样,拯亡会的保禄姆姆与圣心姆姆也选择了经言小学的教职。1869年,徐家汇圣母院建筑落成之后,经言小学也一并迁入圣母院,此时学生已达百人,课程主要为四书与书法,其间还设有医学一科,学校注重手工教学,分为四组,第一组是西式裁缝,第二组是中式裁缝,第三组是刺绣,第四组是扎花。首任校长便是拯亡会首批来华的修女保禄姆姆。

光绪二十一年(1895),该校扩容,由圣母院院长多明我马兰白姆姆兼理校务,蓼姆姆担任校长。光绪二十四年(1898),李问渔神父为学校题名"崇

2007年修缮后的市四中学

德女校",取德行前进之意,学校正式有了中等教育。1911年,学校根据民国教育部所颁学制,改为初级小学、高等小学、中学,每届毕业生发给文凭。1927年,根据教育部"新章",该校改为小学六年制,旧制中学三三制,因当时上海已另有一所"崇德女校"(今七一中学),遂改名为"上海市私立徐汇女子中学",以纪念徐光启,但是小学部依然存至1946年。该校始终以教会内部女生为主要生源,教学目的也与"培养修女"密不可分,学费也相对便宜,提供住宿。该校课程方面注重将宗教教育与儒家经典相结合,除经言、教义

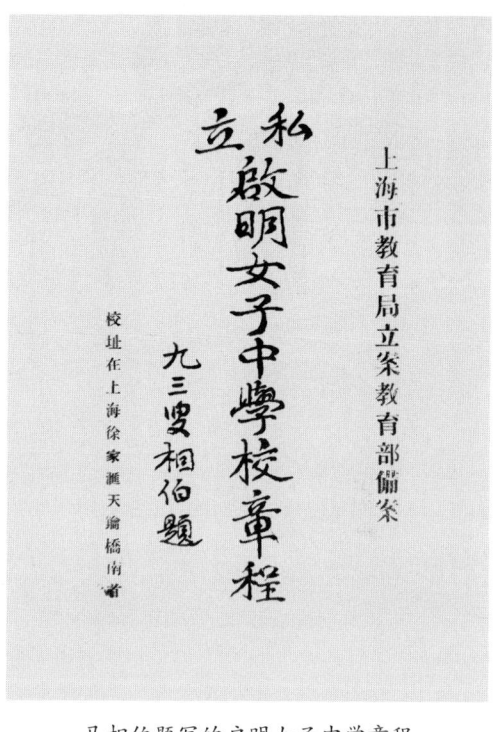

马相伯题写的启明女子中学章程

外,还有四书、书法、医药、手工、算术、历史、地理、博物、体育、音乐,高年级选修西文(法语为主)、钢琴、图画等课程。其中特别重视医药,便于学生以后借行医协助传教。在教育形式上,一般采用双语制教学。

随着上海社会与教会的发展,廉价的但带有宗教目的的女校教学已不能满足社会的需要。20世纪初,崇德女校由于其对女子培养的现代化课程已名扬上海,当时务本女校(今市二中学)校长吴怀久请拯亡会修女去该校教授西文、音乐、图画等。还介绍了三名女生来崇德借读。之后震旦学院也介绍了三名女生来借读。

光绪三十年(1904)年秋,崇德女校的借读生已有十一人。于是拯亡会方面决定另立启明女校。震旦大学校长李问渔代拟校章,并定名启明,启明(女校)遂正式成立。启明这个名字,法语叫 L'étoile du matin,意为晨星。

与崇德女校不同,该校的办学宗旨是"以普通及高深之学问,教授一般青年女子,养成优美德性,以植家庭贤淑女子之基础"。1922年,当时的民国大

启明女校的启明楼

总统黎元洪为学校题匾"砥德砺行",也可以看出启明女校虽同为拯亡会所办,但宗教性已大大减弱。

值得一提的是,在启明初创时期,爱国老人马相伯曾倾己之力资助过办学。1914年,马相伯独子马君远去世,孙女马玉章只有六个月大,于是马相伯的学生于右任、邵力子等筹措了一万元用以资助尚在襁褓中的马玉章,然而这笔钱却被爷爷转赠给启明女校作为学校的教育经费。

启明女校的发展方向是与上海社会发展相适应的世俗性,而与之相匹配的也带来了该校昂贵的学费,20世纪30年代学校的学膳费一年银洋50元,学英语或法语加20元,学西洋音乐加20元,学绘画加20元,学国画加20元。这笔昂贵的费用,普通家庭是负担不起的。因此,启明女校的学生大多为富家"千金"。

启明女校校规严厉,除了每天午饭后、点心后、晚饭后三次"散心"时间学生可以交谈之外,其他时间禁止交谈。学生在上课时也不许随便插嘴询问。启明女校在上海的女子学校中率先引入男老师上课,但同时规定男教师上课时，必须由姆姆坐在课堂最后进行监视。

20世纪30年代，教育局出台规定校长不能由外国人担任，启明与崇德两校相继换成中国修女担任校长，但是权力依然在圣母院中。上海在新中国成立之后，根据军事管制委员会规定宗教必须与学校分离。1952年，两校合并改名上海市私立汇明女子中学，同年底，学校正式转为公立，改名上海市第四女子中学。

长期以来，市四中学与徐汇中学、中国中学、五十四中学并称为"四校"，被认为是徐汇区普通中学中的四个"龙头老大"。

2006年初，区教育局校舍基建管理站和市四中学与区文化局多次协调，实地勘察，针对启明楼存在的楼面下凹问题，研究修缮保护事宜，对启明楼进行修缮加固。2007年9月，整个修缮工程竣工。经过精心修缮加固后的启明楼，历史风貌依旧。

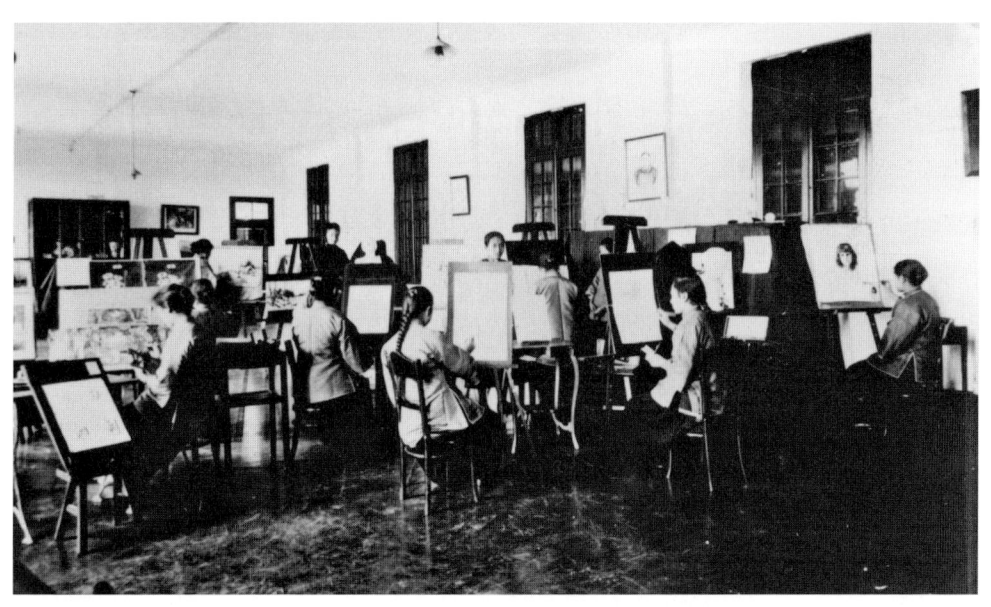

启明女校的学生在学习绘画

土山湾百塔

1915年美国巴拿马世博会上，一组由上海土山湾孤儿院木工间的孤儿所制作的宝塔模型让人眼前一亮，并最终获得当届世博会的头等奖章。

在巴拿马世博会的介绍中，曾提到"几年以前，土山湾孤儿院的葛承亮修士，开始了他里程碑式的工作"，可见整个宝塔的制作过程持续数年。1913年3月，在参展细则还没有明确、参展专员还没有任命之前，土山湾孤儿院就已经向美国驻上海领事馆提出申请，提到"木工部有几十个（原文使用的英语原

1915年旧金山世博会上土山湾出品的中国牌楼和百塔

1933年美国芝加哥世博会中土山湾出品的中国百塔模型

文意为至少60～80个)在中国代表性的塔",可见早在申请参加世博会之前,这批宝塔就已接近完成。因此这批宝塔并非为参加世博会特意制作。

在发往美国的信中,葛承亮曾提到,他"也是在一些德国专家煽动下才建造了这些宝塔,那些专家答应在建成后以原价购买成品"。因此宝塔最初的制作原因,可能真如葛承亮自己所说,是"受骗上当"的结果。但是这个"骗局"却意外地为我们带来了今天这些美妙绝伦的宝塔艺术品。

对于宝塔的个数,在各类文章中均有不同的表述。龙美仙女士提供给某杂志的照片《宝塔一组——1915年旧金山巴拿马太平洋世博会》表明,今天仍存在美国的宝塔有81座。徐家汇藏书楼所藏获奖凭册目录上记载宝塔87座,正文中宝塔照片数下来有86张,但是宝塔地图上数出来只有82座。1917年,江南传教区屠恩烈神父(Henri Dugout,法国人,1875—1927,1908年来华,教区内著名作家,震旦大学教授)在去芝加哥参观这批宝塔时提到这批宝塔是"80个"。那么,土山湾的孤儿们究竟作了多少座宝塔呢?

经过将两本书的目录、正文都作了比对之后,可以发现:

葛承亮与土山湾宝塔

首先，现存于徐家汇藏书楼的百塔图获奖凭册扉页上的签名"Fr. Beck"（葛承亮修士）表明，这个获奖凭册原是给他的副本，这本目录也并非由其所作。目录记载的87座宝塔中，仔细查看有4座是重复的，这四座宝塔分别是51号安庆府振风塔、25号武昌府宝通塔、43号镇江府金山塔和44号南京栖霞山古塔。因为现今留存的宝塔模型中没有发现这四座重复存在的宝塔，而且这几座宝塔从图片看本身并无不同，仔细看每个宝塔的下面都有一行小字"See Page **"（**表示后一个重复的宝塔页数）。因此可以判断，这4座重复的宝塔是因为共同使用同一个宝塔模型，在宝塔的计算中不能列入，目录中实际列出的宝塔为83座。

第二，该获奖凭册中，有四座宝塔在目录中出现，但没有在照片中出现，他们是76号和77号桂林府宝塔、78号贵阳府塔、48号合川府塔。再对照现存美国的宝塔照片，可以找到疑似48号合川府塔、疑似78号贵阳府"安顺白塔"（今名）的照片。而地图上除了上述两座塔外，还标注了76号与77号塔分别位于永福与武宣县。由此推断可能是拍照时遗漏了这四座宝塔反而拍了四张重复的，当制作目录时发现漏拍，就暂时把这几张没有照片的宝塔在目录中一律编在等待补寄的第18页。从实物看，这四座宝塔当时确实存在，不能删除。

第三，目录和正文的介绍为美国卡瓦纳神父根据葛承亮的资料所写，照片中有三座宝塔没有被列入目录中，他们是84号东昌古楼（日暮楼）、85号武功县真身宝塔（第18页），以及第4页一座没有编号的安徽颍州塔。因此，照片上实际显示的有86座宝塔。也就是说，除了被列入目录的宝塔外，还有3座照片中的宝塔实际存在却没有被列入目录，因此实际计算中目录中的宝塔应该再

土山湾出品的部分百塔模型，右二为上海龙华塔

加上3座。

第四，宝塔地图根据地域分布，在去掉了4座重复塔之后，遗漏了河南省开封1座塔（20号/80号中的一座）、佘山42号塔、苏州1座塔（40/39/28号的一座），以及东昌古楼（正文中为84号，目录中未显示不计入），并且没有显示81号和82号高丽（当时已不属于中国）的2座塔，却标上了安徽没有编号的颍州塔、85号武功县真身宝塔，以及陕西邠州1座塔（编号不明）和山西蒲州1座塔（编号不明）。因此87座目录中宝塔减去4座、重复减去5座、遗漏增加4座补漏，就可以得出地图中共有82座宝塔的答案来。

第五，现存美国的宝塔中，与目录中的83座宝塔相比，缺失了目录中有的4号普陀山太子塔、35号南京报恩寺塔、76号桂林永福塔、77号桂平武宣塔、60号三原县塔，多了目录中未标明、但有照片证明的84号东昌古楼、85号武功县塔，还有一座既没有照片，目录中也没有标明的塔。因此现存美国龙女士处的宝塔为：87座目录中宝塔减去4座、重复减去5座、缺失增加3座，增补=81座（由于有实物证明，因此还应该加上这座没有任何资料的宝塔；

值得注意的是，这座宝塔表面为本色，无任何雕刻，形状简单，应为宝塔的打样）。

根据以上五点可以得出，当时土山湾为旧金山世博会送展的宝塔应为：87座目录所列出的宝塔减去4座重复的宝塔、增加3座目录中遗漏的宝塔、增加1座没有任何资料说明的宝塔，等于87座，当时在世博会上展出的宝塔确实为86座（不包括那座没有任何资料说明的样塔）。

关于宝塔模型与真实性比对的情况，从卡瓦纳神父的介绍中我们可以知道葛承亮制作宝塔的前期准备工作通过两个途径完成：一个是天主教会内最常用的联系方法，即亲自或者委托院长写信或者拍电报给各地的兄弟修会，希望对方帮助收集辖区内宝塔相关资料和照片。而宝塔的编号顺序大致呈现同一教区（代牧区）内相对集中的现象，也恰好从另一角度说明当时葛修士确实是用这样的方法获得宝塔信息的。另外一个途径就是葛承亮通过一些政府的关系，查阅了官方的一些档案和书籍。卡瓦纳神父的说法还是比较真实的，因为仔细查看宝塔序号分布就可以发现，有些同一区域的宝塔上有一两个跳号现象，而

土山湾出品的部分百塔模型，右三为松江西林塔

且先有连续的集中分布，再有补充的跳号，可以解释为跳号部分的宝塔是在档案或书籍中找到补录的，从而证明葛修士是先通过教会的关系制作这些宝塔，之后才去翻阅相关资料。

当时作为土山湾木工部负责人的葛承亮不可能真的为这些宝塔抛下土山湾的孤儿走遍全国，因此他没有条件对兄弟修会提供的资料进行现场核实，也不可能对所查到的绝大部分资料进行现场验证。因此，错误在所难免。如28号苏州瑞光塔（Se Kwang tah），其拼音根据苏州方言拼写正确，但汉字却根据上海方言误译成"水光塔"（Bright color tour）。另外所有的藏塔都标明曲登（Chorten，藏语"塔"），没有具体的名字，葛承亮误以为曲登是这些塔的名字。还有53号太原府的"阿弥陀佛塔"，其实是山西太原永祚寺双塔中的一座，只因塔的第一层有刻字"阿弥陀佛"，当时去查看的传教士误以此为塔名。

除了名字上的错误外，还有层数上的错误。图册中有两座塔号称开封铁塔，实际上开封只有一座铁塔，即80号塔；另外一座20号塔并非铁塔，根据对比应为开封尉氏兴国寺塔，而且仅有八层，而非模型所铸造的九层。24号景州（今河北景县，目录中误作锦州双塔）塔的层数应为13层，而非资料中的11层。

另外，就覆盖程度来说，很多具有代表性的宝塔都没有能够列入，不可谓不是一种遗憾！例如开封府的繁塔，不论从美学角度，还是建筑独特性上，都比兴国寺塔更具有代表性。而当时管理打箭炉的巴黎外方传教会士，也不过是在路上随便找了两座"曲登"发给葛承亮，这为我们今天寻找这两座塔的原型带来了相当大的难度，也造成了现存宝塔雷同度高的现象。

当时一方面由于技术所限，不论是画像还是照片，都不可能把塔的每个方位、每个角度全部记录下来，葛承亮制作宝塔的时候，在实际资料不全的情况下只能发挥想象，或者老老实实写在小册子上。另一方面由于当时一些古塔的资料本来就有缺失，尤其在那些不属于耶稣会管理的教区，不可能叫其他修会的传教士浪费当时还比较昂贵的胶卷反反复复为你拍摄同一座塔，更不可能让别人浪费自己的时间为你反复查找相关资料。

但尽管有以上种种缺点，瑕毕竟远远不能掩瑜，即使今天看来，这些宝塔模型依然为我们了解当时的宝塔情况提供了非常多的参考。若是2002年雷峰塔重修时能参考土山湾孤儿院曾经作的模型，就不会是现在这个样子。获奖凭册图片上展示的86张宝塔，已经有12座宝塔在参展之后成为历史车轮下的牺牲品，例如32号南康府的梯云塔已于1969年拆除，如果将来有机会重建，这些古塔模型将是非常珍贵的参考资料。

土山湾牌楼

1915年美国旧金山巴拿马世博会上,有一座中国牌楼大放异彩。历史上,这座牌楼曾参与过三届世博会,是名副其实的"三朝元老"。木雕这座中国牌楼,与百塔模型一样,出自土山湾孤儿院木工间的一群孤儿之手。

这座中国牌楼高5.8米,宽5.2米,全柚木雕刻,是一件珍贵的艺术品。牌

1915年巴拿马世博会上展出的土山湾牌楼

楼中光雕刻部件就多达数千件之多，举世罕见。整个牌楼结构平衡，布局精巧，比例适宜，手工技艺高超，是大型中国木构建筑和西方艺术交融的工艺品。牌楼为四柱三间楼阁式，六挑斗拱庑殿顶，十个狮形抱鼓石做基座。精工巧做，华丽壮美。

牌楼的柱和梁枋上布满了各种图案的雕刻。牌匾的正面刻有"功昭日月"，背面为"德并山河"，上下饰有龙纹，左右则是凤凰纹饰。在牌楼顶上，每一开间上都架有自己的屋檐，3片屋檐有机结合，成重檐之势。柱上蟠龙吐火纳珠，基座狮子憨态可掬，屋脊双龙戏珠，外侧鱼饰低首抬尾，佑护免灾。引人入胜的是门楣上的三顾茅庐、过五关斩六将等脍炙人口的三国故事。而长坂坡的画面令人遐想，本应是赵云冲着桥上接应的张飞奔上桥去，然而牌楼画面却是赵云背离张飞而去的画面。另外形态各异的大小狮子，似乎缺失了中国传统文化中"画龙点睛"的灵气，看似"有眼无珠"。尽管它取材于中国古典小说和民间传说，却融入了外国人对中国传统文化的独特理解，如中国传统建筑中的狮子一般为一公一母，公狮脚下踏绣球象征权力，母狮脚下为幼狮象征慈爱，而牌楼上所有的狮子都同时踏有绣球和幼狮，这也象征了土山湾木工间主任、德国修士葛承亮对中华文化自身的理解。牌楼的工艺上既继承了我国古代的一些传统技法，又渗入了当时土山湾正在传授的西方透视学原理，集中体现了中西雕塑艺术和审美理念完美结合的特征。它是土山湾艺术巅峰之作，也是中国大型木雕工艺品中的瑰宝。

1915年巴拿马世博会之后，该牌楼被美国芝加哥菲尔德自然历史博物馆与百塔模型一起收藏，并将牌楼摆放在博物馆主厅展出。1933年，该牌楼又参加了在芝加哥举办的"世界进步"世博会；1939年，该牌楼再次露面参加美国纽约举办的"明日世界"世博会。

纽约世博会之后，该牌楼开始了自己多舛的命运：先是几经转手之后由美国印第安纳大学收藏在俄亥俄州的欧柏林城。20世纪80年代初，又被一个自称喜欢中国建筑文化的美国人收购，然而他在得到牌楼的全部构件之后，却将认为值钱的构件逐一出卖，直至1985年，被对中国历史和文化颇有研究的瑞典建筑师M.Woeler先生经多次交涉，才抢救出牌楼的剩余部件。

上海土山湾孤儿建造的中国牌楼1933年在世博会上第二次展出

2009年4月,在中国和瑞典双方的共同努力下,牌楼终于回归上海徐家汇,然而此时的牌楼已经残缺不全。浙江省东阳木雕公司历时7个月,对牌楼进行了全力修缮。我们现在看到的牌楼是深浅不一的两种颜色,深色部分是百年前的原件,浅色部分是修缮后补上去的。修缮后的土山湾中国牌楼还原了它中国木构建筑兴盛期精巧细致的艺术韵味,再现了当年牌楼中西融合、精致壮美的雄姿。2010年,回归之后的土山湾牌楼有幸在家门口参加了第四次世博会——上海世博会,见证了中国由弱到强的历史进程。

如今,这座土山湾牌楼已经成了土山湾博物馆的镇馆之宝,每个来参观的游客,都会在它面前驻足,欣赏来自百年前的精湛工艺。

五洲固本肥皂厂

项松茂遗像

五洲固本肥皂厂建于1921年,历史悠久,影响深远,其生产的"五洲固本"肥皂等是我国著名民族品牌。它的崛起与项松茂这位著名爱国企业家密切相关。

项松茂(1880—1932),名世澄,别号渭川,浙江鄞县人。少年读过几年私塾,因家道中落14岁去苏州当学徒,三年后出师。1900年来沪投身于中国新药制药事业。1911年出任由中法药房总经理黄楚九、商务印书馆总经理夏瑞芳等出资于1907年创办的五洲大药房总经理。他上任后既进行中药产品开发,又在西药业务上积极开拓。1919年"五四"后爱国热情高涨,主张"实业救国"的项松茂决定自行建厂研制、生产西药。

当时在徐家汇原肇嘉浜谨记桥西南(现肇嘉浜路1001号)有德商创办的上海固本皂厂,因第一次世界大战爆发,德国老板要回国,将厂转让给买办张云江,改名张云江肥皂厂。但张不善经营欲出让,项松茂当机立断以12.5万两低价盘下该厂,于1921年建立五洲固本皂药厂(以下简称"五洲厂"),分制药和制皂两部。新建的五洲厂锐意改革,项松茂自己或派人多次去日本和欧美学习考察制药体系,并在关键技术上取得突破,自行研制出高品质的"五洲固本"肥皂。

1925年，五洲厂收购中华兴记香皂等厂并新增产品，成为我国最大的制皂厂。1928年五洲又拨50万资金另组银产部，后企业资本总额达150万元，职工增至400余人，不仅固本肥皂名声在外，生产的新药如亚林臭药水、东吴药棉、甘油、牛痘苗、人造自来血等也畅销国内外，并在多次国际博览会获奖，成为中国西药业办厂自制药品的先驱。

五洲固本香皂广告

五洲厂的崛起，引起生产祥茂肥皂的英商利华兄弟公司（即联合利华公司前身）的敌视和妒恨，务必要除之而后快。由此从1924年起英商一手挑起了空前的"肥皂大战"。当时，无论从资金财力、物力，还是获取廉价原料途径等，五洲厂都无法与对方匹敌。可项松茂领导五洲厂面对强手毫不退缩！英商先想用高于五洲厂总资产代价收买全部生产资料和商标，被一口拒绝。英商又削价倾销祥茂肥皂，妄图压垮五洲。

30年代肇嘉浜，画面右侧即为五洲固本皂药厂，即今帝景苑小区

肇嘉浜沿岸的五洲固本皂的广告

然五洲厂毫不示弱，在质量、价格、市场上与之展开艰苦和激烈竞争，其底气来自固本肥皂无论在去污力、持久耐用，还是在外观上都比祥茂肥皂胜出一筹。你一箱祥茂多少价，我也多少价！五洲厂决心以制药部利润来补贴制皂部，血战到底。1925年"五卅"运动后，国人奋起抵制洋货、提倡国货，五洲厂打出了振奋人心的广告："大国耻，用人民的血来洗；小国耻，用五洲固本来洗！"把推销国产肥皂小道理融入伸张国权、洗雪国耻的大道理中。最终，五洲固本挫败英商祥茂独霸市场的阴谋，成为最负盛名的拳头产品！

项松茂还是一位抗日斗士。九一八事变后他任上海救国会委员，在厂、店内组织义勇军，自任营长，聘请教官训练；积极生产军用药品，为前线捐款捐物，输送药品。此抗战爱国举动激怒了日寇。1932年"一二八"爆发，第二天上午日寇包围五洲大药房第二支店并强行搜查，查出义勇军服装和"抵制日货"等宣传标语，就将留守的11名店员全部捕去，并将店堂捣毁。项松茂知道此事后义愤填膺，有人提醒他避一避，项回答说："贪生怕死，算什么总经理！"于是只身前往日本海军陆战队司令部进行正义交涉，于1932年1月31日被日寇秘密枪杀。时年仅52岁。

项松茂牺牲后，其长子项绳武受命于危难之际，毅然担起总经理重任。1935年将徐家汇的皂药厂改为肥皂厂。在短短5年里让五洲事业有了长足发展，实现了父亲的夙愿。1937年11月日军侵占徐家汇的五洲肥皂厂，太平洋战争爆发后五洲在沪企业都被日寇"军管"。其间日军两次威逼胁迫项绳武与日商"合作"，他满怀国仇家恨，临危不惧，断然拒绝。1945年抗战胜利后，五洲厂回到徐家汇原地,但因国内时局动荡,未能得到全面发展。

  1949年上海解放后,才逐步恢复固本肥皂等产品的生产。1954年7月,五洲厂公私合营,又不断开发玉叶香药皂、儿童护肤香皂等十余种新产品。1960年调整工业布局,五洲厂并入上海制皂厂,固本肥皂在那里继续生产并发挥品牌效应。原徐家汇厂址改为上海无线电四厂,生产的"凯歌"牌电视机家喻户晓。20世纪90年代,土地置换,这里建造商品房,成为徐家汇高层住宅区。尽管如此,老一代人走过这里,依然会想起那有着风风雨雨百年历史的五洲固本肥皂。

百代小楼

在徐家汇公园绿地靠近天平路的一隅,有一幢独立的红色小楼,其前身是中国唱片公司上海分公司的所在地,而最早则是百代唱片公司所在地。

追溯百代公司的历史,其源头是19世纪90年代中期,法国人查尔·百代及哥哥爱米尔·百代在法国创立的唱片公司,公司标志为一只昂首高唱的公鸡。法国百代唱片前期主要售卖哥伦比亚公司的留声机以及随附的圆筒唱片,

40年代的百代小楼

1934年的"百代"——上海英商电气音乐实业有限公司外景

后来开始设计并售卖自己的留声机。到1896年，已在伦敦、米兰和圣彼得堡设有办事处和录音室。1908年，法国人乐浜生（E.Labansat）设立"柏德洋行"，成为法国百代公司在华代理商。公司设在南阳侨（今西藏南路自忠路一带），主要经营唱片和留声机。1910年4月，更名为法商东方百代公司。1921年，东方百代唱片公司在上海设立总部，并于次年购下徐家汇路1434号地皮（今衡山路811号）建立唱片制造公司，从此翻开了中国唱片生产历史的新一页。彼时，此处房屋连排成栋、鳞次栉比，莫不为百代所有，如今的小红楼也不过是其中一幢，以作录音棚之用，在相当长一段时间，它一直是全中国最大、最好的录音棚。

小楼因其红瓦坡顶和外墙周身清水红砖而得名，占地面积约192平方米，建筑面积480平方米，是一幢具有欧洲多国建筑风格的砖木结

电影明星胡蝶为百代公司做的广告

1940年冬，周璇在百代公司灌《月圆花好》唱片时与作曲家黎锦光和百代公司灌音部主任傅祥巽合影

构独立花园住宅。最有特色的屋顶部分分两折，上陡下缓，与歇山式相似。南部的二楼阳台是用双柱支撑的，形成了上有阳台下有廊厅的独特风貌。当年，小楼的底楼作为百代公司录音棚及招待之用房。二楼作编辑室、办公室之用。三楼则是公司老板的卧室。

1929，法国百代公司因在世界电影市场遭遇滑铁卢导致公司垮台，由英商接手经营，成为英商百代。

中国音乐史上的三位巨星：任光、聂耳、冼星海，在20世纪30年代曾先后在东方百代唱片公司工作，出版了许多具有时代精神和民族风格的唱片。首先进入东方百代唱片公司的是作曲家任光，他于1932年至1937年在东方百代唱片公司任音乐部主任。30年代百代出版的任光作曲的歌曲唱片有几十张，他作曲的《渔光曲》曾是延安人民广播电台的开始曲。

聂耳是在1934年4月进入东方百代公司工作的，从事作曲、录音等工作，后任音乐部主任，组织并主持百代国乐队（又名森森国乐队），致力于发展民族乐器。1935年在此录制了他谱曲的《义勇军进行曲》，该曲目1949年被选定为中华人民共和国代国歌。

1935年冼星海从巴黎回到上海，创作了《战歌》《救国进行曲》等，并出版了唱片。由于《战歌》成为当时东方百代唱片公司最畅销的唱片，东方百代公司聘请他在此担任配乐工作。

20世纪三四十年代，东方百代公司在中国达到了令后人仰止的高峰。黎锦光、周璇、阮玲玉、白光、葛兰等巨星均把自己美妙的声音留在了这座小红楼里；梅兰芳、谭鑫培曾在这座小红楼里留声录片，至今仍被广为传唱的30年代流行歌曲《玫瑰玫瑰我爱你》《夜来香》也是诞生在这座小红楼里。

上海解放后，百代唱片公司、胜利唱片公司等公司合并为上海唱片公司，办公地点设在百代小楼。1949年6月6日《解放区的天是晴朗的天》的唱片在电台首播，这一天被定为新中国唱片诞生日。《我的祖国》《梁祝》等优秀音乐作品的唱片也是在百代小楼问世的。其中的歌曲联唱《红太阳》，销量高达700万张，至今保持着国内唱片销售的最高纪录。

百代小楼见证了中国百年唱片业的发展，堪称中国的音乐圣地，2021年，又被列入"上海市第一批不可移动革命文物"名录，并开放了"《义勇军进行曲》灌制地"主题的全新展陈，向人们展示中国音像制品工业的发展历程。

飞麟影片公司

飞麟影片公司成立于 1925 年 9 月，由前东方影片公司演员王铁英、李玉书、刘元勋、林芳楠、沈锡麟、许修武等人创办，董事长为张根全，公司地址为闸北鸿兴路裕兴里二十四号，并开拍影片《三救亲》。后因公司业务和人员、设备的扩充，房屋不敷应用，在徐家汇土山湾南首斜土路另选新址，修建办事室及摄影场，于 1925 年 12 月 1 日迁址。这应该是徐家汇三角地区域开办最早的电影公司。

1926 年 3 月 9 日，飞麟影片公司拍摄完成影片《三救亲》，更名为《拯亲救国》，编剧为周拂尘，导演刘旭升，摄影为张纪生，主角为陈麟凤、严文德、唐棠文、刘旭升等。影片题材为军事冒险，主要情节为三个少年于危难时忘身救亲，以此唤起世道人心，片中战争场景逼真，场面恢宏，如亲临战场，故在

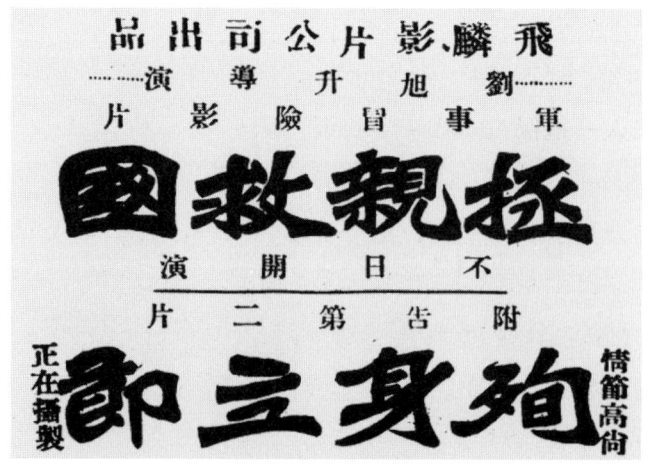

飞麟影片公司电影广告

飞麟影片公司影片《三救亲》(后改名《拯亲救国》)中激烈战斗的场面

公司试映此片时,即有南洋、香港片商订购了数部。

然3月30日晚,飞麟影片公司徐家汇摄影场的工作人员在配制火药时,因有人吸食香烟,导致火药爆炸,炸毁房屋二间,炸伤五人,其中一人为摄影师张纪生,伤势严重,后不治身亡。当日即由徐家汇淞沪警察六区二分署解署员,协同天主堂保卫团,各派团警到场,维持秩序,并雇用汽车将受伤五人送至金神父路广慈医院救治。所幸所拍摄影片的底片另有保险间储存,毫未损失,故影片仍可按期告竣。

此爆炸之事,对飞麟影片公司而言,实为飞来横祸,受伤者中三人为公司职员,其余二人一是保卫团团董朱鸣冈的儿子,一是著名画家徐咏青的儿子,这二人是受飞麟影片公司友人邀请前来观看试片,徒遭此灾,故拟起诉官厅,后来经天主堂神父及地方绅董的调解,答应和平处理,由飞麟影片公司加以赔偿,受伤的公司员工另商解决办法。飞麟影片公司由此停业解散。故1926年5月,飞麟影片公司在南京路十九号竞新花边公司楼上增设事务所,由该公司董事长张根全兼理事务所主任,接洽商谈公司一切事务。

飞麟影片公司经此一厄,元气大伤,原定即日上映的影片《拯亲救国》因而延期。然公司同人亦设法筹措拍摄第二部影片《徇身立节》(原名为《患难夫妻》），编剧为唐巢父，导演刘旭升。为此，飞麟影片公司于1926年5月在《申报》上刊登"招请男女演员数十人"的广告，数日内即收到应聘信件四千多封。

1926年10月21日，导演刘旭升在《申报》第一版上刊登启事，申明脱离飞麟影片公司："鄙人担任飞麟公司导演《拯亲救国》一片，久已告竣，该片因无暇接洽，以致未映，但所欠各职员薪金并内外演员演费尚未收到，今有张根全、沈锡麟、李玉书三君签有正式凭证，以第四个副片售出即将该款理清，惟鄙人经手介绍股本，仍享该公司权利，特此通告。"

1927年，飞麟股东将影片《拯亲救国》版权及全部生财售予长江影片公司发行上映。6月，《拯亲救国》在恩派亚、卡尔登、卡德、世界等影戏院上映，各影院为此做足了宣传手腕，如地处闸北宝兴路青云路口的世界大戏院，为酬答观众惠顾，随电影票附送奇翻黑金刚钻戒面一只。卡德影戏院亦宣称，"凡来观影者，皆由四马路画锦里四恒珠钻首饰店当场随赠奇翻黑金刚钻戒面一枚，以此戒面往该首饰店镶件，取价特廉。"

据1927年6月2日载于《申报》上的影评所称："此片情节紧凑，用意深远，就中尤以海面大战、飞机掷弹毁舰、陆地对垒、炮火连天、地雷爆发、炸毁制造厂、飞机侦敌诸幕，情景逼真，如亲临战场。导演兼主角刘东鲁所饰之吴克强，表演戆直忠勇，神情酷肖，尤为生色，于越山擒敌，越墙捉拿海司令诸幕，更见精彩。余如严文德之华汉、陈麟凤之方士凤、沈南琛之海国总司令，均各称其职，设色外景俱佳。现该公司拟试映后再行公映。又，该公司正在编剧中者，尚有《荡侠

飞麟影片公司影片《拯亲救国》剧照

替父》一剧云，观者对其中各战争场景皆交口称颂。"

1927年，徐家汇天主堂保南团南部团长李玉书被拘，其位于徐家汇斜土路三角地的房屋五开间两厢及披屋两间、小屋两间，亦被查封。而后查明此事因飞麟影片公司诉讼事件而起，此为彼时报刊上所载与飞麟影片公司有关的最后讯息，此后，飞麟影片公司再无音讯。

大中华橡胶厂

大中华橡胶厂是近代中国最大的民族资本橡胶厂，创设于1928年10月，创办人余芝卿原为旅日侨商的领袖，在大阪自设鸿茂祥，经营进出口业务。鉴于我国橡胶工业生产的需求，他决心在国内建设一座橡胶厂，生产国货橡胶制品。具体事务由余芝卿负责筹划，聘请薛隔基和吴哲生担任技术主管，厂址设于徐家汇路1102号。

大中华橡胶厂创办之初，资本为八万元，职工83人，专门制造双钱牌跑鞋、套鞋，以及晴雨鞋、运动鞋、热水袋等日用品，因品质优良，成为上海国

大中华橡胶厂厂貌

货的名牌产品。1930年，为巩固事业，扩大生产，大中华橡胶厂容纳办事人员全体入股，改组为合伙，企业资本增加至二十万元，拿出其中的十一万元，在徐家汇东庙桥路创设了大中华制钙厂，以生产基本工业原料——碳酸钙；同时又在制钙厂附近，创设了大中华加硫油胶厂；并且还收购了交通橡胶厂，改名为交通利记橡胶厂。

1931年，因橡胶产品销售发达，成品供不应求，于是大中华橡胶厂又增加了90万元资本来扩大生产，增加产量，职工达到2 200人，并改组为大中华橡胶厂股份联合公司。

大中华橡胶厂广告

1933年，因研发新产品，原有资本110万元仍不敷周转，所以又追加了90万元，合计资本为200万元。年底，改组为兴业股份有限公司，由余芝卿任董事长，薛福基和吴哲生为经理，设址于爱多亚路（今延安东路）。

1936年，董事会商议决定，拨出八万元在徐家汇东庙桥路创办大中华锌粉厂；另拿出十五万元在谨记路创办了一所鞋面布厂。

原徐家汇厂为总厂，第一分厂在白利南路宏业花园，第二分厂在宁国路锦州路，第三分厂在南市剪刀桥路，原制钙厂为第一原料厂，锌粉厂为第二原料厂，加硫油胶厂为第三原料厂，设第四原料厂染织厂于沪南谨记路斜土路，设造机厂于徐家汇路总厂附近，并在本市和南京、汉口、重庆、广州、汕头、温州等地自设发行所。上海的商品陈列所和蓬莱市场还设有零售处，以便利顾客购买。至1937年，大中华橡胶厂的资本已经达300万元。

大中华橡胶厂从生产套鞋、跑鞋开始，进而生产人力车胎、自行车胎。1932年开始试制汽车轮胎，1935年正式投产，所研发生产的"双钱"牌汽车轮胎，取"名利双全"之意。当时洋货横行，尤其是日本的橡胶产品占据了大

大中华橡胶厂内景

部分的市场份额。就汽车轮胎而言,自近代以来,中国的汽车轮胎市场长期为"邓禄普""固特异"等外国公司所垄断。大中华橡胶厂的"双钱"牌轮胎一出,引起了洋商们的嫉恨,从1936年开始,以英商邓禄普公司为首的洋商联合采用降价手段试图压垮大中华,而后又借口商标侵权提起诉讼,企图压制大中华橡胶厂的发展,然均未能得逞。

抗战爆发后,上海沦陷,在沪的大中华橡胶厂各分厂、原料厂及设在全国各地的营业机构先后为日军所侵占毁损,损失约600余万元。余芝卿因早年长期侨居日本,因此日军便派人诱请他出任汪伪政府工商部部长,被其严词拒绝。为防止日人胁迫,余芝卿将企业以大中华橡胶厂兴业股份有限公司的名义在香港当局注册,并设总管理处,上海改为办事处,其他企业均更改名称,分别向德、美驻沪领事馆注册,以求庇护,并多次拒绝日军的"合作"要求。

1941年11月25日,余芝卿在上海病逝。

抗战胜利后,大中华橡胶厂的生产逐步恢复。1946年7月,大中华橡胶厂改组,最高行政权属于董事会,由杜月笙任董事长,李升伯、孙鸿皋等为董事。吴哲生任经理。并在塘山路1100号增设分厂，增资为5亿元。1947年又在怀德路969号增设分厂。1948年增资至300亿元。

1954年大中华橡胶厂实行公私合营。1959年，将原属大中华橡胶厂的几个工厂分别改名为上海胶鞋二、三、四、五厂，归上海市橡胶工业公司管理。大中华橡胶厂逐步改造成为生产载重汽车轮胎、公共汽车轮胎、轻卡车轮胎和少量摩托车胎的专业工厂。1980年，产量最多的代表性产品900-20汽车轮胎获国家金质奖，产品远销亚、非、拉、欧40多个国家和地区。

90年代徐家汇大开发，大中华橡胶厂整体迁出，原厂址现为徐家汇绿地公园。

国货展览会期间大中华橡胶厂在马路上巡游的广告花车

联华影业公司

1930年,联华影业公司成立,全称为联华影业制片与印刷有限公司,是中国第一个集电影教育、制作、发行、放映、宣传功能于一体的电影托拉斯。作为中国早期电影公司明星、天一、联华"三足鼎立"之一"足",联华影业公司对20世纪30年代的中国电影具有不容忽视的深远影响。

联华影业公司的创设人为罗明佑,广东番禺人,1900年出生于香港,后迁居广州。其父罗雪甫是香港鲁麟洋行买办,二叔罗文庄是国民政府高等法院

1930年"联华"出品影片《野草闲花》工作照,左起:孙瑜、阮玲玉、黄绍芬

院长，三叔罗文干是国民政府外交部部长。出身于如此家世背景的罗明佑，因痴迷电影，于1919年在东安市场租下丹桂茶园旧址，改建成拥有七百个座位的真光电影院。半年后，因东安市场失火，真光影戏院付之一炬。

此时的罗明佑已在事业上崭露头角，深得罗文干赏识，于是在罗文干的支持下，于1920年，在东安街上重建了一座全新的真光影戏院，被目为当时北平最大、最新式的影戏院。1924年至1925年，罗明佑陆续在北京西城增建了中央影戏院，在天津建了皇宫影戏院和河北影戏

联华影业公司《渔光曲》说明书，1934年出品，蔡楚生编导，王人美、韩兰根主演

院。罗明佑深感外商盘踞中国的影戏院不仅仅是为了赚钱，亦有文化侵略之深层原因，所以他打出"爱国影院"的旗号，把电影票的价格定得极低，使得影院生涯极佳，场场满座。外商旗下的影戏院生意就此一落千丈，最终只得将全部影院售予明达股份有限公司董事长卢根。

卢根被称为"华南电影院大王"，且与罗明佑相熟，为免两虎相争，经商议，两家公司于1927年合组华北影业公司，卢根担任董事长，罗明佑任总经理，负责公司的经营管理。

华北影业公司成立后，招募了朱石麟、熊式一、费穆、沈浮、贺孟斧等人加盟，又增设了太原的山西电影院、青年电影院，济南的真光电影院，石家庄的声光电影院，收购了哈尔滨的七家电影院，与奉天的沈阳电影院联营。至1929年初，华北影业公司在华北、东北地区拥有电影院三十多间。

然彼时影院所放映的多为外国片，而国片又以神怪、武侠片与低俗影片为主，鉴于此，罗明佑遂决定自行摄制国片，与上海民新影片公司黎民伟、大中

阮玲玉、金焰演唱《野草闲花》插曲《万里寻兄词》

华百合影片公司吴性栽、上海影戏公司但杜宇、友联影片公司陈铿然等洽商,在香港何东爵士的财力支持下,议定成立联华影业制片与印刷有限公司。

1930年8月,罗明佑以"华北""民新"两公司为基础,合并大中华百合影业公司,加上黄漪磋在上海所开设的印刷厂,于10月25日在香港正式注册成立联华影业制片与印刷有限公司,总管理处设于皇后大道中三十三号洛兴行二楼,设管理委员会管理香港制片场(即1932年所成立的联华港厂)、供应部、秘书处、会计处、上海办事处会计部等。同年12月,联华影业公司董事会正式成立,选出何东、罗明佑、黎民伟、罗雪甫、吴性栽、卢根、胡文虎、罗文干、于凤至、戴士嘉、冯香泉、黄漪磋、黎北海等十四人为董事,何东为董事长,罗明佑为总经理兼监制,黎民伟为副总经理兼总厂长,陆涵章、朱石麟为制片主任,金擎宇为秘书处长。

联华影业公司成立伊始,旗下有五个摄影制片场,一场在霞飞路,即前民新影片公司原址,主任为黎民伟;二场在胶州路,即前大中华百合影片公司原址,主任为陆洁;三场在香港名园,主任是黎北海,即黎民伟之兄;四场在天通庵路,即前上海影戏公司原址,主任是但杜宇;五场在北平,主任是荫铁阁,系前陆军大臣荫昌之子,即袁世凯之第七婿。

1933年,朱石麟在徐家汇设厂,定为联华第六摄影制片场。不久,四川西南影片公司改组成联华七厂,主任为李开先。故至此为止,联华影业公司一共有七个制片摄影场,规模可谓盛大。

原是由联华影业公司提出"复兴国片"的口号,并以"提倡艺术、宣扬文化、启发民智、挽救影业"为纲领,将电影的"艺术"放在"趣味"之上,力主体现出电影艺术"雅"的格调,也更重视电影的艺术质量和艺术表现。所以当时业界将联华影业公司称为"新派",将明星影业公司称为"旧派"。

实力雄厚的联华公司招募了一批电影翘楚加盟,如导演中的孙瑜、蔡楚生、史东山、费穆、卜万苍,编剧田汉、夏衍,演员中的阮玲玉、金焰、王人美、黎莉莉等,组成了当时最耀眼的黄金阵容。

1930年到1932年间,联华拍摄了《故都春梦》《野草闲花》《一剪梅》《南国之春》《野玫瑰》《共赴国难》《火山情血》等二十八部影片,均极为卖座。

1933年10月,联华影业公司调整了各片场的名称,在上海的一场、二场、六场改称为第一、第二、第三制片厂,原北平五场撤销。但杜宇在拍完《南海美人》《失足恨》《清白》等片之后,退出联华影业公司,故联华四场亦撤销。

影片《大路》在国片头轮影院金城大戏院首映时发行的特刊,联华影业公司1934年出品,孙瑜编导,金焰、黎莉莉主演

此前,在1932年,罗明佑与卢根合作的华北电影公司解散,联华影业公司背上了沉重的债务,已无足够的经济实力引进有声电影技术,在与明星影业公司和天一影业公司的有声电影市场角逐中,黯然离开。

拍更多更好的无声电影成了联华影业公司的不二选择,1933年到1934年间,在左翼电影运动的影响下,联华拍摄了《三个摩登女性》《都会的早晨》《母性之光》《小玩意》《渔光曲》《大路》《神女》《新女性》等一批在中国电影史上占有重要地位的影片。如吴永刚编导的《神女》,以其凝重沉着的人文主题、委婉含蓄的艺术风格和民族大众的审美意识,被推为20世纪30年代中国无声电影的巅峰之作。

1934年9月,罗明佑提出并厂计划,将霞飞路上的一厂并入徐家汇三厂,合称一厂。1935年2月,又将二厂迁入徐家汇的新一厂,添置地亩,加筑摄影场,建设电影村,其规模为原有厂址的三倍。就此,原联华公司位于上海的三处制片厂就集中在了徐家汇三角街和斜土路之间的区域里,占地约三十余亩,称联华总厂。

  联华并厂并非一帆风顺,人事动荡及财务危机超出罗明佑的掌控,迫于各方压力,罗明佑将公司交由原代理经理陶伯逊负责,自行退出。1936年8月,联华影业公司改名为华安影业公司,自此结束了罗明佑时代。新资本注入的华安影业公司,以联华的名义发行了《狼山喋血记》《联华交响曲》等多部影片。正当华安影业公司欲以新气象大展宏图之际,值"八一三"战事爆发,孙瑜、沈西苓离开上海,罗明佑、蔡楚生、费穆前往香港。华安影片公司将联华总厂的部分区域出租给新华影片公司,以合伙制的方式组建联华摄影场。虽然还保留着联华影业公司的厂址和设备,但至此,联华影业公司已落下帷幕。

  回顾联华影业公司从成立至解散的七年间,一共摄制故事片七十七部,几乎每个月就有一部新电影问世,为20世纪30年代的中国电影带来了勃勃生机。

文华影业公司

1946年8月，文华影业公司成立，创办人吴性栽（1904—1979）原为颜料商，1924年与朱瘦菊合资成立百合电影公司，1925年，百合与大中华电影公司合并为大中华百合电影公司。1930年，吴性栽与罗明佑、黎民伟合作成立联华影业公司。1936年后，罗明佑远走香港，吴性栽成为联华影业公司的实际控制人。

文华影业公司所在的徐家汇三角街30号，为原联华影业公司旧址。抗战

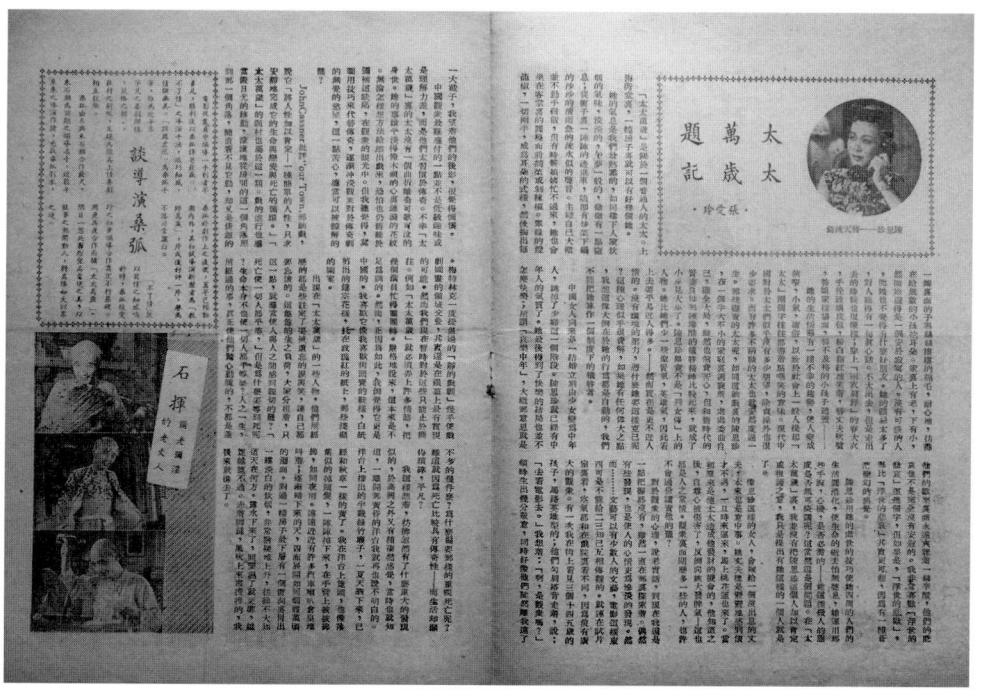

"文华"出品影片《太太万岁》特刊中的张爱玲文章

"文华"出品影片《小城之春》剧照:崔超明、韦伟、张鸿眉、石羽、李纬(左起),李天济编剧,费穆导演

胜利后,国民政府将联华影业公司的徐家汇摄影场视为敌伪产业予以接收,经交涉,此摄影场后来归还给联华影业公司。吴性栽和杜鹏程、陶伯逊、吴邦藩、陆洁等人对摄影场进行改建,将摄影场一号、三号两个中棚租给联华影艺社使用。文华影业公司成立后,使用二号摄影大棚,办公楼也一分为二,和昆仑影业公司合用。

文华影业公司的经理为吴邦藩,陆洁担任厂长兼常务董事,艺术上由黄佐临、桑弧负责,摄影师为黄绍芬、许琦、葛伟卿,发行部则设在江阴路九福里96号,由龚之方负责宣传。

1947年2月3日,文华影业公司开机试镜。经营电影事业多年的吴性栽,深谙个中三昧,将"人员要精干,艺术质量要高,生产周期要准"作为文华影业公司的宗旨,将影片的艺术质量和剧本的人文性放在了首位,给予艺术家自由的创作空间。其旗下主创人员,来自电影界的有李萍倩、桑弧、费穆、金山、黄绍芬等;来自戏剧界的有黄佐临、曹禺、洪谟等;来自文学界的有张爱玲、柯灵、陈西禾等,这些艺术家的加盟,使得文华影业公司的创作呈现出多种艺术趣味和人文情怀。仅在1947年,文华影业公司就出品了《不了情》《假凤虚凰》《母与子》《太太万岁》《夜店》五部影片,均属上乘之作,尤其是黄佐临导演的《假凤虚凰》和桑弧导演、张爱玲编剧的《太太万岁》两部喜剧片,风格不俗,镜头流畅,充分显示了文华影业公司在戏剧化叙事电影方面的纯熟艺术。

彩色影片《生死恨》特刊,华艺影片公司(文华)1948年出版,戏曲原著齐如山,导演费穆,梅兰芳、姜妙香主演

1948年,文华影业公司又投拍了曹禺编导的《艳阳天》和洪谟编导的《好夫妻》。演员石挥又以导演身份加盟文华影片公司,与张伐、韩非、白光等人自组拍摄影片《人尽可夫》,由文华公司代为发行。摄制组增多,片场紧张,文华影业公司租下斜土路电工厂的摄影棚,即现在科影厂北部,与本厂摄影棚同时拍片。

同年春,吴性栽与名演员金山合作创办了清华影片公司,拍摄了《大团圆》《群魔》两部影片。吴性栽坚守独立经营影片公司的初衷,拒绝了与国民政府合建中央电影摄影三厂的邀请,在北平成立清华影片公司北平分公司。

在上海实验电影工场主持工作的导演费穆,以其对电影艺术的独特见解和创作才华深得吴性栽赏识。1948年3月,吴性栽出资,费穆导演的影片《小城之春》开拍,百余天就完成了影片摄制,于九月正式上映。作为费穆电影

文华影业公司《不了情》特刊，1947年出品，张爱玲编剧，桑弧导演，刘琼、陈燕燕主演

的代表作，《小城之春》将氛围与影调的营造作为主要的叙事结构，以运动着的长镜头来逐层揭示人物微妙的心理冲突和发展轨迹，被视为中国早期电影史上里程碑式的诗电影。同年六月，吴性栽又投资拍摄了梅兰芳主演、费穆导演的戏曲影片《生死恨》，这是中国第一部彩色戏曲影片，并成立了以拍摄戏曲电影为主的上海华艺影片公司。1949年，费穆又以华艺影片公司的名义拍摄了由李玉茹主演的戏曲影片《小放牛》。

新中国成立初，文华影业公司改组为股份有限公司，吴邦藩担任厂长兼经理。此时期文华影业公司所拍摄的数部影片如《我这一辈子》《腐蚀》《关连长》《姊姊妹妹站起来》等，显示了文华影业公司为新时代中国电影艺术所作的努力。

1951年6月，文化部在北京召集全国私营电影公司负责人进行协商，决定逐步将私营电影业转为公有制。1952年1月20日，在皇后大戏院召开国营上海联合电影制片厂成立大会。以长江昆仑联合电影制片厂为基础，联合"文华""国泰""大同""大光明""大中华""华光"等私营电影公司，改组为国营性质的上海联合电影制片厂，于伶任厂长，叶以群、吴邦藩任副厂长。9月，文华影业公司加入国营的上海联合电影制片厂。1953年2月，文华影业公司正式并入上海电影制片厂。

文华影业公司所出品的影片，就内容与题材而言，侧重于对市民阶层日常生活和价值观念的呈现和揭示，注重市民趣味和市民意识，特别是一些以知识分子视角表现时局困顿下民生疾苦的影片，耐人寻味，深受好评，这是文华影业公司的鲜明特色。

昆仑影业公司

成立于1947年6月的昆仑影业公司,其前身是阳翰笙、于伶、司徒慧敏等影界中人于1945年组建的进步文艺团体青鸟联谊社(后更名为凤凰联谊社)。青鸟联谊社的主要成员如阳翰笙、宋之的、于伶、袁庶华、史东山、蔡楚生、司徒慧敏、任宗德、赵丹、王为一、徐韬、金山、白杨、秦怡等,成为此后昆仑影业公司的创作骨干力量。

昆仑影业公司的成立与共产党组织有关。抗战胜利后,周恩来指示阳翰笙等人考虑在上海建立一家电影制片厂,作为共产党在上海国统区的文化阵地,集聚安置即将从各地返回上海的文化艺术界进步人

昆仑影业公司《万家灯火》特刊,1948年出品,阳翰笙、沈浮编剧,沈浮导演,蓝马、上官云珠主演

士。阳翰笙、于伶、司徒慧敏、蔡楚生、史东山、任宗德等人经过多次商议,决定以凤凰联谊社的成员作为新制片厂的主要成员,以战前联华影业公司同人的名义,组建新的电影制片机构,名为联华影艺社,以此作为进步文化的主要阵地。名之"联华",是为了避开国民党当局的注意,也为了便于取得原联华影业公司在徐家汇的厂址作为拍片场地。

1946年6月，联华影艺社成立，主要投资人为章乃器、任宗德、夏云瑚，由孟君谋管理制片业务，王林谷管理财务会计。经过史东山、孟君谋等一批"老联华"的努力，国民政府将原联华影业公司摄影场"发还"给联华影艺社，由大股东吴性栽、陶伯逊、陆洁改组为徐家汇摄影场。

昆仑影业公司《乌鸦与麻雀》特刊，1949年出品，编剧沈浮、陈白尘等，导演郑君里，赵丹、黄宗英等主演

同年九月，由史东山编导，王为一作副导演的《八千里路云和月》开始拍摄，这是联华影艺社成立后开拍的第一部影片。不久，由蔡楚生、郑君里联合编导的《一江春水向东流》也投入拍摄。《一江春水向东流》于1947年上映后，极为卖座，成为继《渔光曲》之后再创国产影片票房最高纪录的影片，并和《八千里路云和月》一同获得国民政府颁发的"中正文化奖金电影奖"。

1947年，联华影艺社的总召集人和投资人章乃器撤资退出，远走香港，由此迫使联华影艺社不得不改组。经过酝酿筹备，1947年6月，联华影艺社与任宗德、夏云瑚所经营的昆仑影业公司合并，沿用"昆仑"之名，成立新的昆仑影业公司。投资人为夏云瑚、任宗德和蔡叔厚。夏云瑚任董事长，任宗德任厂长，蔡叔厚任总稽核。为充实和扩大创作力量，原中央电影摄制场、中央电影制片厂的沈浮、陈鲤庭、赵丹等以及戏剧界的一批创作人员都加入了昆仑公司。

然而仅过数月，夏云瑚决定赴香港从事发行业务，提出撤资，并欲将昆仑归并到文华影业公司吴性栽的旗下，遭到阳翰笙反对，未果。昆仑影业公司再次调整，由任宗德出任昆仑影业公司总经理，总管全公司经营业务。因夏云瑚仍持有昆仑影业公司的股份,并负责昆仑影片的海外发行,故保留了夏云瑚的董事长名义。孟君谋仍然统管制片业务,蔡叔厚为财务总稽核,王兆甫为会计主任。

1949年1月,昆仑影业公司香港同人召开会议,讨论决定分别在上海、香港设立制片和发行机构。上海由任宗德负责,香港由夏云瑚负责,昆仑影业香港分公司定名为南国影业公司。南国影业公司自1949年成立到1950年解散,共拍摄《珠江泪》和《羊城恨史》两部粤语片,以及一部国语片《冬去春来》。

1949年4月,《乌鸦与麻雀》开拍,1950年完成公映,获得中华人民共和国颁发的年度优秀影片一等奖。1950年2月,由孙瑜编导,赵丹主演的电影《武训传》摄制完成,被评为当年十部最佳影片之一。

1951年3月25日,《进步日报》发表文章《武训不是我们的好传统》,揭开了批判《武训传》的序幕,昆仑影业公司决定请中央代管公司经营,由此开启私营电影业被纳入公有制范畴的进程。6月,文化部在北京召集各私营影业负责人协商,决定将全部私营电影业转为公有制。当时参加座谈的有"长江""昆仑""文华""国泰""大同""大中华""大光

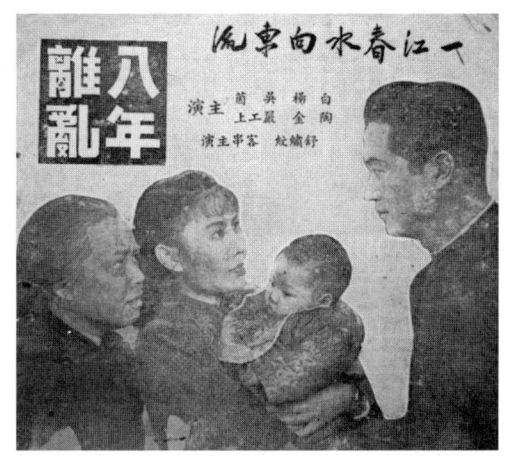

昆仑影业公司《一江春水向东流》特刊,1947年出品,蔡楚生、郑君里编导,白杨、陶金主演

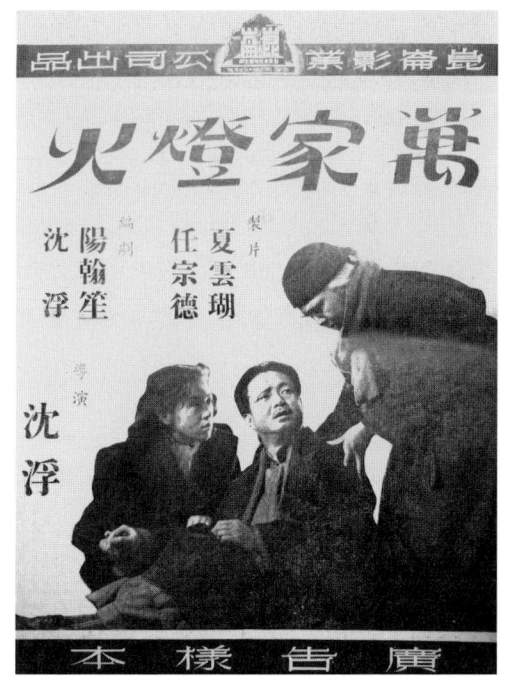

昆仑影业公司出品《万家灯火》广告样本

明""华光""洗印合作社"九家私营电影公司。9月，长江影业公司与昆仑影业公司合并为长江昆仑联合电影制片厂。

1952年1月，合并之后的长江昆仑联合电影制片厂又联合其他私营电影公司，成立了国营的上海联合电影制片厂。1953年2月，上海联合电影制片厂正式并入上海电影制片厂。至此，昆仑影业公司落下帷幕。

昆仑影业公司被视为抗战胜利后共产党领导的进步电影的基本阵地，是20世纪40年代进步电影运动的核心力量，与左翼电影文化一脉相承。其先后拍摄的《八千里路云和月》《一江春水向东流》《万家灯火》《关不住的春光》《丽人行》《希望在人间》《三毛流浪记》等影片，思想和艺术上都有较高成就，在中国电影史上有着重要地位。

善牧院

徐家汇善牧院是法国善牧会在上海的分支机构，旨在教养与保护被虐、遭遗弃、误入歧途、无家可归的妇女。该院会址位于今衡山路，今址为国际和平妇幼保健院。

善牧会的前身是圣若望欧德神父于1641年在法国卡昂创立的女子收容所，后发展成国际性的女修会。该会的活动形式主要是建立院舍，照顾被虐或失足妇女、单身母亲等社会边缘女性，收容难民、流浪儿童，宣扬和平非暴力等。

1931年，法国善牧会来上海考察情况，为在上海建会作前期准备。1933年10月，法国善牧会三位修女正式在贝当路（今衡山路）创立徐家汇善牧会。同时依靠国内外人士的捐助建造善牧院，收容失足妇女，供给衣食住，当年收容妇女7人。

1935年，经国际善牧会组织派遣，美国善牧会丁修女与鲍修女、基修女（加拿大籍）三人被派遣至徐家汇善牧会工作。丁修女后出任善牧院院长。之后善牧院内以美国善牧会为主，因此今仅留存其英语名称：Good Shepherd Convent。

善牧院中设有工作室、饭厅、卧室、游戏场等。成年妇女与女孩分别居住，不相混合。善牧院内教妇女儿童识字，传授缝纫、刺绣、音乐、美术等技艺。希望这些不幸的女性能凭借自己的双手掌握一门技术，自食其力。

抗战胜利之后，联合国善后救济总署曾给予徐家汇善牧会资助，因此其规模得以扩充。故自1947年起，善牧院开始收容少数7～8岁的流浪儿童。当年6月，宋美龄女士在《申报》主笔叶秋原等的陪同下参观善牧院，对善牧院院容的整洁有序印象深刻，并捐赠白米20袋。

1949年后,善牧院由上海市政府接管。1950年,善牧院内有修女7人(全部外籍),收容妇女人数157人,其中部分为女童。1952年,美籍丁修女作为徐家汇善牧会的最后一位修女离开上海,善牧院关闭。

同年,为保护妇女和儿童的健康,当时的国家副主席宋庆龄在普陀区长寿路170号(今址为普陀区妇幼保健院)用她荣获的"加强国际和平"斯大林国际奖金创立了中国第一座妇幼保健院——国际和平妇幼保健院。

1956年,由于原址狭小,国际和平妇幼保健院迁入善牧院旧址,当时新院有楼房2幢。由于院舍有所扩大,因此除了收住院产妇外,还开设独立的妇科,增设了妇科门诊、妇科病房和肿瘤病床。

近七十年来,国际和平妇幼保健院遵循宋庆龄和周恩来为中国福利会倡导的"实验性、示范性、加强科学研究"的方针,坚持以保健为中心,保健与临床相结合,历经几代人的艰苦创业和开拓性工作,现已成为一所集医疗、保健、科研、教学为一体的三级甲等妇幼保健院。

近九十年来,无论机构如何变化,这里始终守护一路周全,帮助无数妇女儿童走上了人生的新起点。

善牧院升旗仪式